每一次努力,都是幸运的伏笔;
每一次经历,都是成长的阶梯。

——题记

阶 梯

宋赟 ⊙ 著

——司法工作若干问题研究

JIETI SIFAGONGZUO RUOGAN WENTI YANJIU

河南大学出版社
HENAN UNIVERSITY PRESS
·郑州·

图书在版编目（CIP）数据

阶梯：司法工作若干问题研究 / 宋赟著 . -- 郑州：河南大学出版社，2021.6
　ISBN 978-7-5649-4732-3

　Ⅰ．①阶… Ⅱ．①宋… Ⅲ．①司法－工作－研究－中国 Ⅳ．① D926

中国版本图书馆 CIP 数据核字（2021）第 104387 号

责任编辑　薛建立
责任校对　柴桂玲
封面设计　马　龙

出版发行　河南大学出版社
　　地　　址：郑州市郑东新区商务外环中华大厦2401号
　　邮　　编：450046
　　电　　话：0371-86059701（营销部）
　　网　　址：hupress.henu.edu.cn
排　　版　河南大学出版社设计排版部
印　　刷　河南文华印务有限公司
版　　次　2021年6月第1版
印　　次　2021年6月第1次印刷
开　　本　710 mm × 1010 mm　1/16
印　　张　22
字　　数　266 千
定　　价　65.00 元

版权所有·侵权必究
本书如有印装质量问题，请与河南大学出版社营销部联系调换

序　言

思考和写作的果实总是丰美的。

思考，也可以称为"思想"。法国思想家帕斯卡尔把思想作为人的高贵特性的表征，将思想置于人类尊严的依据的高度。帕斯卡尔《思想录》中的一句话经常被引用："人只不过是一根芦苇，是自然界里最脆弱的东西；但他是一根会思想的芦苇。我们全部的尊严就在于思想。我们必须通过思想，而不是通过无法填满的空间和时间来提升自己。"的确，思想使人强大，与许多生物相比，若要拼体力，人类常常力有未逮；拼对恶劣环境的自然适应能力，人类也要自愧屑弱。一旦停止思想，人就成了行尸走肉，进入蒙昧的隧道。

这里讲的"思想"，并不是日常生活工作中与行为相连的种种思虑与算计，思想是对有价值的问题的探索、追寻，通过思考作用形成一定的见识，在知识中形成增量。能够做到这一点的人，人们才可以称他为"一个思考问题的人"、"一个有思想的人"、"一个有见识的人"。

思考，往往是一个独立的工作、个体的志业。只有对事物有着浓厚的兴趣，愿意去求知探索，并且养成习惯，一个人才能成为不仅仅是一个人，而且是一个思想的人。思考，往往是苦差，有些问题是需要进行获取相关资讯才能为一些疑问找出答案；有些问题需要绞尽脑汁才能形成有见识的结论。这种思考的结果，诉诸文字，又是一番伤脑筋的过程，怎么把自己的心得用最佳的文字表达出来，对于许多人来说，都是难题。尽管由思考到写作，把这结果发表出来为大家所了解和认同并因此获得荣誉，会成为种种辛苦的回报，但不是所有人都能够收获这种回报，因而也就让大脑白白锈蚀，头颅里只装着家长里短、升迁牟利的那些俗念头，活得寡淡无奇、甚至庸俗不堪。

我常常感叹，许多人即使在大学读书期间都没有求知的欲望，工作以后更加懒于求知、惰于思考，逐渐成为庸碌的人。在司法机关里，这种不思考问题的人也是满坑满谷，智力的浪费殊为可惜。这还只是个人的损失，更大的损失是，司法活动是需要思考问题的活动，不仅针对具体个案的办理要进行思考，还要就司法原理等一般性问题进行思考，通过思考提升自己的业务水平，在解决疑难司法问题方面取得超越凡庸的能力。这是司法所必需的，当代的司法已经是建立在学术基础上的司法，学术的进步影响乃至塑造着司法模式和诉讼行为，这种学术的进步不仅仅依赖于学者的研究，也依赖司法者在办案中发现问题并提出解决的思路。

这就是为什么每当我看到有的司法官在思考问题并形成一定成果时都感到特别欣慰的原因。

宋赟这些年来在自己的司法经历中获得体验并进行着思考，她把自己的思考用非常平实的语言进行描述，文字风格是非常纯净的，字里行间有一种质朴的情感。她思考和写作的范围主要围绕自己的司法官职业，包括党建政务和检察业务两个方面。她思考这些问题，不能说都是十分深刻的，但都具有鲜明的针对性和实用性。她把自己的心得写成文章，大部分都在报刊发表过，她用这些文章去解答一个又一个疑惑，清楚表明自己的立场和观点，为司法办案提供参考，同时也彰显了自己的价值追求，为司法官在工作中思考问题树立了榜样。

尽管像宋赟这样对于司法办案中的各种问题有着思考并能诉诸文字的司法官越来越多，但从庞大的基数来说，毕竟还是为数较少。我希望，有越来越多的人思考问题并勤于著述。思考的人有了，思想的世界才能丰富多彩。

宋赟是一个朴实的人，文如其人，她的文章风格就是她为人的风格。她也是一个热情的人，为人热情，思考问题也有一种热情。这种热情表现为持续不断的兴趣。

叔本华谈到兴趣与思考的关系，曾言："正如火的燃烧需要通风才能开始和延续，同样，我们的思考活动必须由我们对思考对象的兴趣所激发和维持。而这种兴趣可以是纯粹客观的，也可以只是因主体的利益而起。只有在涉及个人事务时人们才会感受到因主体而起的兴趣；要对事物提起客观兴趣，那只有本质上喜欢思考的人才会这样做，因为大自然赋予了他们这样的头脑，思考对他们来说也就像呼吸空气一样的自然。但这类人却是相当稀有的。"

对于宋赟待人的热情，需要有所交往才能体会；对于思考问题的兴趣，即使没有见过她本人，也可以通过这些文字有所领略。打开这本书，一篇篇读下去，就能体会。

自　　序

　　思想的成长像身体的成长一样需要一个过程。

　　我人生事业的起点是从 2003 年到河南省人民检察院工作开始的，至今在这里已经工作了 17 个年头。在这 17 年的工作中，我成长了很多，也收获了很多。

　　回顾过去，从刑事执行检察部门、公诉部门、未成年人检察部门到院办公室，从检察业务到综合司法行政，从员额检察官到司法行政人员，前后变换了多个岗位，丰富了自己的经历，开阔了自己的眼界，增长了自己的见识，锤炼了自己的意志，提升了自己的能力，也有了很多关于工作的思考和研究。

　　在监所检察处（现更名为刑事执行检察局）工作期间，我的处长李庆照同志经常说，一个人不仅要有知识，更要有能力，学习知识的目的是提升工作能力，如果不能提升工作能力，所学的知识是没用的；也只有把所学知识转化为工作能力，才是"活"知识，才是"真"知识。老领导的教诲深深地影响了我，所以那个时期，把知识变为能力是我努力的方向。

　　熟悉检察工作的人都知道，监所检察部门在检察机关内部又叫"小检察院"，其不仅有刑事检察业务，还有职务犯罪侦查业务，可以说，检察机关的主要职能在监所检察部门都有体现。

在监所检察处工作的六年里，我做过内勤，从事过监狱、看守所检察工作，办理过死刑二审上诉案件，参与过职务犯罪案件的侦查、审查逮捕和审查起诉工作。这期间的工作有很多，但让我记忆最深刻的主要有三件事。

通过对10余所监狱、1000多名服刑人员的调查研究，针对罪犯减刑、假释过程中存在的不公开、不透明的问题，经过与相关部门或单位进行沟通，率先在河南开始对减刑、假释案件公开听证制度的探索。这一制度的实施得到服刑人员和社会各界的一致好评，被《检察日报》等多家媒体宣传报道。

针对财产刑执行中出现的不重视、不执行、乱执行等违规、违法情况，进行深入调查研究，并形成调研报告，明确提出由监所检察部门负责行使财产刑执行监督权，并科学设计罚金刑、没收财产刑的监督程序和监督方式。这个报告受到最高人民检察院监所检察厅重视，在后来制定相关规范性文件和指导性意见时予以采纳。

2009年中国、挪威两国共同举办"青少年罪犯刑罚执行与人权保护国际研讨会"，受河南省人民检察院的指派，我在会上作了"监所检察与未成年犯合法权益保护"的主旨演讲。为了这次演讲，我准备得非常充分，自以为能够取得很好的效果，但听了其他与会代表的发言后，才深深地认识到自己知识的不足和视野的狭隘，从而教育我在以后的工作中不能只盯着河南，还要放眼全国，更要着眼世界，以开放的眼光和胸怀拥抱更广阔的天地。

在公诉部门工作期间，分管公诉工作的是贺恒扬副检察长（现任重庆市人民检察院检察长）。贺检察长对我们要求很严，对案件质量和文字材料要求非常高，那段时间是我压力最大、成长最快的时期。他经常教导我们，作为省级院，不仅要办好个案，更要注意总结类案，掌握规律，抓出典型，综合指导，从而带动整体工作的提升。所以，我不仅办理了大量的各类案件，而且在总结类案的基础上，形成了一些自己的见解，这些见解有一部分以学术论文的形式见诸报刊。因为写作，我的文字材料水平也有了质的提升，这些都得益于贺检察长的鞭策、鼓励和指导。

作为公诉人，我一直有一个困惑。一个案件，我们严格按照法律规定、法律逻辑去审查事实、适用法律，但不知为什么会出现对处理结果当事人不服气、老百姓不理解、社会公众不认可的现象。如何让司法过程既有理性又有温情，让司法结果既不违背法律又在情理之中，真正达到司法办案法律效果、政治效果和社会效果的有机统一，一直是我想要寻求的答案。

答案是从一次全省优秀公诉人竞赛活动中找到的。这场竞赛的论述题是："作为一名公诉人，请您谈谈对内乡县衙'天理国法人情'的理解。"内乡县衙我去过多次，"天理国法人情"这句话也很早就熟知。由于原来对办案的总结较少，尤其是很少考虑办案效果，觉得一个案件办结就是工作完成了，但每当我面对当事人那满不服气的言语、表情时，总感觉到是哪里出了问题，长久以来一直找不到答案。当那天面对这道考题的时候，我惊醒了，这不就是我一直在寻找的答案吗！

"天理"原指天道、自然的规则，或是儒家所说的人善良的天性。"人情"一词原指人类具有的共同的情感，所谓"人之常情"，这里的人情是指不过分、不苛求、存大体、容小过，"己所不欲,勿施于人",就是《论语》中的"恕"之道。"国法"是信仰,是必须遵守的规定。但是,司法者如果只会简单地死抠法条,那么就可能会沦为一台机械执行法律的机器。同样的案件办理效果不同,表面看是认定案件事实的分歧,实则体现的是司法者人文素养的不同。一名高素质的司法者在工作中不应是冰冷刻板甚至暴戾的,而应该是凭借优秀的政治素质和人文素养,站在法律之上,瞻前顾后,在法律与事实之间,以天理、人性或情理协调法律,在掌握法律原则的同时又能体谅人情,弥合法律规定与生活现实之间的缺口,在法律的范围内以公平为念而毋忘慈悲,以严厉的眼光对事,以悲悯的眼光对人,这样的司法者才是理想的司法者,才是令人称颂的司法者。

司法者获得人文素养不能仅仅依靠法律知识和法学理论,其视野应当更为宽广,应该从历史、文学、艺术、哲学等"人文学科"汲取对人的存在、人的价值的深切体察和感受。为了培养自己的人文素养,在那段时间内,我的目光投向对传统文化的学习和思考,通过研读经典国学书籍、学习书画、朗诵、古琴等,培养自己的人文精神,在潜移默化、润物无声的过程中提升人文素质、职业操守和精神境界。

2013年,我开始从事未成年人检察工作。这是一个让我充满激情的工作,也是一个让我充满"遗憾"的工作。孩子就是希望,孩子就是未来,一个个涉罪的孩子在我们的帮教和矫治下,回归社会,开启新的生活,这是让人充满成就感的;同时,看着他们一张张天真可爱的脸,却因不懂法律,或者道德教育的缺失而犯了罪,或者很多孩子不懂得如何去保护自己而被伤害,这又让人很痛心。为了有效对涉罪未成年人进行心理矫治和疏导，我又开始关注心理学相关知识，先后参加心理咨询师与沙盘游戏的培训学习，利用专业心理学技能为涉罪未成年人及未成年被害人进行心理矫治，让他们重新走上阳光的道路。我开发的《检察官与涉罪未成年人心理矫治》课程，获全省检察机关首届精品课程；创作的预防青少年犯罪微电影《心桥》获共青团中央微电影大赛二等奖，受到河南省电视台专访；指导全省建立首批未成年人帮教基地，与山东省检察院联合建立异地帮教考察制度，开全国之先河，被《人民日报》、中央电视台等中央20多家新闻媒体采访报道。

根据工作需要，2017年我调整到院办公室工作。

由检察业务部门转岗到综合行政部门，对我来说是个极大的挑战。转到综合行政部门，尤其是到办公室，工作性质与内容和之前相比发生了很大的变化。检察业务工作重在办案与业务指导，办公室工作重在服务及做好参谋助手。因此，在政治意识、工作作风、文字水平、综合素质等方面都有更加严格的要求。

因为办公室工作，让我对检察业务与党建的关系问题有了新的认识，也才理解了毛泽东同志所说的"方向路线是至关重要的。方向路线对了头，没有人可以有人，没有枪可以有枪，如果方向路线错了，你有再大的力量也会失败"的真正含义。以前从事检察业务工作时，我一直认为学习党务和讲政治都是官话套话，是务虚。在办公室工作以后，我深切地认识到原来的认识是十分肤浅、十分可笑的，根本没有摆正二者的关系。党建是纲、是引领、是指导、是方向，而业务是在这个统领下做的具体工作。具体工作千变万化，离不开"为人民服务"这个总要求，更需要体现"让人民群众满意"这个以人民为中心的政治要求。没有方向指引的工作是很难体现其价值的，长时间在具体的个案中摸索，如果不经常提高自己的党性修养和政治意识，很容易迷失方向。因此，在检察工作中，必须要把检察业务与党建融合，把党性修养与业务能力兼修，全面提升政策理论水平，才能真正办好案件，干好工作。

这些年，在与代表、委员的联系沟通中，我深切地感受到每位代表、委员都有自己独特的奋斗经历和过人之业绩。如果我不在这个工作岗位上，我是不会知道的。当我知道了他们的故事后，与他们相比，我才知道自己的辛苦真的不叫辛苦，而自己的无知才是真的无知。了解才会理解，理解才会信任，信任才会支持，支持才能进步。我认识到每一个人从事的工作都很伟大，都在自己的岗位上对国家、对社会从不同的角度、不同的层次做着贡献，体现着自己的价值。我们在工作中不仅要多倾听他们的意见建议，而且要多维度地站在人民群众的角度去思考问题，真心实意地去解决问题。每一个专业领域都有自己的局限性，检察工作也不例外。因此，我们需要有更加开放、包容、自信的心胸和气度，多汲取他人的长处，弥补自己的短处，提升自己的工作能力，完善自己的综合素质，从而让工作变得更有意义，让个人变得更强大、走得更坚实。

学会换位思考，多角度、多层次去看问题，做到"身在兵位，胸为帅谋"，是我到办公室工作后的另一个感悟。同一个问题，只有充分考虑到，站在领导的角度，领导会怎么想；站在组织的角度，组织会怎么想；站在政府的角度，政府会怎么想；站在人民的角度，人民会怎么想……才能在制定政策或做出决策时不会有重大偏差，执行时才会有好的效果。干任何一项工作，都有一个最佳的契合点，找到这个契合点时，就找到了解决问题的最好方法，就找到了达到最好效果的途径。原来我在办案件时，很少会考虑领导怎么想，更不会考虑组织怎么想、人民怎么想，只要符合法律规定，一个案件办完就办完了。通过办公室工作我意识到自己看问题、解决问题的高度不够，也不够全面。为了弥补这一缺陷，我把自己的学习从以法律知识为主转到将法律知识与党务、政务、经济、社会、管理等知识并重，通过补短板，优化知识结构，形成知识"区块链"，确保足够的知识储备，力求跟上领导的工作思路，从而能够正确理解和落实领导的工作精神和工作要求。

　　仰之弥高，攀得越起劲儿；钻之弥坚，愈加锲而不舍。遥望前方，明亮又清晰的路坚定了我的脚步；仰望星空，那颗北斗星一直在指引我前行的方向。

　　我相信，每一次努力，都是幸运的伏笔；每一次经历，都是成长的阶梯。

　　是为序。

宋 赟

2020 年 12 月

目 录

上编　党建政务

检察宣传如何践行总书记对司工作重要指示……………………3
关于检察工作"五化"的思考……………………………………10
打通与人民群众联系的"最后一公里"
　　是新时代检察宣传工作的新要求……………………………34
一半，一半
　　——党的建设与检察业务融合之我见………………………49
释法说理可以有效避免司法工作"曲高和寡"…………………53
关于服务河南民营经济发展有关情况的调研报告
　　——以人大代表、政协委员反映情况为视角………………60
利率市场化改革对我国商业银行信贷业务的影响及对策研究…75
经济体制改革视域下的政府与市场的关系………………………86
检察机关代表联络工作应把握好八个辩证关系…………………97

如何制定规范性文件

——以制定《河南省检察机关办案活动接受人民监督员
监督实施细则》为例……………………… 104

加强为政者理想信念教育应汲取中国传统文化精髓………… 115

人文素养修炼是司法者一生的功课

——读《诉讼》一书有感……………………… 120

宪法教育从娃娃抓起有感……………………… 124

下编　检察业务

检察机关在未成年人刑事案件中的心理干预程序设计………… 131
论宽严相济刑事政策与老年人权益保护……………………… 144
论审判范围与起诉范围的同一性……………………… 155
关于构建新型检律关系的思考……………………… 170
附条件不起诉研究……………………… 195
附条件不起诉与未成年人权益保护……………………… 204
涉罪未成年人心理干预机制研究……………………… 218
河南省未成年人犯罪问题思考……………………… 246
监所检察与未成年犯合法权益保护……………………… 254
如何对涉罪未成年人进行心理矫治……………………… 270
关于完善减刑、假释法律监督工作的思考与建议…………… 285

派出所所长胡某的行为如何定性……………………………302

试论同案被告人供述的证据价值及程序保障………………306

另案共犯的供述如何作为本案证人证言使用………………316

"一对一"证据如何审查………………………………………318

违约与侵权责任竞合情形下请求权的析取

  ——以对合同法第122条的理解为视角…………………323

后记………………………………………………………………332

上编　党建政务

检察宣传如何践行总书记对司法工作重要指示

习近平总书记明确指出:"努力让人民群众在每一个司法案件中都能感受到公平正义。"这不仅是对司法工作的总要求,也为检察宣传工作指明了方向。如何正确理解、践行总书记这一要求,笔者结合检察宣传工作谈谈粗浅认识。

一、"人民群众"是检察宣传的对象

从事检察工作归根结底是为人民服务,是对党和国家负责。人民群众是检察工作的服务对象,也是检察宣传工作的对象。有了这个对象,检察工作就有了方向,检察宣传工作就能体现出价值;反之,失去了这个对象,检察工作就迷失了方向,检察宣传工作也就失去了价值。早在西柏坡时期,毛泽东同志在和《晋绥日报》编辑人员座谈时指出:"我们的政策,不光要使领导者知道,干部知道,还要使广大的群众知道。""群众知道了真理,有了共同的目的,就会齐心来做。"这里说的就是宣传对象的问题。新时代,检察宣传工作面临着许多新的特点,比如人的思想观念、精神需求和不同人民群众的心底诉求、社会关切等都在随着社会生活的变化而变化。但有一点不能变，那就是我们的宣传对象是人民群众，宣传报道是为了让人民群众看，让人民群众学习。反观现在的检察宣传报道，普遍存在"为了让领导看、让上级看"、"写谁谁看，谁写谁看"的问题，检察宣传宏观报道多，多数是领导讲话、公务活动、会议报道，有千篇一律和公式化的现象；不看接受对象的具体情况搞"一锅煮"，"唱高调"现象突出；有些会议活动的宣传报道与一篇领导讲话区别不大……这就迷失了方向，弄错了检察宣传服务的对象。

二、"每一个司法案件"是检察宣传与人民群众联系互动的介质

检察机关能不能为人民群众服务好，能不能把人民群众的事情办好，能不能落实党和国家的要求，是靠每一个司法案件来体现的。因为案件，检察工作变得具体；因为案件，检察工作变得深刻；因为案件，检察工作变得精细；因为案件，检察工作有了着力点和平衡点。如果没有一个个具体的案件，检察机关就失去了与人民群众联系的载体。每一个司法案件都是和具体的人相连的，离开具体的人、具体的案件，就不存在以人民为中心的问题了。这些年，张军检察长一直强调检察工作要"以办案为中心"，"在监督中办案、在办案中监督"，"一个案例胜过一打文件"，这些都是强调办案的重要性。如检察机关办理的昆山反杀案、涞源反杀案等影响性防卫案件，不仅案件办得好，宣传工作也跟进及时、到位，从而引领、重塑正当防卫理念，让"法不能向不法让步"的法治精神深入人心，赢得全国

人民对检察机关的一片赞扬之声。因此，检察宣传工作应以办案为重点，围绕案件如何办理、办理的过程、司法工作者对办案的思考、事实证据认定时的价值考量、法律适用冲突时的选择标准和依据、案件达到的效果等进行宣传报道，将这些办案的丰富的"故事"让人民群众看懂、听懂、认可。

三、"感受到"是检察宣传与人民群众之间联系起"化学反应"的过程

感受是一种体验，这种体验可能是温暖的，也可能是冰冷的；可能是幸福的，也可能是痛苦的，等等。法律在人们的眼中是冷酷无情的，但在具体案件办理过程中，法律却是有温度的，要通过办案，通过对办案的宣传，让人民群众感受到法律的温暖。在空间上，要近距离乃至零距离接触，只有这样，双方才能消除距离感，彼此相互了解对方所思所想，而距离过远，也就感受不到对方的"存在"了。在语言表达上，要选用人民群众听得懂、看得懂、愿意听的表达方式，这样，人民群众才会积极主动地给予传播。在宣传方式上，要选用与人民群众生活习惯相匹配的方式进行，对不同地域、不同群体、不同年龄采取不同的方式，年长的人一般更喜欢传统的宣传方式，如报纸、杂志、宣传册等；年轻人更多愿意接受网络宣传方式，如小视频、抖音、快手等。在宣传内容上，要选用人民群众熟知的、与现实生活密切相关的题材，这样他们才有相同或相似的境遇，易于理解，乐于接受。在河南省检察机关"送法进校园"法治宣传教育活动中，宣讲团成员为了取得良好的效果，都俯下身子和孩子们充分沟通，学习青少年心理学，研究孩子们的

喜怒哀乐，用他们的语言和他们对话，最终不仅和他们成为朋友，而且让他们在法治意识方面有了明显的提高。

四、"努力让"体现的是检察机关负有主动宣传的义务和责任

"努力让"从语法的角度，省略了句子的主语，是指司法机关要"努力让"，由此可见，这是党和国家交给司法机关的责任。既然是"努力"，就不能是简单的报道、浮漂的宣传，而是要想尽各种办法去明法说理、引导群众，持续不断地将党和国家的各项司法方针、理念、要求向人民群众宣传，力求让每名群众都做到学法、知法、信法、守法、崇法和尚法。因此，除创新宣传方式方法、丰富宣传内容、提升宣传人员业务素质外，有两个方面的问题需要引起重视。一方面，要增强培养受众群体的意识。就宣传工作而言，受众群体的数量基础有着至关重要的作用，谁能培养出更多受众，谁就拥有更强大的影响力；谁抓住人民群众这个最广大的群体，谁就赢得了宣传的胜利。有效的宣传必须结合实际，反映人民群众的利益诉求。最容易深入人心的宣传，就是探讨与人民群众切身利益相关的问题。多数的群众非常现实，检察机关能为他们办什么事、能办成什么事是人民群众最为关切的问题。如果把他们最关切的事情办好了，就会产生二次传播以及 N 次传播，给检察工作带来正能量。如果本该办好的事情没有办好，滥作为、不作为、慢作为，也会更加迅速地产生二次传播乃至 N 次传播，当然，这样的传播效果肯定是负面的。因此，在宣传报道中，要充分体现检察工作给人民群众带来的价值感，价值感越强，感受到价值感的受众群众越多，则传播得越快、越广，从而真正能够把"独角戏"变成"大合唱"。另一方面，要抓好县级检察院的宣传工作。20 世纪 80 年代，全国各基层检察院在乡镇普遍设立有派驻检察室，虽然后来由于权限范围过宽且缺乏有效管理制约纷纷被撤销，但派驻乡镇检察室在受理群众法律咨询、信访、举报和化解矛盾纠纷、法治宣传等方面发挥着积极作用。现在检察机关主责主业发生转变，法律监督职能凸显，需要检察机关主动作为，充分地、广泛地、直面地接触人民群众。而派驻乡镇检察室在这方面有天然的优势，能够为检察工作、为检察宣传工作服务人民群众提供更多的"神经末梢"，从而让宣传工作与人民群众真正地面对面、心连心。这样来看，新时代派驻乡镇检察室有恢复之必要。当然，设立派驻乡镇检察室不是一朝一夕即可完成之事。在当前检察组织体系下，县级检察院处在司法办案的最前沿，联系、服务人民群众最直接、最广泛，是实实在在的"群众身边的检察院"。人民群众对检察工作的评价，对司法检察的获得感，主要来自于对基层检察工作的直接感受。因此，县级检察院是向人民群众开展宣传工作的最直接的载体和抓手，也是宣传工作最容易出问题的地方。省级检察院必须指导好县级检察院的宣传工作，可由县级检察院在各乡镇配备宣传联络员，公开联络员的姓名电话，广泛听取人民群众对检察工作的意见、建议。同时，建立由县级检察院向省级检察院直接报送宣传信息制度，确保宣传信息的完整性、真实性和原始性。

五、"公平正义"是检察工作的结果和效果,也是检察宣传要向人民群众传递的结果和效果

张军检察长强调,"本"在检察工作,"要"在检察文化,"效"在新闻宣传。只有做深做实检察"本体"工作,主动给宣传工作提供更多品位、更高"金品",才能提炼、创作出更多宣传"精品"。良好的检察工作能够为宣传工作提供源源不断的"营养",这也是检察宣传工作能够获得好效果的基本保障。只有案件办扎实,释法说理到位,问题解决好,人民群众才买账,也才能为检察工作增光添彩,从而扩大检察机关的影响力,增强人民群众对检察机关的认可度;反之,问题解决不好,新闻发布会越"热闹",宣传报道越"粉饰",人民群众只会越反感、越不满意、越不信任,久而久之,检察机关在人民群众心中就慢慢失去了影响力。因此,检察工作和检察宣传工作做得好不好,落脚点就在是否让人民群众感受到了公平正义。虽然公平正义带有较强的主观性,但它是检察工作最主要的评价标准,是党和国家对检察工作的最高要求,是人民群众对检察工作的最高期待,是检察工作者追求的最高境界。离开了"公平正义"这个结果和效果,检察工作就得不到人民群众的认可,也就没有达到党和国家的要求,我们的宣传工作就失去了价值和意义。河南滑县、淅川县检察院办理的"父母贫子女不贫"民事公益诉讼案件,依法督促子女履行义务,保障老有所依,让人民群众切实感受到司法的公平正义,从而助推和谐文明风尚传播,助力脱贫攻坚和乡村治理。

上述五个方面是一个有机统一的整体,它们共同作用,缺一不可。检察机关作为宣传的责任义务主体,是检察宣传工作的推动者;人民群众作为宣传对象和受众,为检察宣传工作提供了宣传目标;"案件"是检察机关联系人民群众的纽带,处理好案件是核心、是中心,案件处理好了,检察机关的工作才有意义,人民群众才能满意;让人民群众满意是检察机关、人民群众和司法案件共同追求的价值和意义。在这些方面,检察机关的宣传是主动的,人民群众接受宣传是"被动"的,宣传的效果如何是由检察机关决定的;但是,人民群众也会反作用于宣传工作,人民群众的评价、行为等影响检察宣传工作的效果。

(此文发表于《民主与法治》周刊2020年第43期第58-59页和《法治新闻传播》2020年第六辑第75页)

关于检察工作"五化"的思考

习近平总书记强调"要提高政法工作现代化水平",这是对政法工作的总要求。最高人民检察院张军检察长结合检察工作实际提出,检察工作现代化,具体而言,就是检察办案、检察监督工作的思维、理念、方式、方法的现代化。提高检察工作现代化,关键要靠抓落实。为贯彻落实党中央、最高检要求,河南省人民检察院顾雪飞检察长提出,推动检察自身法律监督体系和履职能力现代化,要以推进检察工作标准化、智能化、精细化、专业化、规范化(以下简称"五化")为着力点,推动河南检察工作现代化水平。纵观审视可以看出,落实"五化"是实现检察工作现代化从目的到手段、从战略到战术、从要求到措施、从宏观到微观整体推进的过程。笔者通过对"五化"的学习、理解、思考,提出一些粗浅看法,希望对工作有所裨益。

一、对"五化"的认识和理解

"五化"是指检察工作标准化、智能化、精细化、专业化、规范化。为了弄清楚"五化"的内容实质,必须从"五化"的概念、范畴、渊源等方面进行认识和理解。

（一）对标准化的认识和理解

按照《辞源》的解释，标准，即"榜样，规范"①。标准一词最早出自《〈文选〉晋·袁彦伯（宏）·三国名臣序赞》："渊哉泰初，宇量高雅。器范自然，标准无假。"②随后，唐·杜甫《杜工部草堂诗笺二三赠郑十八贲》："示我百篇文，诗家一标准。"③由此可见，在古时，标准有称赞、溢美之意，意指世人的榜样、标杆。随着工业化时代的到来，对各种产品、技术、服务等都提出了一定的要求，为了将这些要求整齐划一，便于操作掌握，制定出了标准，而此时的"标准"已经脱离了古时"标准"之含义，由称赞、溢美转化为能够重复依照使用的尺度。"化"，本义是变化，后引申为教化和造化。教化是指通过教育使风俗、人心发生变化；造化是指自然界从无到有、创造化育世间万物。白话文以后，"化"又表示转化为某种性质或状态，或表示将某种事物普遍推广，作为后缀用。本文的"五化"就是取普遍推广之意。

我国古人很早就有标准化的理念，但没有使用"标准"一词，而是用"规""矩"代表标准。儒家思想倡导礼乐文化，强调的天地万物秩序反映的就是标准化的意识；孟子说，"不以规矩，无以成方圆"，是古代标准化的经典表述，并将标准化理念延伸到社会人伦领域；《史记》记载大禹治水"左准绳，右规矩"，体现了标准规范的一致性；秦始皇统一度量衡，并实行"车同轨，书同文，行同伦"是历史上以标准化手段治理国家的

---

① 《辞源》，第1621页，商务印书馆，1979年10月修订第1版。
② 《辞源》，第1621页，商务印书馆，1979年10月修订第1版。
③ 《辞源》，第1621页，商务印书馆，1979年10月修订第1版。

范例。

检察工作标准化，是指对某项检察工作按照规定程序制定能够重复使用的指导意见、办法、制度等规范性文件。概括地说，即对某项检察工作制一个模板、画一张图纸、划一条红线，其他相同工作依照此要求办理。

（二）对智能化的认识和理解

智能："智谋和才能。《吕氏春秋·审分》：'不知乘物，而自怙恃，夺其智能，多其教诏，而好自以。'《三国志·魏崔琰传》注引晋司马彪《九州春秋》：'（孔）融在北海，自以智能优赡，溢才命世，当时豪杰，皆莫能及。"[①]可见，智能是智谋和才能的综合，智谋侧重于思维层次，才能侧重于行为表达。

智能具有以下四个特点：一是具有感知能力，即能够感知外部世界、获得外部信息的能力。二是具有思维和记忆能力，能够留存感知到的外部信息及由思维产生的知识，同时能够利用已有的知识进行分析、计算、比较、判断、联想、决策。三是具有学习能力和自适应能力，即通过与环境的相互作用，不断学习积累知识，使自身能够适应环境变化。四是具有决策能力，即对外界的刺激做出反应，形成决策并传达相应的信息。具有上述特点的系统称为智能系统或智能化系统。

检察工作智能化，是指把网络、信息化技术、大数据技术、物联网技术、人工智能技术等现代高科技手段运用到检察工作中的过程，也就是结合检察各项工作进展，通过对智能化系统的学习应用，在检察工作中具体研究操作和实际应用的过程。

---

① 《辞源》，第1443页，商务印书馆，1979年10月修订第1版。

检察工作智能化，包括技术设备配置、技术装备与检察业务的融合研发和人才的落实使用、技术层面的实践运用等。

（三）对精细化的认识和理解

精细，一是指精致细密。《三国志·吴是仪传》："服不精细，食不重膳。"二是指清深细密。《南齐书·孔稚圭传·上表》："律书精细，文约例广。"三是指清醒。① 精细是相对于粗放而言的，即精密细致之意。古时老子曰："天下大事必作于细，天下难事必作于易。"精者，去粗也，不断提炼，精心筛选，从而找到解决问题的最佳方案；细者，入微也，究其原因，由粗及细，从而找到事物内在联系和规律性。细是精细化的必经途径，精是精细化的渠成结果。细不是目的，而是达到精的手段，通过细最终达到减损增效、提高竞争力的目的。

检察工作精细化是指以标准化为标尺，以智能化为手段，将检察工作做到精微、细致、极致。从目标层面上来讲，精细化就是求极致、出精品；从实践层面来讲，精细化是高要求的工作方法，是推动检察工作高质量发展的手段和措施。目前，我国经济增长速度由高速向中高速转换，经济发展模式由粗放型向集约型转变。检察工作也是一样，只有精细化发展，才能为社会提供高质量的司法产品。司法工作越精细，司法产品才能越具体、越深刻、越有说服力，也才能得到社会各界和人民群众的更多认可。为深刻理解精细之含义，可对"精"和"细"结合检察工作实践进行单独分析解读。

对"精"要从六个方面把握。"精"，一是精华，运用、创

---

① 《辞源》，第2389页，商务印书馆，1979年10月修订第1版。

造、传播检察工作中属于技术、智慧、创新等方面的精华；二是熟知和运用检察理论精髓，拥有检察专业人才；三是追求检察质量精品，创建检察工作品牌；四是精通检察工作与人民群众密切联系的方式方法，畅通群众反映诉求的渠道；五是检察系统各部门分工协作和层级管理要精密；六是工作责任要具体化、明确化，各工作环节责任都要精准到位。

对"细"要从四个方面来把握。一是细化职能分工与责任要求，明确责权利；二是细化工作目标，将工作任务分解为年度计划、季度计划甚至月度计划，并使之落实到人；三是细化工作制度到部门、岗任、责任人；四是细化单项工作内容，使每一环节都有责任人，环环相扣，处处留痕，实时监督。

（四）对专业化的认识和理解

《辞源》解释：专业，一是指："专门从事某种事业或学业。《后汉书·献帝纪·初平四年诏》：'今耆儒年逾六十，去离本土，营求粮资，不得专业。'"……二是指："专门的学业。《〈文苑英华〉六七三唐李峤上巡察覆囚使历城张明府书》：'峤西垂之贱吏耳，技非专业，未始存于剑书。"①

专业化最通俗的说法即是术有专攻，指产业部门或学业领域根据产品生产或学界层面的不同而分成各业务部分，这个过程就是专业化，也是指一个普通专业群体逐渐符合专业标准，成为专业职业并获得相应的专业地位。

专业化是社会发展的必然趋势和要求，专业的人做专业的事，这样效率高、差错少，质量有保证。检察工作专业化是指

---

① 《辞源》，第873页，商务印书馆，1979年10月修订第1版。

让一部分检察人员长期或终身从事某一项或几项专门的检察工作，实现从"物理整合"向"化学反应"的深化。目前，司法改革正在实施的检察官员额制就是专业化最典型的制度措施。在"五化"中，专业化居核心地位，非常重要。不论在哪个部门或从事哪项业务，都蕴含着一个主体，即检察干警。可以说，人是专业化的主体，检察干警是推动落实"五化"的主体，是"五化"中最活跃的因素，没有专业化，标准化、智能化、精细化、规范化就无从谈起，因为这些都需要检察干警这个主体依靠很强的专业能力去实现。

（五）对规范化的认识和理解

规范，一是指："标准，法式。《北史·宇文恺传》：'《宋起居注》曰：孝武大明五年立明堂，其墙宇规范，拟则太庙。'"二是指："模范，典范。晋陆云陆士龙集三答兄平原赠诗：'今我顽鄙，规范靡遵。'"[①]

规，是指规则、标准；范，是指模范、榜样。"规"偏重于技术层面，"范"偏重于文明程度。规范化是指在经济、技术和科学及管理等社会实践中，对重复性事物和概念，通过制定、发布、实施标准（规范、规程和制度）等，达到统一，以获得最佳秩序和社会效益。检察工作规范化是指检察工作在标准制定、执行、修改、完善以及在工作的方方面面都做出模范榜样。

从制度规范层面来讲，规范化也可以说是标准化；从实践层面来说，规范化是在推进标准化、智能化、精细化、专业化过程中体现的最基本的规范。当标准化、专业化、智能化、精

---

① 《辞源》，第2855页，商务印书馆，1979年10月修订第1版。

细化都达到时，就体现为检察工作结果的规范化，也就是量变到质变的过程，从而达到一个更高层级的规范化，也是"五化"实践追求的目标。

二、标准化与规范化之间的关系

检察工作"五化"提出后，广大检察人员和专家学者认真学习、思考、研究，提出了不少好的思路和观点，尤其是对"五化"之间的关系，仁者见仁，智者见智。有的认为，"标准化是基础，智能化是保障，精细化是手段，专业化是重心，规范化是指引"；有的指出，"规范化是前提，标准化是核心，智能化是精髓，精细化是方向，专业化是基础"；有的提出，"专业化是本体，智能化和精细化是两翼"……这些观点从不同的侧面、层次论述了"五化"之间的关系，很多都具有一定的理论深度和实践基础。鉴于此，笔者不再对"五化"之间的关系和各自的地位进行赘述。但是，标准化与规范化在内涵外延上重合及相似之处较多，在理解把握和实践操作时易出现模糊和混淆，在以往的理论研究和实践探索中也鲜有人专门论述，笔者认为有必要厘清标准化和规范化的关系，以达成清晰统一的共识，推动检察工作"五化"发展。

（一）标准化包含于规范化，是规范上升为标准的过程

规范化可以分为静态规范化和动态规范化。从制度规范层面来讲，规范化是静态的，一旦建立制度，制定标准，规范化即完成。从《辞源》中对标准的解释，也可以看出，标准即规范。虽然规范化包含标准化，但不能用规范化代替标准化。原

因在于，标准化在对物和事的调整上，其用语比规范化更精准，内容比规范化更具体，程序更具有可操作性，更容易实现制定标准的目的。尤其是在对工业化产品进行质量管理的过程中，标准一词已经约定俗成、深入人心，更能让人们接受和使用。

（二）标准化主要约束物和事，规范化除了约束物和事，更多的是约束人及行为

标准化的出现是随着工业化生产产品的出现而出现的，是生产规模化的必然产物。为了保证产品的整齐划一，标准化起到了决定性作用。司法案件处理也可以说是一个类产品，对这个产品制定相应的标准，有利于去除人为不合理的差异，实现案件裁判量度的统一。对工业产品，有国家标准、行业标准、企业标准三个层次的标准，如果把法律比作国家标准的话，最高检的司法解释和制度规定就是行业规范，省级检察根据各地情况制定的更细化的标准就是企业标准。可以说，标准化主要约束物和事，即法治产品和检察产品，标准化的意义主要在于统一案件处置、裁判的标准，减少人为因素，从而实现普遍的公平正义。而规范化相对标准化而言，对物和事的要求相对弱化，主要是对人及行为的约束，更多体现为程序的严密，不仅包括检察业务的处理，还包括综合事项的办理等，都需坚持基本规范必须遵循的规律。同时，案件标准化是为办理案件而特意量身定制的尺度，标准化需要在积累丰富经验、大量案例、较长时间实践的基础上去提炼总结，而后形成具有普遍规律性的产物；而规范化并不必然有长时间经验总结的要求。

(三)静态标准的有限性和社会活动无限性的矛盾需要用规范去调节

制作标准是动态行为,标准一旦制作完成,就变成一种相对稳定的静止状态。但是,社会活动、事物发展是无限的,社会活动、事物发展的无限性与法律规定、标准制定的有限性矛盾永远无法克服。所以,我们在执行静态的标准时,遇到新情况、新问题,不能生搬硬套、削足适履,而应当在原有规定和标准的基础上,运用符合法律精神、司法理念、法律适用目的等尺度去进行处理,这种处理方法经过梳理总结后,形成新的规范。新的规范再经过反复适用,多次提炼,从而上升为新的标准。

(四)标准化追求的是物和事的整齐划一,避免主观判断对其影响;而规范化体现的是人的文明程度,是人类文明的重要标识

标准更多的是检察人员办理案件和处理事项的依据,而规范化更多是一种文明的标识,体现的是文明的程度。学高为师,德高为范,说的就是这个道理。规范化不仅指案件裁判处理的标准统一,还包括法律文书规范、司法语言规范、着装规范、会务规范、接待规范、公文处理规范等。正人先正己,己不正焉能正人?检察机关作为法律监督机关,理应成为司法楷模、文明表率,履行监督职责才能使人心服口服。

总之,从把标准化看作检察工作现代化的基础,到提出全面推行检察工作规范化,是对检察工作现代化认识上质的飞跃;是由对检察产品的要求扩展到对检察工作全方位的要求,乃至

对每名检察人员人文素养的要求；从标准司法到文明司法，赋予了司法工作新的时代内涵，体现了新时代的新高度。

三、检察工作现代化与"五化"的关系

所谓现代化，是指"使具有现代先进科学技术的水平"[①]。检察工作现代化是检察工作从传统向现代的变革，是一个突破了旧有架构而在工作思维、理念、方式、方法等各个方面所昭示出来的巨大变革。检察工作现代化的核心内涵是能够吸取众长之和，以适应检察现状，并顺应未来发展趋势的过程。准确把握检察工作现代化和"五化"之间的关系，是推进落实"五化"工作的关键所在。

（一）体现目的和手段的一致性

实现检察工作现代化是目的，"五化"是实现检察工作现代化的手段。手段，也即抓手，是指人手可以把持（抓握）的部位，没有抓手，人就无法操控；意指重点工作、重要途径、突破口、切入点等。实现检察工作现代化的着力点是"五化"，"五化"实现了，就基本达到了检察工作现代化的目标。

（二）体现战略与战术的协同性

战略，是指全局性的指导规律；战术，是指局部性的指导规律。战术要靠战略来引导，战略要靠战术来执行，二者相互关联，不能彼此替代。取得胜利的不二法门，是正确战略与灵活战术的完美结合。立足此层面讲，检察工作现代化是战略，

[①]《现代汉语词典》，第1415页，商务印书馆，2012年6月第6版。

"五化"是战术。作为战略,检察工作现代化着重于思想理念和宏观层面,要求站位高远,着眼全局,宏观把握,思维缜密;作为战术,"五化"的推进着重于行为实践层面,要求有实实在在的执行举措,并在落实举措时,方式方法要灵活多样。

(三)体现整体和局部的统一性

一切事物都是由若干局部构成的有机联系整体,局部离不开整体,整体由局部组成,二者相辅相成、相互作用影响。检察工作现代化是个完整的系统,五化是检察工作现代化的重要组成部分。检察工作现代化不是"五化"的简单相加,优化的检察工作现代化大于"五化"的总和。同时,二者又相互作用,检察工作现代化对"五化"起主导、支配、决定作用,协调"五化"向统一的方向发展,没有检察工作现代化的要求就没有检察工作"五化"的提出;"五化"也有其相对的独立性,反作用于检察工作现代化,"五化"的发展变化也会影响检察工作现代化的发展变化。从一定意义上讲,是整体和局部的关系,也体现了点和面的关系。"五化"是点,检察工作现代化是面。点面结合,以点带面,突破一点,带动全局,取得经验,指导全面工作,这也是马克思主义哲学的方法论。实现检察工作现代化,要有打持久战的准备,而"五化"就是一个个具体的"点",把各个"点"存在的问题逐个击破,就能以小胜取大胜。

(四)体现远期目标和阶段性目标的协调性

远期目标与阶段性期目标既有区别,又有联系,二者相辅相成,是辩证的统一。检察工作现代化是远期目标,是目的和归宿,是宏观趋势,起导向作用,它是"五化"的未来走向和更高层次体现,为"五化"的制定指明了方向;没有检察工作现代化,"五化"就失去了发展方向,也失去了前进的动力。"五化"是阶段性目标,起到"铺路石"的基础性作用,是检察工作现代化相关任务的具体分解和近期任务的基础构建,承载着检察工作现代化的基本要求,是推动实现检察工作现代化的有效途径,为检察工作现代化的实现确立了必要条件。

四、"五化"是检察工作实践的理论创新

理论来源于实践,并指导实践;实践又检验理论并不断丰富完善理论,推进理论深化和发展。"五化"理论深刻而全面地体现了这种马克思主义哲学唯物辩证法的理论与实践观,是检察工作现代化理论体系的重要组成部分,是对该理论体系的创新发展。

(一)"五化"理论的产生是检察工作实践的客观需要

检察工作发展与时代发展紧密相连,检察工作模式的转变与科技信息水平的发展紧密相连,"五化"理论的产生也与检察工作实践需求紧密相连。一是检察工作时代发展的需要。检察机关恢复重建40年来,检察工作由依靠一支笔、一张嘴、两条腿的初始工作状态,发展到现在高科技的应用;办理案件类型由传统犯罪居多到现在的各种高科技新型犯罪等,这些都需要检察办案模式由粗放向精细转变,工作模式由传统型向智能型转变,能力水平由"差不多"、"过得去"向专业化转变。二是检察业务转型发展的需要。随着司法体制改革的深入,检察工作恢复到法律监督主责主业上来。破解监督线索发现难的问题,

必须依靠大数据、智慧检务收集、掌握监督对象的信息数据，拓展监督线索发现途径，增强法律监督工作主动性，监督工作才能有为有位，检察工作才能提质增效。三是提升检察工作高质量发展的需要。当前多项改革叠加，真正要实现检察工作创新发展，必须更加注重办案的精细化和高标准化，构建符合检察工作规律的质量评价体系，在检察产品质效升级上求突破。四是提升检察人员能力水平的需要。将优秀检察官办案经验固化下来，形成程序和实体等规范性范例，可以提高检察官整体办案能力，逐步解决"案多人员少、案新经验差、案难骨干缺"等难题。五是强化检察权运行监督制约的需要。随着司法改革的推进，检察机关的各部门逐步变成了"专业平台"、"管理单元"。强化内部监督制约，解决执法办案不规范、事前事中监督不到位等难题，进一步严格规范司法，需要依托信息化手段实现执法办案的全流程、动态化管理和监督。

（二）"五化"理论的目的在于指导检察工作实践

理论产生的目的在于指导实践。在推进"五化"过程中，必须结合业务特点，准确定位业务需求，找准需要解决的突出问题和工作的薄弱环节，达到以重点工作推进"五化"、以"五化"提升重点工作的目的。在扎实做好"群众信访件件有回复"工作方面，深化"一三四"工作法，健全工作制度，提高工作标准，做好信访积案清理化解；对疑难、复杂、矛盾冲突较大的案件，引入第三方参与，制定公开听证工作制度，强化释法说理，以求极致的标准推动案结事了、定分止争。在落实认罪认罚从宽制度方面，完善常见犯罪认罪认罚量刑指导意见，细化量刑指引,为量刑建议精准化、规范化提供司法标准,提高量刑建议采纳率。在优化"案-件比"方面,规范退回补充侦查和延长审查起诉期限这两项与"案-件比"有着密切关系的检察业务,以达到提高办案质量和效率的目的。在培育精品案件方面,重视对指导性案例的学习研究,养成在司法办案中检索分析案例、参考借鉴案例的习惯,把案例作为解决法律适用疑难问题、夯实法律适用根基的标本,切实把办理典型案件作为提高标准、提高质量、提升水平的着力点,大力培育精品案件。在推进检察公益诉讼方面,建立公益诉讼工作标准,在线索获取和证据调查环节,加强信息化手段及大数据的运用,加强公益诉讼办案智慧辅助系统使用等。在依法平等保护民营企业发展方面,树立"企业为王、精准服务、效果至上"的理念,把平等保护民营企业的各种法律政策落实落细,以办好案件的实效让民营企业有更多更实的获得感。"先立乎其大者,则其小者弗能夺也。"在推进"五化"中,要抓住诸如上述的中心或重点工作环节,从而带动检察工作全面发展。

(三)检察工作实践将促进"五化"理论升华

推进"五化"既要务实重干,更要注重经验总结。对工作中出现的问题要客观看待,注重找出解决问题的规律和路径。省级检察院要把各地办理的案件、做法系统归类,找到共同特点和内在规律,提升为具有普适性的成果,形成可复制、可推广的经验;同时要加强对新情况新问题的研究,及时对实施的标准、规则进行修订,从而达到从实践再到理论的升华。为更好发挥"五化"理论与业务实践的相互促进作用,要注意抓好以下几个方面的创新：一是理论创新。围绕工作中的重点、热点、难点、堵点问题，围绕司法体制改革、县级检察院建设、检察管理等领域遇到的新情况、新问题，强化理论研究，破解实践难题。二是实践创新。省级检察院要充分发挥对下级检察院实践的引领、规划和指导作用，注重激发县级检察院的创新动力和积极性，让一线办案人员深度参与到应用研发中，与科研人员围绕每一个案例、每一个罪名、每一项业务去研判，形成合力，从实质上推进各类应用的循序渐进、深化发展。三是制度创新。结合检察业务转型发展，聚焦一个侧面、一项工作、一类倾向性问题，探索建立具有可操作性的规章制度，引领工作创新发展。四是重点工作创新。善于抓主要矛盾和矛盾的主要方面，在统筹整体工作中，突出抓好重点工作，从而以点带面推动检察工作的整体提升。

（四）"五化"理论将促进检察工作跨越式发展

4G改变生活，5G改变社会。科技就是驱动力。标准化、精细化、专业化、规范化的发展需要智能化的科技支撑，科技也将有力推动检察工作精准、细化、高效。可以说，智能科技和检察工作深度融合的"化学反应"将会促进检察工作跨越式发展。一是促进司法规范。智能化的运应，大数据的介入，将全面整合法律数据资源，从而建立司法数据库。一方面，可以对同一案件不同阶段的各种类型文书，控、辩、审各方的意见进行对比分析，对案件基本事实、证据、法条进行梳理和综合归纳，从而帮助检察官了解案件始末，实现案件引用法律准确、案情研判精准；另一方面，利用人工智能，实现向办案检察官推送具有同样性质的案件，有效应对"同案不同判"问题，促进司法规范。二是强化对检察权运行监督制约。从数据库中提取和分析案件信息，自动对案件的办案程序进行审查，识别问题案件和异常数据，从而实现案件评查自动化。同时，自动发现检察权运行过程中的廉政风险点和监督管理中的薄弱环节，强化事前预警和相应处置，确保检察权在阳光下运行。三是强化法律监督。深度利用行政执法信息、法院裁判文书、新闻媒体报道、政务公开及公益组织掌握的互联网海量数据，通过网络研判筛选，提高线索排查的精准性。同时，利用大数据发现检察公益诉讼线索，收集和固定检察公益诉讼证据，促进检察权与行政权在法治国家建设进程中形成合力。四是提升司法公信力。依托先进的网络雷达引擎和文本提取技术，实现对网络舆情信息的自动监测采集，并经过舆情过滤、自动分类、相似性排重等处理后，形成舆情推送。检察机关根据推送结果，实现有针对性地进行检务公开、信息发布，最大限度地满足人民群众的知情权、参与权和监督权，提高司法公信力。同时，通过引入电子客服，利用语音识别、自然语言理解技术，为公众、律师和来访群众提供自助、便捷、高效的检察服务，有效促进司法规范化、矛盾化解便民化、咨询服务快捷化。

五、各级检察机关如何推进落实"五化"

由于省级、市级、县级三级检察机关所处的层级、担负的任务、工作的侧重点不同，在落实"五化"的过程中，各自的作用是不同的，对其要求也应有所区别。

(一)三级检察机关的工作特点、各具优势及容易出现的问题

由于各级检察机关工作职责范围有所不同,导致检察人员数、办理案件数等有很大不同,从而工作的要求和重点也是不同的。

(1)从办案数量、案件类型来说,在办案数量上,分别以刑事案件一审、二审为例,2019年,河南省县级检察院共办理审查逮捕案件62599件94424人,一审公诉案件100788件137940人,案件数量分别占全省审查逮捕、审查起诉总量的99.5%和99.2%;市级检察院共办理审查逮捕案件282件422人,一审公诉案件793件1731人,分别占审查逮捕、审查起诉总量的0.5%和0.8%。刑事二审案件,市级检察院共受理二审上诉案件974件2213人,二审抗诉案件501件1184人,案件数量分别占二审上诉、二审抗诉总量的87.6%和96.9%;省检察院受理二审上诉案件138件361人,二审抗诉案件16件97人,案件数量分别占二审上诉、二审抗诉总量的12.4%和3.1%。在案件类型上,2019年,县级检察院办理的审查批捕逮捕、审查起诉案件共涉及245个罪名;市级检察院办理审查批准逮捕案件涉及57个罪名,审查起诉案件涉及42个罪名。

据此可以看出,县级检察院作为司法一线,办理案件数量最多,涉及案件类型最广泛,是第一手案件信息资料的收集者和提供者。同时也能够看出,县级检察院工作人员把大量的时间和精力都用在了处理案件上,尤其是检察官员额制改革后,一线司法办案的检察官与原来相比减少60%多,案多人少的矛盾更加突出。虽然基层司法人员拥有丰富的案件资料和司法经

验,但长期疲于应付办案,几乎没有时间和精力思考归纳类案问题,难以形成规律性或者是指导性意见,更难以制定相应标准。省级检察院的法律地位决定了其直接办理的案件较少,没有一审案件,二审案件也很有限,缺乏对案件最直接的亲身感受,难以及时准确收集案件信息,其主要功能是综合研判下级检察院工作动态,及时纠偏督导。若对下级检察院及时做出正确的指导意见,就必须建立在熟悉掌握大量信息及案件事实的基础上,而这个基础,就是县级检察院所拥有的丰富的、数量庞大的案件信息及相关情况。离开翔实的客观真实的基础,就难以做出正确的判断和精准的督导,不仅不能解决基层的问题,反而会带来诸多新的矛盾,从而使督导缺乏有效性和针对性。作为县级检察院,缺少省级检察院针对性的指导,虽然在对证据把握、法律适用等方面的认识是深刻的,却也容易陷入琐碎的案件及事务中,导致政策指引缺失或司法精神把握走偏。作为市级检察院,不仅有一线办案的经验,而且还拥有其所辖县级院上报的信息资料,因此,其具有方便信息情况归纳汇总上报省级检察院及指导县级检察院的功能,但是,若疏于对县级检察院上报的信息归纳分析,或者因不能准确"把关"、界定而失真,从而阻断县级检察院和省级检察院之间的信息渠道,会导致省级检察院不能准确掌握真实有效的信息。

(2)从检察人员数量及学历文化程度上来说,河南省共有14630余名检察人员,其中县级检察院11330余人,具有本科学历的约占80%,硕士及以上约占9%;市级检察院2950余人,具有本科学历的约占74%,硕士及以上约占19%;省院340人,具有本科学历的约占47%,硕士及以上约占49%。不难看出,县级检察院检察人员虽然基数大，但偏重研究的硕士及以上学历人员相对较少，这种人员结构导致的直接后果是法律政策理论水平、研究问题能力相对较弱，会经常出现能发现问题而不能解决问题的现象，且实践中还容易形成两个倾向，一是教条主义，机械执法，办案时完全"死抠"法条，用"死法条"把案件办死，不能正确处理普遍性与特殊性的关系，影响公正司法；二是自由主义，无视法律法规，凭感觉办案，缺乏严格司法意识，随意适用和解释法律。省院检察人员硕士以上学历达到人员数的一半，相对有深厚的理论功底，从宏观上把握全局的意识较强，善于归纳总结，研究问题有明显优势，分析问题和处理问题的能力高于下级检察院，能够针对问题或相关情况提出指导意见。

（3）从地域发展不平衡导致检察业务差异较大这一特点来说，由于各地所处的地理位置、经济基础、文化传统、风俗习惯等不同，造成各地的案件数量、数件类型等都有很大差别，如个别市级检察院的案件量大体只相当于郑州市所辖个别县区院的案件量；涉知识产权犯罪案件集中于郑州、洛阳两地管辖，导致其他地市根本无法接触此类案件等。由于我国是单一制国家，根据我国的政权结构形式，在各省之内，各县之间发生的交流沟通非常有限，相互之间好的做法、经验难以有效进行交流借鉴，更难以形成统一的标准、规范，基本处于一种各自为战、自办自案的状态。省院作为各县级检察院的共同上级领导机关，自然而然就担负起了收集案件信息、分析存在问题、总结归纳经验、推广典型事例、形成规范意见的任务。这也是省院重要职责所在。

（4）从案件之间的冲突处理来说，即使完全相同的案件事实，在不同的县级检察院办理，会出现不同的结果。此问题一方面是基于人的认识差异而造成的，另一方面也有法律规定的宏观性、原则性、文字表达不周延性的原因。同时，还有各地的经济发展水平差异、风俗习惯差异等方面的因素。这种问题的存在极大地损害了司法机关的形象，给社会造成一种司法不公的负面影响。而作为县级检察院是无法解决这种矛盾的，这就需要省级检察院及时监督指导对此类案件进行分析研判，形成典型案例，达到纠偏纠错、平衡尺度的目的，从而减少冲突，遏制社会负面影响，真正使人民群众在每一个案件中感受到公平正义。

（5）从检察机关与群众联系紧密程度来说，人民群众对司法文明的感知程度，不是来自于工作报告，也不是仅仅来自于各类法律文书，而是更多地体现于一个个具体案件的办理过程和结果，来自于一位位对其进行释法说理的检察办案人员。从这个角度来说，县级检察院对社会接触最广泛、最充分、最深入，是检察机关与群众联系最紧密的第一线。检察机关坚持人民至上、顺应人民期待、回应人民关切，切实为人民群众提供优质高效的法治产品和检察产品，这既是对县级检察院检察人员最基本的业务能力和职业素养要求，也是司法为民最根本的体现。同时，省、市两级检察院要强化对县级检察院联系人民群众工作的指导，采取有力措施，切实加强与人民群众的沟通联系。

（6）从对中央政策的理解把握、国家法律精神的领会、司法解释及工作要求的解读来说，县级检察院处于检察系统的"神经末梢"，对中央、上级机关工作部署精神反应往往不敏感、落实行动迟缓，也容易出现偏差；而省级检察院在这方面占据优势，理解相对透彻，政治站位高，把握较准确。市级检察院需要扮演重要的传导督促角色，确保能及时地、"不走样地"把上级精神传达贯彻下去。

（二）建立省级检察院与县级检察院直联制度

在传统中国，县政是整个政权的基石和支柱，在几千年的历史中，县级政府是最基层的政权。改革开放后，中央权力大多下放到省级，县政成了各省的省内事务，再由省级政府逐级往下分权，每一级政府只和上下两级政府发生联系。在此情况下，无论是往上还是往下，越级工作联系只有在特殊情况下才会发生。这种结构形式导致政策在往下传递过程中，被中间层次政府所"过滤"，到了一线政府，很可能就变成"另外"一个政策。作为人民代表大会选举产生的"一府一委两院"中的检察机关，也存在同样的问题。县级检察院收集到的最全面、最真实的信息，在上报省级检察院的过程中，往往都被市级检察院"审查"、"把关"，被"把关"后的信息有一部分就"夹带"了市级检察院的意志，从而"有失"客观性和准确性，可能给省级检察院的判断和决策造成误导。反之亦然，省级检察院制定的工作任务、提出的工作要求、形成的指导意见，在向下传达的过程中，其工作本意可能会被有意无意地"曲解"、"过滤"，到了县级检察院，往往仅停留在字面理解之中，得不到很好地贯彻执行。

鉴于目前的检察体制下，为了使省级检察院能迅速、准确、全面、客观地掌握第一手信息资料，县级检察院正确理解并掌握省级检察院的工作精神和工作要求，可以充分利用智能化手段,建立省级检察院和县级检察院直接联系的渠道,以实行检察权的扁平化管理,保证政策有效下达和信息有效上传。在信息有效上传方面,县级检察院应将各种信息直接上报省级检察院,并同时上报市级检察院,上报的信息由检察长签署,检察长对上报信息的真实性负责。同时,县级检察院上报到省级检察院各部门的信息,由各部门负责人对其客观性、准确性、真实性审查把关,必要时到县级检察院实地核实调研。在政策有效下达方面,要把责任压实到省级检察院各部门,各部门根据任务分工情况,负责将本条线的工作要求和工作任务传达到县级检察院,并对贯彻落实情况督导检查。

(三)各级检察机关根据各自的工作优势,将"五化"贯彻到底、落实到位

由于各级检察院工作特点不同,各具优势,在落实"五化"中,需要各级检察院机关联动配合,各取所长,抓好落实。在标准化方面,从标准化与规范化的区别不难看出,标准化建设需要长时间的实践经验积累,需要全面熟悉了解工作情况和存在问题,准确把握解决问题的普遍规律,从而进行提炼升华。省级检察院各职能部门根据自己工作职责,深入调研论证,制定工作标准,形成标准体系,用统一标准指导、评判、衡量下级院履职情况。市级检察院和县级检察院,更多的是根据省级检察院的工作标准,不走样地贯彻执行。因此,标准化的制定主体在省级检察院,标准化的适用主体主要在县级检察院和市级检察院。在智能化方面,智能化是一个系统工程,是检察工作的科技支撑与保障。智能化的主体责任在省级检察院,应做到统筹安排,持续抓好"三远一网"应用,积极配合做好政法

大数据平台建设，推动智能辅助应用，全力打造智慧检务体系。同时，也要注意发挥县级检察院在应用、探索、创新等方面的基础性作用。在精细化方面，由于90%以上的案件发生在县级检察院，作为司法一线的县级检察院不仅是直接与人民群众接触最广泛的单位，也是具体案件的办理者、司法经验的提供者、司法问题的发现者。因此，精细化在县级检察院不仅表现为司法办案过程的精细化，还表现为释法说理的精细化，让法理直达人心，使人民群众感受到公平正义；同时还要及时捕捉、发现、上报现有工作标准的不足之处、矛盾之处、不符合实际之处，以便省级检察院有针对性地及时修订工作标准。省级检察院在精细化方面主要表现为及时制定详细的工作标准，尽量减少县级检察院在执行时因概念模糊不清或针对性、可操作性不强而导致的无法执行或执行不力。在专业化方面，省级检察院专业化方面更多地体现在调研情况、采集信息、纠偏纠错、推广经验、制定标准、教育培训，指导下级检察院工作开展，培养专业人才等；市级检察院和县级检察院专业化除综合业务相对固定的专业外，更多体现在办理案件的专业，严格把握罪与非罪的界限，正确适用法律，量刑建议精准，让每一起案件都经得起历史的检验。在规范化方面，规范化是对各级检察院检察人员和检察工作规范要求的全覆盖，是对检察工作和检察人员在"五化"中最严格、最全面、最细致、最具体、最深刻、最极致的要求内容，除包括检察文书规范、办理案件规范外，还包括语言规范，不仅会说"法言法语"，还要能够说让人民群众听得懂、听得进、听得信服的语言；着装规范，做到检容严整、仪表端庄、举止文明，始终保持检察官良好的职业形象；接待规范，做到热情有度、以礼相待、周到细致；公文办理规范，做到准确、及时、安全，等等。因此，规范化既是全体检察干警必须遵守的要求，又是极致追求的目标。

〔此文部分内容分别摘录发表于《领导科学》2020年12月（上）第7-9页和《公民与法》2020年第9期第55-57页〕

打通与人民群众联系的"最后一公里"是新时代检察宣传工作的新要求

有这样一组数字：2018年全国（省）人大代表、政协委员针对河南省检察机关提出意见建议1017件，其中涉及检察宣传的占比39.6%；2019年共提出意见建议928件，其中涉及检察宣传的占比31.4%；2020年1－10月共提出意见建议474件，其中涉及检察宣传的占比27.5%。在这些意见建议中，涉及检察职能宣传的占比23%，先进人物、典型事迹宣传的占比14%，案例普法宣传的占比31%，其他宣传的占32%。由此可以看出，人大代表、政协委员代表广大人民群众对检察宣传工作是关注和支持的，而这些关注和支持并非无源之水，有其深刻的时代背景和社会需求。习近平总书记2013年在全国宣传思想工作会议上强调，宣传思想工作"要树立以人民为中心的工作导向"；"坚持人民性，就是要把实现好、维护好、发展好最广大人民根本利益作为出发点和落脚点，坚持以民为本，以人为本"。总书记所提的要求，既是对人民群众在新时代对宣传工作呼声的回应，也为检察宣传工作指明了方向，提出了要求。这些年来，检察机关也确实做了大量的宣传工作，以河南省检察机关为例，据不完全统计，2019年1-9月，在平面媒体刊稿4500余篇，在网络新媒体刊稿71400余篇；2020年1-9月，在平面媒体刊稿4200余篇，在网络媒体刊稿69800余篇。此外，还采用召开新闻发布会、检察开放日、送法进校园、为代表委员赠订报刊等多种方式进行宣传。这些宣传工作虽然在一定程度上反映了时代要求，但反映得还不够到位，尤其在体现司法为民及回应人民群众呼声方面还不够全面、深刻，离党中央的要求和人民群众的期望还有一定的距离，这一点也可以从人大代表、政协委员所提意见建议的构成比例得到印证。为了缩短这种差距，更好地服务社会、服务人民，有必要加强改进检察宣传工作，以适应新时代的新要求。

一、对目前检察宣传工作存在问题的检视

在反贪污贿赂和反渎职侵权工作转隶到各级监察委之前，检察宣传工作主要以宣传查办职务犯罪案件为主，并没有真正突出检察机关法律监督职能的宪法定位。现在，检察机关调整检察职能后，法律监督职能尤为凸显，就检察宣传工作而言，理应做相应的调整，然而，其却没有及时跟进到位。有人大代表反映，检察机关职能调整后，人民群众对检察机关能带来什么样的"实惠"、能维护什么样的权利、怎么维护权利等知之甚少，甚至一无所知。由此可见，检察宣传工作与人民群众的需求还存在较大差距，还没有切实体现以人民为中心的司法理念，与人民群众联系的"最后一公里"没有打通。

（一）宣传报道"官本位"思想严重

有人大代表提出，检察宣传宏观报道多，多数是领导讲话、公务活动、会议报道，千篇一律"唱高调"的现象突出。一是会议活动报道与领导讲话稿无异。有的宣传报道官方文章、官方活动多，日常报道的推进会、总结会、座谈会、调研会、业务竞赛等配有大幅领导讲话，导致会议活动的宣传报道与一篇领导讲话稿区别不大，人民群众对此不感兴趣。二是公文性强。在检察长访谈、工作会议等相关宣传中，公文语、宣传语运用较多，缺乏生动鲜活的案例、故事，与简报、信息无大的差异，人民群众听不懂、不理解。三是真正反映人民群众需求的宣传报道少。法律禁止什么、倡导什么，违法了要承担什么样的后果，这些最基础的法律知识往往是多数群众需要明白的，但检察机关的宣传工作还跟不上群众的实际需要。

（二）宣传报道的内容缺乏深度

随着网络宣传力度的加大，尤其是新媒体平台的运用，大大便捷了人们的阅读方式，但相伴而生的是出现了宣传稿件质量下降、粗制滥造，消息多、信息多，碎片化的内容多，有深度、高质量、有导向性的文章少，影响了宣传职能的发挥。虽然我们处于"读图时代"，但还是需要深度了解社会反映，倾听人民群众呼声，深度思考人民群众对检察工作的期待和期盼。不少政协委员提出，现在能引起人们深度思考审视的文章太少，能够引导社会各界、人民群众理解与支持检察工作的实务报道不多。从表面上看，这是工作缺乏深度思考和务实措施，一定程度上是形式主义、官僚主义在检察宣传工作中的表现。比如在案例报道中，不善于挖掘四大检察业务"富矿"，往往照抄照搬起诉书、判决书内容，满足于当二传手、传声筒，不能从丰富多彩的案例、故事和检察实践中挖掘鲜活素材，去生动反映检察人法治意识和职业探索，去充分报道案例、故事背后的法治思想、法治内涵。比如，"四大检察"、"十大业务"中，工作部署、典型案例背后的政治考量、检察法理、执法精神是什么，反映的检察职能作用、刑罚目的是什么，检察监督规律、办案思想是什么，系统挖掘、深度总结和提炼得不够。比如，80%以上的认罪认罚案件背后，检察官关于认罪认罚的工作是如何开展的，靠思想政治，靠事实证据，靠情感，靠智慧语言，涉及的心理问题、法理问题、感情问题都很丰富，如何通过宣传，让社会普遍了解和接受这项制度，促进提升检察官的能力等都需要思考总结。

（三）检察工作新职能和新理念的宣传较少

随着司法体制改革的深入推进，检察整体业务整合为"四大检察"、"十大业务"，检察机关进行内设机构改革，新成立了第一检察部至第十检察部。"四大检察"、"十大业务"分别包括哪些，十个检察部通俗的叫法是什么，每个部的具体分工是什么，检察人员说起时可能还要略作思考，更何况是普通百姓。有代表提出，希望在宣传报道时，在第一至第十检察部后面都加上一个"小名"，如第一检察部（普通刑事犯罪检察部），更能让人民群众看得明白。在捕诉合一方面，为什么要捕诉合一，捕诉合一有哪些积极意义，司法理念、司法目的以及追求的法治精神是什么等宣传解释还有差距和欠缺。在公益诉讼方面，线索如何提供，什么事情可以采取公益诉讼，公益诉讼的效果如何等，都是人民群众需要知道的内容，也是检察宣传工作的重点内容。但是，从目前情况来看，检察机关对公益诉讼宣传报道的案例比较"干瘪"，反映检察机关的工作比较多，反映案子本身尤其是人民群众关心的问题比较少。在民事、行政监督方面，有人大代表指出，民事、行政申请监督的程序不清楚，尤其是申请民事监督抗诉案件，申请监督的程序、申请监督的方式、各级检察机关民事监督的权限分工等关切人民群众切身利益的检察职能宣传明显不到位，导致申请监督时，给人民群众带来非常多的不便。

同时，随着检察职能的调整和重组，产生了一系列检察工作新理念，如双赢、多赢、共赢，以办案为中心，在监督中办案、在办案中监督，一个案例胜过一打文件，法律监督要坚持三个效果相统一等，对这些新理念的学习领会消化需要一个过程，需要加大宣传力度，让人民群众明白其中的道理，只有这样才能真正根植群众心中。比如，在办案中监督，在监督中办案，实践中应当如何做，办案与监督的关系是什么，在办案中如何监督，如何依靠监督促进办案，要追求什么样的效果和目的等；比如双赢、多赢、共赢理念，为什么要倡导运用这种理念，其优点是什么，检察机关采取哪些措施去推动这种理念落到实处；比如认罪认罚从宽制度的背后意义，检察机关为什么有量刑建议权，确定刑量刑建议与法院的量刑权有什么区别，等等，检察宣传的广度、深度、高度、角度还不够。

（四）宣传报道不看对象，无的放矢

司法为民，必须要知民、懂民，懂得人民群众心里想什么，想听什么，需要解决什么困难和问题。俗话说"到什么山上唱什么歌"、"看菜吃饭，量体裁衣"，即是这个道理。有政协委员指出，有的检察宣传不看读者和听众，为了宣传而宣传，对宣传对象没有调查研究；有的宣传报道空话连篇，自说自话，不接地气，老百姓不买账，如检察人员落实"三个规定"①的问题，"三个规定"作为保障司法机关依法行使职权、促进公正廉洁司法的制度安排，对保障公平正义有重要意义。不论是召开新闻发布会，还是宣传报道的文章，基本都是在说检察人员怎么做的，而对典型案例，很少有深入人民群众中调研人民群众对此项工作的看法、人民群众对此项工作了解多少、离人民群众的期待还有多远等内容。如果没有人民群众的理解支持，这项工作就会造成检察机关对人民群众反映的问题不管不问、不认真对待人民群众反映的问题的误解。有个别特约检察员说，有些宣传报道是在用书本上的公式，而不是用人民群众的语言来和群众讲话，如案-件比的问题，什么是案-件比，比的什么，为什么要提出案-件比，推行案-件比的意义是什么，报道内容写得很艰深，检察人员恐怕都难读明白，怎能让人民群众真正明白这个制度？

---

① "三个规定"是指《最高人民检察院关于对检察机关办案部门和办案人员违法行使职权行为纠正、记录、通报及责任追究的规定》、《司法机关内部人员过问案件的记录和责任追究规定》和《关于进一步规范司法人员与当事人、律师、特殊关系人、中介组织接触交往行为的若干规定》。

二、存在问题的原因分析

（一）学习不到位

学习不到位，包括很多方面，如检察业务不精、文字表达不硬、知识面不广等。由于这些方面，不少检察宣传的文章都有过阐述，在此，笔者主要对学习领会中央关于司法工作精神不到位作个分析。对司法工作，习近平总书记2013年2月在中共中央政治局就全面推进依法治国进行第四次集体学习时明确提出"努力让人民群众在每一个司法案件中感受到公平正义"这一要求，到今天为止，已过去7年多，总书记这一指示作为司法工作的最高要求，虽然被各种宣传报道经常引用，然而，从进一步提升宣传工作的角度来说，其学习和理解尚不够全面深入。我认为，总书记的这个重要指示，指出了"人民群众"是检察工作以及检察宣传工作的对象，"每一个司法案件"是检察机关与人民群众联系互动的介质，"感受到"是检察机关与人民群众之间联系起"化学反应"的过程，"努力让"体现的是检察机关负有主动宣传的义务和责任，"公平正义"是检察工作的结果和效果。这些本应该体现在检察宣传工作中的要点并没有能够很好地体现出来，没有把人民群众作为宣传的主要对象，普遍存在"为了让领导看、让上级看"、"写谁谁看，谁写谁看"的问题；宣传案件重数量不重质量，简单报道、浮漂了事，让人民群众感知和体验到的司法温度有限。

（二）对每个检察人员都是宣传员的认识不到位

现在有一种错误认识，总觉得检察宣传工作就是宣传部门的事，与其他部门关系不大。以河南省检察机关在官方网站发布信息为例，虽然出于网络安全的考虑，在门户网站发布信息由宣传部门统一发布，但信息内容需要由各业务部门提供，如果业务部门宣传意识不强，没有积极提供相关信息，就达不到宣传效果。有政协委员指出，检察机关的互联网门户网站信息更新不及时，各业务部门的工作职责、工作流程等内容在网站上查找不到、查找不全。不可否认，宣传部门是宣传工作的主要责任部门，但不是唯一责任部门，其他各部门也都负有宣传的义务，尤其是业务部门，他们是具体案件的办理者、亲历者、思考者、总结者、与人民群众的接触者，对发案规律、新类型案件发展趋势、多发高发案件如何预防、社会治理漏洞如何填补等都有一定的思考和感悟。所以，由他们及时地介入宣传，更能起到好的宣传效果。毛泽东同志讲过：一个人只要对人说话，他就是在做宣传工作。所以，我们每一个检察人员都要把自己看成是检察宣传员，宣传好检察工作。

（三）宣传的短期效应与长期效应结合不到位

从宣传报道所要达到的效果来看，分为短期效应、阶段性效应和长期效应。短期效应，也称即时效应，以"传消息"为目的，有短平快的特点，是为了让人民群众知悉发生了某件事情，如关于某个活动、会议的报道。阶段性效应，是为了突出某一阶段的工作重点，有针对性地集中进行宣传报道，目的是为了让人民群众学会、掌握所宣传的内容，比如《中华人民共和国民法典》颁布实施后，全国各单位都在组织学习、宣传，就是为了让人民群众重视并掌握这部法律的规定，以维护自己的民事权利。长期效应，往往是和思想意识形态、工作主责主业紧紧联系在一起，要长年坚持不懈持续宣传报道，扶正防偏，目的是让人民群众"刻骨铭心"，直到转化为人民群众的情感认同，形成意识习惯。思维习惯和行为习惯，比如党领导政法工作，检察工作以办案为中心等新理念，检察院"十大"业务职能、办理流程等。宣传的长期效应、阶段性效应和短期效应共同形成宣传工作的立体效应，应当将三者并重，统筹兼顾，整体施策，多措并举。如果只注重短期效应，看起来宣传工作做得很"热闹"，实则让人民群众从中受到的教益有限；如果只注重阶段性效应，"大水漫灌"、"铺天盖地"，可能会给人民群众带来疲倦感，不能及时了解到检察工作最新动向；如果只注重长期效应，可能导致宣传工作的传播速度和广度受到影响。在宣传工作实践中，由于短平快的消息太多，真正产生让人民群众改变观念、改变习惯、明白事理、尊法尚法长期效应的宣传内容因"老生常谈"而被忽略掉。因此，对于需要产生长期效应的宣传内容，要有战略上的安排和规划。当然，不少时候宣传工作需要根据上级要求适时调整宣传方案，但对需要长期宣传的内容要持之以恒、久久为功。

（四）培养宣传受众群体的意识不强

就宣传工作而言，受众群体的数量基础有着至关重要的作用，谁能培养出更多受众，谁就拥有更强大的影响力，谁抓住人民群众这个最广大的群体，谁就赢得了宣传的胜利。有效的宣传必须结合实际，反映人民群众的利益诉求；最容易深入人心的宣传就是探讨与人民群众切身利益相关的问题。多数的群众非常现实，检察机关能为他们办什么事、能办成什么事是人民群众最为关切的问题。如果把他们最关切的事情办好了，那么就会产生二次传播乃至 N 次传播，给检察工作带来正能量。如果本该办好的事情没有办好，滥作为、不作为、慢作为，也会更加迅速地产生二次传播以及 N 次传播，当然了，这样的传播肯定是负面的效应。因此，在宣传报道中，要充分体现检察工作给人民群众带来的价值感，价值感越强，感受到价值感的受众群众越多，则传播得越快、越广。而目前，检察宣传工作中，还仅仅是依靠检察机关自己的力量在做宣传，没有紧紧地抓住受众群众，培养的受众群众还很有限，没有真正能够把"独角戏"变成"大合唱"。

（五）机构设置的天然缺陷

公安、法院、检察和司法行政四家机关在机构设置上，公安在乡镇有派出所，法院在乡镇有派出法庭，司法行政在乡镇有司法所，唯独检察系统无乡镇派出机构。遍布全国各乡镇的工作机构就像人身的神经末梢一样，越多越广，感知外界事物就越多越丰富；反之，获取的信息量就少，相互感知的机会就少。检察机关的这一天然缺陷在一定程度上影响了与人民群众的联系互动。

三、做好新时代检察宣传工作应把握好三个基本问题

随着社会主义新时代的到来，人民群众有了更高的要求，这种要求不仅表现在社会生活中，也表现在宣传工作中。"明者因时而变，知者随事而制。"检察宣传工作面临新形势、新挑

战、新要求，也要与时俱进、不断创新。

（一）坚持从人民群众中来

从人民群众中来，"来"的是什么？"来"的是人民群众的呼声，是人民群众的需求，是人民群众的需要。通过"来"，从而知道人民群众的所思所想、所需所求。坚持从人民群众中来，首先，要深入基层向人民群众调研。毛泽东在《〈农村调查〉的序言和跋》中说："第一是眼睛向下，不要只是昂首望天。没有眼睛向下的兴趣和决心，是一辈子也不会真正懂得中国的事情的。"检察宣传工作也是一样。虽然现在信息来源的渠道和方式有很多，但还必须要深入群众一线，从群众关心及利益密切相关问题入手调研，而不是坐在办公室里东拼西凑、复制粘贴、闭门造车。只有到人民群众中去，才能真正地熟悉人民群众的生活和需求，准确把握群众思想活动的特点，这样宣传工作者、宣传对象和接受对象之间才能产生良好的互动，从而增强宣传报道的时效性、针对性和吸引力、感染力。其次，要拓宽人民群众向检察机关反映问题的渠道。20世纪80年代，全国各基层检察院在乡镇普遍设立有派驻检察室，虽然后来由于权限范围过宽且缺乏有效管理制约纷纷被撤销，但派驻乡镇检察室在受理群众法律咨询、信访、举报以及化解矛盾纠纷、法治宣传等方面发挥着积极作用。现在检察机关主责主业发生转变，法律监督职能凸显，需要检察机关主动作为，充分地、广泛地、直面地接触人民群众。而派驻乡镇检察室在这方面有天然的优势，能够为检察工作、为检察宣传工作服务人民群众提供更多的"神经末梢"，从而让宣传工作与人民群众真正地面对面、心连心。这样来看,新时代派驻乡镇检察室有恢复之必要。当然,设立派驻乡镇检察室不是一朝一夕即可完成之事。在当前检察组织体系下,县级检察院处在司法办案的最前沿,联系、服务人民群众最直接、最广泛,是实实在在的"群众身边的检察院"。人民群众对检察工作的评价、对司法检察的获得感主要来自于对基层检察工作的直接感受。因此,县级检察院是向人民群众开展宣传工作的最直接的载体和抓手,也是宣传工作最容易出问题的地方。作为省级检察院,必须指导好县级检察院的宣传工作,可以由县级检察院在各乡镇配备宣传联络员,公开联络员的姓名电话,广泛听取人民群众对检察工作的意见建议。同时,建立由县级检察院向省级检察院直接报送宣传信息的渠道,确保宣传信息的完整性、真实性和原始性。再次,要认真对待群众的诉求。人民群众的声音一方面来自检察机关主动积极调研,另一方面来自人民群众主动的反映。不论来自哪个渠道,都需要认真对待,从收集、甄别到处理、反馈,再到实效等,宣传报道要及时跟进。树立正确的舆论导向,形成一种认真对待群众声音的风气,充分发挥人民群众的作用,为检察机关改革发展贡献力量和智慧。

(二)切实到人民群众中去

到人民群众中去干什么?这是摆在面前的首要问题。作为检察宣传来讲,我认为主要是去送思想、送影响、送力量。

如何送?在空间上,要近距离乃至零距离接触,只有这样,检察机关作为宣传主体与宣传对象的人民群众才能消除距离感,彼此相互了解对方所思所想。如果距离过远,也就感受不到对方的"存在"了。在语言表达上,要选用人民群众喜闻乐见的方式,让他们听得懂、看得懂、愿意听,而且会积极主动地给予二次传播。在宣传方式上,要准确把握地区差异性"供应",选用与人民群众生活习惯相匹配的方式进行宣传。对不同地域、不同群体、不同年龄要采取不同的宣传方式,年长的人一般更喜欢传统的宣传方式,如报纸、杂志、宣传册等;年轻人更多愿意接受网络宣传方式,如小视频、抖音、快手等。在宣传内容上,要选用人民群众熟知的、与现实生活密切相关的题材,这样他们才有相同或相似的境遇,易于理解,乐于接受。

要达到什么样的宣传效果?第一个层次是让人民群众有获得感,也就是有实惠感,这是人民群众愿意响应宣传、愿意接受宣传、乐于配合宣传并主动进行多次传播的最直接的动力。所以,检察机关应当认真负责地办好每一起案件,处理好人民群众关注的每一件事情,真正做到耐心、细心、换位思考,想群众所想,在思想上做到畅通无障碍、沟通无顾忌。这样,人民群众才容易接受,才能够真正感受到公平正义的存在。但是,只有这种实惠感还远远不够,实惠感带给人民群众更多的是一种浅层次的、短暂的、某一个特定时期的物质满足、心理满足、精神满足,而不能带来恒定地、持续地、自觉地对法治的信奉。所以,除了让人民群众有获得感之外,还要引导他们养成法治思维和法律信仰,这是检察宣传效果要达到的第二个层次,也是检察宣传的最终目的。法治思维和法律信仰的养成需要长期坚持不懈地培育,法律只有被认同、被信仰,成为内化在思想中、熔铸在头脑中的强大观念,人民群众才会自觉自愿地遵守,遇到问题的第一反应是如何用法律来维护自己的权利,而不是去找"关系"。只有这样,以言代法、以权压法、逐利违法、徇私枉法等行径才没有生存的土壤,法律的权威也才能凸显出来。因此,检察宣传务必要在普法教育、建设社会主义法治文化、树立宪法法律至上、法律面前人人平等等法治理念宣传上下功夫。

(三)坚持实事求是

实事求是是我党的一贯优良作风,它是指导我们各项工作的总要求,检察宣传工作也应当坚持实事求是。坚持从群众中来,切实到群众中去本身也是实事求是的表现,但就检察宣传工作来说,仅做到这一点还是不够的。

张军检察长强调,"本"在检察工作,"要"在检察文化,"效"在新闻宣传。只有做深做实检察"本体"工作,主动给宣传工作提供更多品位更高的"金品",才能提炼、创做出更多宣传"精品"。良好的检察工作能够为宣传工作提供源源不断的"营养",这也是检察宣传工作能够获得好效果的基本保障。只有案件办扎实,释法说理到位,问题解决好,人民群众才"买账",也才能为检察工作增光添彩,从而扩大检察机关的影响力,增强了人民群众对检察机关的认可度。检察宣工作也必须要实事求是,一切从实际出发,根据事情的本来面目说话、写稿、宣传,不能为了体现某一个理论观点或领导讲话而去"修改"事实。比如,处理网络舆情时,问题解决好是前提,不能回避、掩盖事实;反之,如果问题解决不好,新闻发布会越"热闹",宣传报道越"粉饰",人民群众只会越反感、越不满意、越不信任,久而久之,检察机关在人民群众心中就慢慢失去了影响力。所以,检察宣传工作要深刻理解实事求是作为党的思想路线在理论和实践、历史和现实中所具有的深刻含义，不能把它停留在口号上，而是要把它时时处处体现在每一起案件中、每一项工作中、每一个宣传报道中。

　　作为检察宣传来说，必须要认识到党、检察机关、人民群众三者利益一致性，把检察工作宣传到位是分内之事，切忌把检察工作与党的工作、检察宣传工作与党的宣传工作割裂开来。党是全局，党的宣传也是全局的宣传，检察工作是党的工作的一部分，检察宣传也是党的宣传工作的一部分，人民群众是宣传工作的对象，检察机关是党通过司法途径保持与人民群众血肉联系的重要纽带。人民群众理解支持检察工作，就是理解支持党的工作。所以，检察宣传工作在宣传检察业务的同时，要时刻有"点题"意识，在最恰当的时机和位置，以最合适的方式，体现党的领导和党的宣传思想，做到这些，检察工作才能让党和国家满意，才能让人民群众满意。

（此文成稿于 2020 年 10 月）

一半，一半

——党的建设与检察业务融合之我见

三毛说：

如果有来生，要做一棵树，

站成永恒，没有悲欢的姿势，

一半在土里安详，一半在风里飞扬，

一半洒落阴凉，一半沐浴阳光，

非常沉默非常骄傲，从不依靠从不寻找。

这首诗是三毛写给自己的。喜欢如风般自由的三毛，本人就像一株在风里雨里自由生长的树，一半深深地扎进土里，吸吮着大地母亲的无穷营养，另一半沐浴着阳光，洒落着荫凉。其实，这是一个相互成全的过程。正是扎进土里的根，吸吮了大地的养分，才能让自己的枝干伸进天空，在风里飞扬；也正是在风中飞扬的枝干，充分接受阳光雨露，让树的根系更发达，扎得更深。

枝干与根是一棵树的两个组成部分，是同一事物的两个方面，可以形象地诠释检察业务与党的建设的关系问题。业务是在风里飞扬的枝干，而党建就是深深扎于大地的树根，党建引领业务，业务促进党建，二者相互融合，相互共生。

习近平总书记提出："机关党的建设是机关建设的根本保证。"张军检察长指出，检察工作是政治性很强的业务工作，也是业务性很强的政治工作。强化政治建设最关键的就是要推动党的建设和检察业务深度融合。从本质上讲，政治与业务是不可分割的，没有离开政治的单纯业务，也没有脱离业务的空头政治，离开了政治，业务就没有灵魂；没有业务作依托，政治就落不到实处。如何实现党建与业务深度融合，笔者谈些粗浅认识。

（一）强化支部建设

支部是党的组成细胞，肩负着管理党员、监督党员，凝聚群众、服务群众的重任。强化支部建设，要切实转变部门负责人不重视党建工作的认识误区，发挥"把支部建在连上"的光荣传统，选择党性强、业务精的同志担任党支部书记兼部门负责人，实现注重行政角色向注重党内角色转换，使党的组织领导和业务工作领导紧密结合起来，达到"主业"和"首责"两手抓、两手都能硬的效果。

（二）强化示范引领

支部书记和党员干警要以身作则，强化组织观念，多思考、多行动，加强示范引领，在承担办案任务上发挥好主力主战作用，在提高办案能力水平上发挥好模范带头作用，在勇于解决问题、敢于担当尽责上发挥好攻坚克难作用。员额检察官要切实发挥业务素质高、工作能力强的优势，既"办好案件"，又"把好方向"，当好领头雁，做好排头兵。

（三）强化教育培训

以政治能力提升为基础，通过检察长上党课、党员精准扶贫等活动辐射带动全院干警，实现党性教育全面覆盖。一要将业务培训融入政治学习。检委会要每月集中学习，做全面学习的表率；支部要固定每周的集中学习日，保证学习时间；主题党日活动要走进办案一线，结合业务学理论，确保业务工作讲政治。二要加强党建阵地建设。通过开展业务竞赛、创先争优、晋位争先、强学习、练本领、提素能等活动，加强干警党性修养。三要突出文化引领。要经常开展"五四"座谈、志愿服务、专家授课、读书月、诗朗诵等干警喜闻乐见的文化活动，倡导文化理念、培育文化精神，形成以单位为家、以事业为重、以奉献为乐、以发展为荣的良好风气，为党建注入新的活力。

（四）强化融合发展

牢牢把握检察机关政治性和业务性的统一，把讲政治与抓业务紧密结合起来，在思想认识上同步深化，在目标任务上同步部署，在建章立制上同步完善，在工作落实上同步点评，做到党建紧贴业务，业务升华党建，党建与业务协同发展。一方面，在检察工作总体布局和案件办理中体现共产党员的职责和担当，把办案过程变成履行党员义务、体现党员担当的过程。另一方面，在召开案件分析会、研讨会的同时召开党员教育会、党性分析会，把党的建设融入案件办理始终，切实将讲政治体现在司法办案中。

（五）强化监督管理

随着司法改革的深入，员额检察官在办案自主性和独立性增强的同时，滥用检察权的风险随之加大。对此，要从全面从严治党、全面从严治检的角度，加强对检察官履职的监督，构建党组织领导下由机关党委、党支部、纪检监察部门广泛参与的检察权力监督、案件管理监督和纪检监察监督相结合的监督机制，对检察官行使检察权进行"全方位、全过程、全覆盖"监督，切实做到"放权而不放任"，确保司法廉洁，让人民群众在每一个司法案件中感受到公平正义。

（六）强化统筹指导

充分发挥以上率下的引领作用。适时出台指导意见，发布一批党建和业务相融合的典型案例，在"检答网"上开设党建工作栏目，搭建党建和业务相融合的交流平台，开展党建和业务融合相关的理论课题调研，并将调研成果用于指导工作实践。

总之，党建与业务融合，就是要建立从"他是他、我是我"变成"他中有我、我中有他"，进而变成"他就是我、我就是他"的格局，也就是说实现从"物理整合"到"化学反应"的过程，切实做到用党建推动业务工作，用业务工作实际成效检验党建成果。

（此文成稿于 2019 年 6 月）

释法说理可以有效避免司法工作"曲高和寡"

曲高和寡出自《对楚王问》，意思是曲调高深，能跟着唱的人少。旧指知音难觅，现比喻言论或作品不通俗，能了解理解的人很少。

〔战国·楚〕宋玉《对楚王问》："引商刻羽，杂以流徵，国中属而和者，不过数人而已。是其曲弥高，其和弥寡。"战国的时候，楚国有个叫宋玉的人，他文才出众，能言善辩，楚王非常赏识他，这遭到了很多同事的嫉妒和怨恨，于是便有人在楚王面前说他的坏话。一天，又有人在楚王面前说宋玉的坏话，楚王听得太多都有点不耐烦了。于是，便把宋玉叫来问道："你是怎么搞的，惹出了这么多闲言碎语？"宋玉凭借自己雄辩的才能为自己据理力辩。楚王听了，说道："你说得也有道理，可为什么那些人偏偏跟你不和，总是要说你坏话呢？如果你能讲出令人信服的道理，我就认为这些人说的都是假话，不然的话，你说得再好，也是没有用的！"宋玉立即回答道："大王，我给您讲个故事吧！有个外地人来到了都城，有一天，他在闹市里唱起歌来。开始唱的是楚国当时民间的歌曲《下里巴人》，由于曲调通俗易懂，会唱的人很多，因此，有好几千人都跟着一起唱了起来；不久，他又唱起了格调稍微高雅的《阳阿》，这时，跟随他一起唱的人就只有几百人了；后来，他又唱起了更为高雅的《阳春白雪》，难度更大，所以跟着唱的人就只有几十个人了；最后，他将五音特色调和发挥，使乐声达到了极境，这时，就没有几个人能跟着唱了。这道理就是：歌曲越高雅，能跟着唱的人就越少啊！"

曲高和寡，看似在说琴曲的弹奏，实则是在说不论是做人、做事，都要让众人听得懂、看得懂。尤其是高度专业性的司法工作，要想得到群众认可、社会支持，就要避免把专业化做成"精英化"，从而出现"曲高和寡"的现象。司法工作的公信力不是凭空而来，司法认同也不是靠司法工作者自己认为严格依法就实现了，工作中必须坚持从群众中来到群众中去，否则，就会陷入脱离群众、脱离社会的"精英主义"，从而迷失司法工作的方向，也就无法真正践行习近平总书记提出的"努力让人民群众在每一个司法案件中感受到公平正义"的最高司法工作要求。

正义不仅要实现，还要以人们看得见、感受得到的方式实现。这其中，释法说理无疑是最具有温度的正义运送方式，也是有效避免司法工作"曲高和寡"的重要方式。释法说理，也就是司法者对所办理案件的事实认定、法律适用和办案程序等问题，用人民群众最能接受的方式、最通俗的语言进行答疑释惑、讲明道理，让人民群众理解、信任、支持司法工作，让法律外在的强制转化为人民群众内心信服和自觉遵守的行为规范，从而真正实现个案正义。因此，如何针对不同说理对象，运用不同说理方法，如何在说理中做到既讲法理、又讲道理和情理，如何将书面说理、当面说理灵活运用，都是应当思考的问题。

（一）要感同身受

在现代社会，办案过程更多地体现为一种说服和协调，而不是简单地命令与服从，司法者不能有高高在上的权力本位意识。一要善于倾听。善于倾听是一个人的美德，更是司法理性之内在要求。要注意听取被告人、被害人、申诉人、律师的意见，不能对被告人的陈述不分青红皂白斥之为狡辩，对律师有见地的分析视之为无稽之谈。兼听则明，偏听则暗。只有听清听全，才能明白当事人的真正诉求和内心真实想法，释法说理工作才有针对性。二要换位思考。清代文人郑板桥《墨竹图题诗》有云："衙斋卧听萧萧竹，疑是民间疾苦声；些小吾曹州县吏，一枝一叶总关情。"古人心系民声的警告，今人应当引为鞭策。"民为邦本，本固邦宁。"群众呼声是第一信号，群众需求是第一选择。司法者要有一颗司法为民的心，用心用情，换位思考，才能对人民群众的痛点、难点、堵点感同身受，释法说理才能释到要害处，说到心坎上。三要有耐心。对当事人不明白、不理解、不清楚的地方要详细解释，不敷衍、不急躁、不训斥、不争吵、不激化矛盾，多一分努力，多一分付出，就会多一分收获，多一分当事人的理解，多一份社会公众的支持。

（二）要及时

释法说理也是一种法治宣传，要具备宣传的特性，即及时性。这是由先入为主的思维定式决定的。心理学研究成果表明，任何事情以最先进入人们的思想认识为印象最深，且容易形成倾向性观点或理念。在司法工作中，虽然说案件事实真相只有一个，但案件一旦由司法程序进入公众视野，个人就会根据获得的信息片断，加上个体职业特点、人生处遇、知识结构、价值取向等，从本位出发去认定事实，辨定是非。只有及时释法说理，才能有效防范司法公信陷入"塔西佗陷阱"。

（三）要法情相融

释法说理"好不好"的根本在于是否做到法情相融。

内乡县衙里有一幅"天理、国法、人情"的匾额，悬挂于二堂屏门。二堂是知县对一些大案、要案预审，对一些民事案件息讼调解，大堂审案中临时休息深思的场所，也就是说这是审理案件时思考天理、国法、人情进行取舍研判的地方。"天理"原指天道，自然的规则，或是儒家所说人的善良天性。"人情"一词原指人类具有的共同的情感，所谓"人之常情"，这里的人情是指不过分、不苛求，存大体，容小过。"己所不欲，勿施于人"，就是《论语》中的"恕"之道。国法是信仰，是必须遵守的规定，但并不是死板机械的法条，司法者如果只会简单地死抠法条，那么其只是一台法律的执行机器而已。真正的司法者应该能够站在法律之上，综合研判，在法律与事实之间，以天理、人性或情理去协调法律，在掌握法律原则的同时又能体现人情，弥合法律规定与生活现实之间的缺口，这样的司法者才是理想的司法者，才是社会公众认可的司法者，才是令人称颂的司法者。

在释法说理时，要做到以下四个方面：

一是精准释法。要紧扣社会热点，对于哪些行为构成犯罪，如何处理界限模糊、认识不清的内容，要重点讲清说透。在语言运用上，既要坚持法律释义的准确，也要尽量通俗易懂，同时兼顾说理的深度，有充分的法理和学理支撑。近两年，检察机关发布的指导性案例发挥了很好的释法说理作用，在人民群众中产生强烈反响，比如"唐雪案"、"昆山反杀案"、"山东于欢案"等涉及正当防卫的案件，不仅为检察机关办理此类案件提供了更详细的参考，彰显了"法不能向不法让步"的司法理念，更重要的是，在发布这些案件时具体说明了什么情况下属于正当防卫，什么情况下属于防卫过当，什么情况下属于行凶等，明确了对公民正当防卫权的保护，让人民群众改变了以往司法实践中存在的"好人受罚"的认知，彰显了"法不能向不法让步"的法治理念，让普通民众从中感受到公平正义，重树了对法治的信仰。除此之外，最高检发布的保护民营企业的典型案例，在人民群众中起到了办理一个案件而保护一个企业、推动一项行标而保障一个行业的效果；"为众人抱薪者，不可使其冻毙于风雪"，发布的对抗疫期间暴力伤医（民航总医院杀医案）快捕快诉的案例起到了警示教育社会、引领法治意识和法治进步的效果；发布的周某养老保障审批纠纷监督案既体现了检察机关实质性化解行政争议的举措，同时也体现了以人民为中心在检察办案中的落实——在每一个案件中，不仅要让人民群众感受到形式上的、个案结果上的公平正义，也要让"案结"真正实现"事了"。

二是"个性化"说理。每个案件都不一样，每个当事人也不一样，因此，说理要有针对性，要因人而异、因案而异，而不是像一些司法文书中所谓"根据本案具体情况"一言概括了之，至于本案的具体情况是什么，有什么不同和特点，有什么特殊的时代背景，本案当事人的性格特征、成长经历、教育背景、家庭情况对当事人实施犯罪行为的影响等一概不提。有的司法文书中即使有所涉及，要么含糊其辞、遮遮掩掩，要么以偏概全、断章取义，要么巧令虚词、强加于人。

三要接地气。"历史是一张无接缝的网"，释法说理不能不顾本土特色，不能违背文化传统。要注意体察社会痛点、人心中最柔软的部分，将常识、常理、常情融入案件评判，防止不食人间烟火、高谈阔论，以至于没有学过法律的社会公众都可以凭借常识、常理、常情质疑司法裁判。

四要有"人情味"。在中国传统社会的法理观念中，立法是一个总结"人情"、整理并升华"人情"的过程；司法是"人情"在争论事件中的演练或操作过程；守法即是以法律化的"人情"约束个人私欲的过程。因此，释法说理也要体现"人情味"，要体现司法的温度，要尊重每个个体的尊严和存在。

（四）要贯穿司法工作全过程

释法说理不应仅限于法律文书中，还要体现在司法者平时对当事人、人民群众的沟通交流中；不仅体现在重点环节如不捕、不诉、不赔偿、不抗诉环节，还要全程体现在办案的各个环节；不仅在案件诉讼进行中说理，还要在案结后跟踪回访时释法说理，真正实现案结事了、息诉罢访；不仅要向犯罪嫌疑人、案件当事人、证人释法说理，还向要侦查机关、审判机关、司法行政机关以及发案单位释法说理，扩大释法说理的受众面；不仅要在诉讼的封闭场域内说理，还要在新的舆论场景、新的传播技术下，对社会公众说理，以回应社会关切、人民群众关切。

"曲高和寡"是古人对理论与实践脱离、操作与现实脱节的一种形容性表述，其表述的现状在当今时代依然存在。就如本文前面所谈的检察办案工作在司法实践中对法律适用、诉讼程序研究分析过精过多，以致造成死抠法条、机械执法的状况出现，而对人民群众对司法工作的感受、对案件处理结果的认可研究分析过少，造成人民群众对司法机关有些执法办案结果的质疑或不认可，也就是"曲高和寡"状况的显现。司法机关和司法者应当予以高度重视，切实强化纠偏工作，真正体现以人民为中心的司法理念，让司法办案工作的导向、过程、结果与人民群众所思、所想、所盼同频共振，高度契合。

(此文成稿于 2020 年 5 月)

关于服务河南民营经济发展有关情况的调研报告

——以人大代表、政协委员反映情况为视角

习近平总书记在十九大报告中指出:"要支持民营企业发展,激发各类市场主体活力。""构建亲清新型政商关系,促进非公有制经济健康发展和非公有制经济人士健康成长。"最高人民检察院张军检察长要求,要全面落实中央关于保护民营企业的方针政策,着力为民营经济发展贡献力量。河南省人民检察院顾雪飞检察长强调,服务保障河南民营企业发展是检察机关义不容辞的责任。笔者结合联络服务人大代表、政协委员的工作职责,通过与省工商联有关同志座谈,对100余家河南民营企业进行走访、问卷调查,尤其对担任全国(省)人大代表、政协委员的民营企业家进行重点走访调研,形成此报告,以期为检察机关服务民营企业发展尽绵薄之力。

一、民营经济为河南经济社会发展做出了突出贡献

改革开放尤其是20世纪90年代以来,河南省民营经济从小到大、由弱到强,在经济社会发展中扮演着越来越重要的角

色，一大批民营企业逐步成长壮大，市场竞争力和品牌影响力稳步提升，为全省经济社会发展做出了突出贡献。

（一）民营经济贡献了全省 70% 以上的 GDP

据了解，截至 2017 年底，河南省民营经济单位数 308.45 万个，其中民营企业 50.01 万家，个体工商户 258.44 万户；民营企业数占全省企业单位数的 99%；分布最多的 3 个行业是：制造业 17.47 万家、批发零售业 9.02 万家、住宿餐饮业 4.93 万家。2017 年民营经济增加值达到 3.2 万亿元，占 GDP 的 71%。尤其是近年来，民营企业积极适应新常态，双汇、宇通、森源、三全等一大批优秀民营企业加大转型升级步伐，企业规模不断扩大，表现出较强的发展活力。

（二）民营经济贡献了全省 60% 以上的税收

据统计，2017 年河南民营经济税收收入占全省税收比重达 69.3%，较 2016 年增长 4.6 个百分点，民营经济税收贡献的不断增大，对进一步完善公共服务体系具有重要意义。在与省工商联一起调研了解的 1100 家企业中，有 736 家企业披露了纳税信息，2017 年共缴税 305.1 亿元，较 2016 年增长 28.6 亿元，增长率达 10.3%，其中纳税过亿元的企业有 44 家，有 61.7% 的调研企业获得 A 级纳税信用等级，这在一定程度上说明政府对民营企业经营的规范化程度和对社会责任担当的高度认可，也反映出在税制改革给企业减负的大背景下，民营企业发展的蓬勃生机与活力。笔者对纳税金额减少的 217 家企业进行分析，发现主要集中在中小企业和传统制造业，由此反映出中小民营企业正在分享税制改革的红利，也反映出部分传统制造业营收下滑，转型升级刻不容缓。通过对全省民营企业100强的情况分析，2017年全省民营企业100强纳税总额达到379.09亿元，其中纳税1亿元以上的为69家，占比69%；纳税总额排名第一的是漯河市双汇实业集团有限公司，为41.81亿元，其后是河南正商置业有限公司和辅仁药业集团有限公司，其纳税总额分别为36.20亿元和20.21亿元，纳税总额前三家均超过20亿元，从而不难看出百强民企对税收的贡献率尤为突出。从纳税行业分类看，纳税总额位居前五的行业依次是房地产业、农副食品加工业、有色金属冶炼和压延加工业、汽车制造业和医药制造业，这五大行业纳税总额合计占民营企业纳税总额的52.22%，反映出纳税的行业相对比较集中。

（三）民营企业贡献了全省90%以上的新增就业岗位

据统计，2017年全省城镇新增就业144.21万人，其中民营企业吸纳新增就业超过130万人，占比90%以上。2017年，全省参加"民营企业招聘周"活动的民营企业数量达7000多家，提供岗位信息19.31万个，与7.91万名求职者达成意向。其中，高校毕业生2.42万人，农村进城务工人员3.42万人，就业困难人员1.21万人，建档立卡贫困人员3000人，可以看出全省民营企业在拉动就业方面的作用进一步凸显。笔者本次对1100家民营企业吸纳就业情况进行统计与调研，2017年被调研民企吸纳就业26.6万人，有549家被调研民营企业用工人数较上年有所增长，增加人数27252人，企均增长50人。就河南省民营企业100强来看，吸纳员工总人数达到52.65万人，其中漯河市双汇实业集团有限公司最多，其次是牧原食品有限公司和河南国基建设集团等;从行业来看,就业人员总数排在前五的行业是农副食品加工业、汽车制造业、综合、房屋建筑业、黑色金属冶炼和压延加工业。

(四)民营企业在扶贫攻坚中发挥了重要作用

河南是全国扶贫人口第四大省,为打好精准脱贫攻坚战,民营企业先后参与中央、省委"千企帮千村"活动。截至2018年6月底,全省参与扶贫攻坚的民营企业数量占全国的9.5%,帮扶村数量占全国的12.3%。截至2018年12月,进入"千企帮千村"精准扶贫行动全国台账管理的民营企业有6342家,精准扶贫9812个村,累计投入产业资金44.69亿元,公益捐赠4.29亿元,安置就业投入5.85万元,技能培训投入4.8万元。在2018年全国表彰的"万企帮万村"精准扶贫行动100家先进民营企业中,河南省有9家企业上榜,受表彰企业数量居全国前列;在2018年全国脱贫攻坚奖表彰大会上,全国人大代表、周口市沈丘县冯营乡李寨村党支部书记李士强获全国脱贫攻坚奋进奖,全国人大代表、河南羚锐集团有限公司董事长熊维政获全国脱贫攻坚奉献奖。

(五)民营企业热心慈善事业,主动奉献回报社会

在参与被调研的1100家民营企业中,2017年有695家企业有公益慈善捐赠,累计捐赠金额为9.9亿元,比2015年和2016年分别增长17.0%和41.2%;捐赠的领域也由传统的扶贫济困向医疗、就业、教育、环保、文化、科技等多领域扩展,不过扶贫济困和支持教育仍是企业慈善捐赠的重点领域,吸纳捐赠金额位居前两名。捐赠领域的多元化反映了民营企业更广泛的

社会关切与更深刻的社会责任意识。其中,2017年先后有两笔大额捐赠投向高等教育领域:建业集团董事长胡葆森向郑州大学分10年捐赠1亿元人民币,设立"本源教育发展基金",支持郑州大学人才培养和发展篮球体育运动;正商集团董事长张敬国向郑州大学捐赠1亿元人民币,设立"正商教育发展基金",用于支持郑州大学金融研究院等方面的发展。目前,全省有72家民营企业成立了基金会或建立了公益慈善专项基金,探寻更加专业化、多元化的公益慈善发展之路。全国人大代表、天明集团董事长姜明通过郑州市红十字会捐资5000万元成立的"天明博爱助学基金"是郑州市首个以企业命名的用于支持郑州市教育公益事业的爱心助学基金;全国人大代表、白象食品股份有限公司董事长姚忠良成立了"白象食品大学生成长助学基金";全国人大代表、河南康利达集团董事长薛景霞建立了"薛景霞革命老区教育基金";河南万邦国际农产品物流股份有限公司建立了"河南万邦慈善基金"等。公益慈善专项基金满足了捐赠方和社会对慈善捐赠的多样化需求,有效调动了捐赠方参与公益事业的积极性。

二、民营企业发展存在的问题

与外省市特别是广东、浙江、江苏、上海等发达地区相比,河南省民营经济的优势是劳动力充裕、资源丰富、交通便利、市场较大,但也普遍存在着规模小、数量少、产品层次低、管理水平落后、品牌优势不足、发展速度慢等问题。

（一）从产业结构上看，民营企业产业结构不合理

从总体结构上看，民营经济一、二、三产业的比重仍然呈"橄榄型"的结构，第一产业数量少、规模小，第二产业比重偏大，第三产业投资和发展的势头不旺、比重偏低。在第二产业中，我省民营企业大部分集中于制造业和批发零售业，在新兴产业领域和附加值较高的生产性服务业企业数量较少，在发展活跃的新经济领域差距尤其明显。以代表新经济的新三板为例，全省378家新三板企业主要以食品、化工、建筑、机械等领域企业为主，信息技术服务、通信设备、互联网软件与服务等合计仅有13家。2018年3月，科技部火炬中心和长城战略咨询联合发布了《2017中国独角兽企业发展报告》，截至2017年底，中国独角兽企业有164家，河南却没有一家。

（二）从组织结构上看，民营企业整体实力不强

全省民营企业中99%为中小型企业，实力较弱。50万家民营企业中，年营业收入超过300亿元的仅有5家，包括双汇、中瑞、宇通、天瑞、森源；超过100亿元的也只有20家。在2018全国工商联公布的民营企业500强中，浙江省上榜企业数量最多，达到了93家，营业收入总和为3.65万亿元，占全国收入总和的15%；江苏省上榜企业数量排名第2，86家企业营收共计4.42万亿元；山东省73家，营收3.18万亿元；广东60家，营收4.19万亿元；我省只有15家，位列全国第7名，营收4328.46亿元，且我省入围的15家企业中排名第1的双汇集团在全国500强中仅排第116名。

（三）从区域结构上看，民营经济发展不均衡

2017年全省每万人民营企业法人拥有量超过60家的省辖市有5个，依次为郑州（121.1）、平顶山（97.8）、济源（75.9）、许昌（75.8）、开封（61.4）；安阳、三门峡、驻马店分别仅有15.9、16.8、22.2家。从上市公司分布看，河南民营企业上市的78家A股公司主要分布在郑州（24家）、洛阳（10家）、焦作（7家），合计占52.6%。从2018年河南民营企业100强的地区分布来看，规模分布较为集中，郑州19家，南阳12家，占到100强的31%；从营业收入排名来看，100强营业收入排在前5位的地区分别是郑州、许昌、洛阳、南阳和济源；资产总额排在前5位的分别是郑州、洛阳、许昌、平顶山和南阳。

（四）从企业自身来看，民营企业创新能力不强、转型缓慢

截至2017年底，全省仅有高新技术企业2270家，仅占全国的1.7%，位列全国第16位；国家工程技术研究中心、国家重点实验室合计只有24家；2016年全省研发经费投入强度为1.22%，仅占全国平均水平的58%。据笔者调研的企业看，2017年河南省创新研发投入的民营企业只有469家，只有三成的民营企业研发经费占总收入的比例超过3%。2017年民营企业100强中，获得政府资金支持企业数64家，政府支持科技资金占企业研发投入的比重介于10%和30%的企业只有2家，占比3.13%。从2017年民营企业100强研发投资方向来看，技术研发投资重点仍着重于解决企业发展中的现实技术问题，集中于工艺或流程改进、新材料和新技术开发等方面，而对企业长远发展和对社会有重大影响的基础理论与技术基础研究投入仍处

于发展初始阶段。由于大多数中小民营企业生产经营方式粗放，缺乏精细化管理，不注重商业模式创新，企业成本高，特别是受越来越严格的环保、安全等因素影响，建材、铸造、碳素、化工等民营企业转型压力越来越大，普遍存在着"不想转"、"不敢转"、"不会转"的转型困境。有的民营企业受宏观经济复苏和供给侧结构性改革等利好因素影响，加之近年来能源原材料产业价格回升，一些挺过来的中小民营企业认为日子"还能过"，总想着"日子都是熬过来的"，比拼的是看谁熬到最后，转型反而有风险，从而错失转型机遇。有些民营企业虽然有转型发展的紧迫感，但对当前涌现出的新业态、新模式有一定的"恐慌"，缺乏追赶时代、驾驭市场的勇气；有些民营企业经过多年的发展，虽然拥有了转型的"资本"，但对"怎么转型、转向哪里"研判不准，有的甚至脱离主业，盲目转型，付出了高昂的代价。

（五）从政府职能服务上看，存在营商环境不良的状况

2018年初，中国人民大学国家发展与战略研究院公布《中国城市政商关系排行榜（2017）》，对中国285个城市的政商关系健康指数进行排名，我省仅有郑州进入前20名，排名第17位，有10个市排在200名之后，在全国31个省市自治区中河南排名第28位。存在的突出问题有：一是市场环境存在"两个不平等"。民营企业和国有企业不平等，政府在政策执行层面存在隐形门槛，使民营企业在招投标等方面不能公平参与竞争；另外也存在本土企业和外来企业不平等的问题，各地"外来和尚会念经"现象突出，本土企业不能同等享受招商引资优惠政策。二是监管服务存在"一刀切"。在解决民营企业存在问题

时，多是采用一刀切的办法，而不是因势利导、化危为机。有人大代表反映，在大气污染治理中，一些地方对错峰生产、停产限产、应急响应等企业有"一刀切"行为，尤其对一些连续生产行业影响很大。三是"新官不理旧账"时有发生。2019年省政协会议经济组审议检察工作报告时指出，一些地方政府因领导更换，承诺的政策迟迟得不到兑现，个别招商引资企业反映已经投产运营多年而土地证始终未能办理。四是"门好进、脸好看、事不办"的不担当、不作为、慢作为情况仍较为突出。人大代表、政协委员普遍认为，没有良好而稳定的营商环境，高科技企业很难引进来，即使引来了也很难成气候。

（六）从司法保障上看，服务水平不高

就公安机关而言，较为普遍存在的问题是，有的对侵犯民营企业合法权益的违法行为，符合条件的刑事犯罪不立案；有的违法动用刑事手段插手民事、经济纠纷，对不符合立案条件的民营企业违法行为，利用立案措施实施报复陷害、敲诈勒索；有的为谋取非法利益违法立案、甚至乱立案。就检察机关而言，保护民营企业利益方面也存在不容忽视的问题，有的单位对侦查部门应当立案而不立案、不应当立案而立案的监督不及时、不到位；有的单位基于地方保护主义等因素，对涉民企刑事案件批捕慢，诉讼迟缓，启动抗诉程序困难；有的单位对涉民企民事行政检察案件普遍存在审查慢、调卷周期长的问题，在申请民事抗诉案件中尤其突出。例如，就法院系统来讲，有的涉民企案件诉讼慢、审理难，使一些民营企业长期处于诉讼纠纷中苦不堪言；有的审判机关地方保护主义思想严重，难以做到公正司法；有的案件执行难问题突出。同时，公检法机关都不同程度存在吃拿卡要、徇私舞弊、办关系案和人情案的现象。尤其是司法责任制改革后，员额法官、检察官的办案权限增大，办案数量增多，案多人少矛盾突出，办案质量难以保障，有的执法司法人员职业素养低、业务能力差，不能适应工作实际需要等等。

三、对存在问题的原因分析

（一）从制度设计层面讲，一些制度的设计导致民营企业发展困难

一是民营企业融资难。由于商业银行风险防范的要求，将贷款发放给中小民营企业意愿不强，即使企业争取到贷款，除商业贷款年利率外，还要缴纳信用等级评估费、抵押财产评估费、贷款项目评估费等各项费用，贷款成本算下来年利率达到15%，甚至更高。由于向银行贷款困难，很多民营企业尤其是一些小微企业只能通过民间借贷解燃眉之急，年利率大多在20%以上，甚至超过100%，使企业不堪重负，并容易涉嫌"非法集资"，成为被打击的对象。二是民营企业负担过重，2016年、2017年全省规上企业（指年主营业务收入在2000万元以上的工业企业）每百元主营业务收入成本分别达到87.67元、87.56元，分别比全国平均水平高2.15元、2.64元。一方面，实际上该降的没降下来。不少省人大代表反映，我省行政费用、中介费用以及土地、物流、检验检测等领域的费用还不同程度地存在落实国家降成本政策不到位的问题。另一方面，有些成本不降反升。有位政协委员说，我省企业大用户直供电平均每度电降低

2.7 分，而广东省每度电降低 6.4 分。由于大气污染防治压力，食品、医药、耐材等行业以气代煤，企业生产成本上升了 1/3。三是制度性交易审核审批时间长、成本高。据人大代表反映，以某项工商年检为例，以前要准备好材料跑到工商局现场办理，现在网上申请就可以了；看起来省事了，可网上申请要 30 天才能批下来。这类审批核检企业每年有几十项，要是每项都要 30 天，这一年就别搞生产了。

（二）从企业自身层面讲，不少企业经营者文化水平不高，不注重规范管理

在民营企业中，创新企业家少，中高端人才少，高技工人才少，且大多数的中小民营企业者在政治操守、知识水平、管理能力、品格素养、法律意识及道德修养等方面都难以适应现代企业管理运作实际需要。尤其有相当一部分中小民营企业者文化程度低，不注重学习，缺乏经营现代企业的知识和能力水平；少数民营企业主只注重追求利润而违法违规经营的问题多有发生，一些投机经营者利用市场经济体制不完善，钻"政策的空子"，侵吞国有资产，从银行获得巨额贷款，再进行反复抵押融资操作，利用"滚雪球"的方式将巨额社会财富据为己有。虽然目前各级党委要求民营企业加强党的建设，这应该说是让民营企业听党话、跟党走，提升民营企业社会责任管理的具体有效举措，但不少民营企业落实不力，大多数民营企业建立的党支部形同虚设、流于形式，并没有真正发挥党组织作用，党建工作规范化、制度化存在诸多不完善的问题。

（三）从政府营商环境讲，服务理念落后，服务方式简单粗放

一是个别基层干部仍坚持旧的传统理念，没有把民营企业与国有企业同等看待，对民营企业存在歧视和偏见，致使民营企业对社会所做的贡献与所处的社会待遇不对等。二是由于基层公务员工资待遇低，工作任务重，致使一些基层干部心理不平衡，认为自己的付出与得到的报酬不匹配，看到民营企业赚钱，自己工作生活艰辛，心理严重失衡，个别公职人员出现不作为、慢作为、懒政怠政的状况。三是由于从严治党力度不断加大，个别干部与民营企业的"亲""清"关系把握不好，行为上要么是只"亲"不"清"，仍停留在过去与商人"交朋友"、勾肩搭背、搞权钱利益交易的状态；要么是只"清"不"亲"，划清界限，服务民营企业只讲在会议上、落实在文件上，打交道怕落嫌疑，形成了"门好进、脸好看、事不办"的局面，影响了职能的发挥。

（四）从司法保障看，司法体制改革和政法队伍建设中出现的问题导致服务保障存在诸多缺失

一是存在形式主义、官僚主义，工作不深入、不扎实，不注重学习中央、省委关于保护民营企业重大决策部署，不了解经济社会发展形势，不关注民营企业司法需求，政法工作与服务民营企业两张皮，机械司法、孤立办案，不讲究司法办案"三个效果"有机统一。二是案多人少的矛盾非常突出，尤其是法官、检察官实行员额制后，一线办案人员减少一半，案件数量却在逐年上升，俗话说，"萝卜快了不洗泥"，案件质量难以保障，现状令人担忧。三是司法人员待遇低，工作任务和责任风险与所享有的待遇难以对等，再加上办案信访工作的压力和案外因素的增多，执法环境让法官、检察官产生厌倦情绪，导致法院有不少员额法官要求退出员额，不少检察官想退出检察队伍，这对民营企业的服务产生诸多负面影响。四是政法队伍素质参差不齐，导致司法服务保障不力。实践层面表现在一些干警不能公正执法或滥用职权办关系案、人情案；主观层面表现在不注重业务学习，能力水平低下，专业化能力水平不高，业务素质难以适应工作需要。

四、建议和对策

（一）建议政法机关在党委的统一领导下，加强与政府相关部门沟通协调，督促政府主管部门逐步解决民营企业在产业结构、组织结构、区域结构等方面存在的不合理、不均衡、实力弱等问题

政法机关要督促政府相关部门采取有效措施，促进一些传统民营企业加快转型升级，提升创新能力；加强制度设计，逐步解决民营企业融资难、负担重、审批审核缓慢等问题；采取教育引导、强化管理等方式方法，促进民营企业逐步改善文化知识水平低、管理不规范、人才缺位、违法违规经营、党建工作薄弱等基础性建设方面存在的短板和薄弱环节，推进我省民营企业创新规范有序健康发展。同时，督促政府相关主管部门加强队伍建设，扭转对民营企业存在的歧视和偏见，正确处理"亲""清"关系以及不作为、慢作为、懒政怠政等管理不善的问题，为民营企业健康发展营造廉洁高效的政务环境。

（二）建议政法各部门加强联系沟通协商，共同研究为民营企业提高优质服务的办法和措施

公安机关要采取措施解决立案不准确以及一些干警插手经济纠纷、利用职权谋取不法利益、吃拿卡要等方面的问题。法院系统要采取措施解决一些司法人员审理慢、执行难以及办人情和关系案、执法不公正等问题。检察机关要强化法律监督，加强与公安、法院的协商沟通，坚持双赢、多赢、共赢的理念，真正形成合力，为民营企业发展提供优质高效服务。

（三）建议检察机关真正发挥法律监督的职能作用，为服务民营企业发展保驾护航

一是结合"扫黑除恶"专项斗争，严厉打击侵犯民营企业合法权益的经济犯罪，积极为民营企业挽回经济损失，保护好民营企业的各类产权，努力营造产权保障有力、竞争公平有序的营商环境。二是审慎办案，保障企业经营合法权益。严把事实关、证据关和入罪标准，准确定罪量刑打击犯罪；注意把握法律和政策界限，正确厘清企业家在生产、经营、融资活动中的经营活动与刑事犯罪的区别，保障企业的正常生产经营，坚决防止将经济纠纷当作犯罪处理；依法准确适用、及时变更强制措施，保护好民营企业财产权及经营者的合法权益。三是精准监督，促进民企健康发展。加大对政府行政执法行为的监督，依法追究行政机关拒不履行合法承诺和拖欠工程款等行为的法律责任。对于公安机关"该立不立，不该立乱立"的现象，积极运用立案监督职能，及时纠正涉及民营企业的错误立案问题。有效监督法院提高商事合同案件审理和执行效率，督促法院依

法公正高效履行执行职责。四是探索建立规章制度，逐步形成保护民营企业的长效机制。共同推进省检察院与省工商联沟通联系机制，相互通报对民营企业和民营企业家意见建议的办理情况，共享涉民营企业保护的典型案例、执法司法标准以及调研成果，引导民营企业合法经营、规范发展；积极推动民营企业家中的党外人士和工商联工作人员担任检察机关特约检察员，参与检察工作重大问题的研究，制定涉及民营企业利益的规范性文件。进一步加强对民营企业的法治培训和宣传工作，主动了解其所需的司法服务需求，帮助民营企业家逐步提升法律意识和法治思维，增强企业风险防控能力，推进为企业服务的制度化常态化。五是从严治检，不断提升检察干警政治业务素质和能力水平。结合正在开展的"不忘初心、牢记使命"主题教育，开展大规模的专业化培训，加强高层次人才培养，着力提升检察工作专业化水平；严管队伍，对形式主义、官僚主义、部门本位主义和慢作为、不作为等损害民营企业的行为严肃问责，不断增强检察干警服务民营企业发展的积极性和主动性，为我省民营企业营商环境改善、促进民营企业创新发展提供优质服务。

（此文成稿于 2019 年 5 月）

利率市场化改革对我国商业银行信贷业务的影响及对策研究

摘要 党的十八届三中全会指出，未来金融体制改革主要包括三个层次：一是深化金融组织体系的商业化改革；二是强化审慎监管体制和危机处置能力的改革；三是汇率弹性、利率市场化和资本项目开放等要素领域的改革。这体现了我国金融体系未来的改革方向，而利率市场化改革的进一步推进将对商业银行产生重要影响。本文将从利率市场化对商业银行信贷业务影响的利弊两个方面进行阐述，进而得出我国商业银行在利率市场化改革中的应对策略。

关键词 利率市场化改革；贷款定价；中小企业利率风险

一、利率市场化改革对我国商业银行信贷业务的影响

（一）利率市场化改革对我国商业银行信贷业务的积极影响

（1）加速商业银行信贷结构的调整和业务的创新。利率市场化加重了商业银行承担的成本，其经营风险加大。在金融压抑的情况下，低利率对存款者是一种课税，而对投资者则是一种补贴。商业银行之间为了吸引更多的客户，必然会展开激烈

的竞争。在利率市场化情况下,各商业银行具有很大的灵活性,可以按照自身的实际情况来制定不同的利率结构,创新信贷业务。随着当前金融"脱媒"①的不断发展,商业银行不仅要在自己的商业发展模式和信贷规模上进一步发展自己,还要努力在银行信贷结构和业务上进行创新,适应市场的变化,并在利率市场化的竞争中取得优势。并且,21世纪金融市场已经成为卖方市场,市场需求的多元化要求商业银行必须坚持以客户需求为导向开展金融产品创新以及业务改进,而思路创新也是商业银行发展信贷业务的源头之一。

(2)商业银行能够拥有自主定价权去拓展信贷业务。中国人民银行副行长胡晓炼不久前在市场利率定价自律机制成立暨第一次工作会议上指出,市场利率定价自律机制是由金融机构组成的市场定价自律和协调机制,在符合国家有关利率管理规定的前提下,对金融机构自主确定的货币市场、信贷市场等金融市场利率进行自律管理,维护市场正当竞争秩序,促进市场规范健康发展。同时,也强调了建立市场利率定价自律机制、贷款基础利率集中报价和发布机制对进一步推进利率市场化改革的意义。因此,商业银行应在中央银行规定的贷款利率范围内调整利率。根据同业拆借利率、贷款质量、期限、风险、所投行业的发展前景及与客户的信用关系因素进行自主定价。

(3)利率市场化利于发展中小企业的融资活动。利率市场化改革给中小企业不仅带来了挑战,也带来了机遇。根据我国

---

① 金融"脱媒"是指直接融资(即依托股票、债券、投资基金等金融工具的融资)的发展,资金的供给通过一些新的机构或新的手段绕开商业银行这个媒介体系,输送到需求单位,也称资金的体外循环,实际上就是资融通的去中介化,包括存款。

当前实际情况可知，中小企业贷款问题是中小企业融资难、发展难问题中最重要的一个方面。商业银行发展中小企业信贷业务，不仅是在为我国解决中小企业融资难提供有力帮助，对于商业银行本身更有着重要的战略价值和现实意义。国外优秀的商业银行成功经验表明，只有牢牢抓住中小企业信贷这个广阔市场，才能在激烈的竞争中占得先机，把握未来。利率市场化改革将减轻由于长期低利率管制使我国面临资本外逃的压力。低利率管制使中国面临资本外逃的压力越来越大。资本外逃除了我国商业银行本身经营风险增大，自身抗击外部金融冲击的能力显著下降，使内外投资者对中国金融体系的稳定性产生了忧虑，以及中国汇率因素之外，另一个重要的因素就是中国金融抑制的影响。在长期的低利率管制政策下，中国的利率水平普遍要低于欧美国家的利率水平，如在1992－1996年间，中国实际利率一直很低甚至为负。作为资金的所有者，其追逐利润最大化的目的决定了其要将手中的资金放在能为其带来最大收益的投资行为上。这样在国内利率低于国外利率的情况下，难免发生资本外逃的现象。解决资本外逃问题，短期内依靠加大外汇管理的力度，长期内则取决于对国内经济政策扭曲和制度缺陷矫正的程度，利率市场化是其重要一环。

（二）利率市场化改革对我国商业银行信贷业务的消极影响

（1）商业银行存贷款利差将整体变小。中国人民银行决定，自2012年6月8日起下调金融机构人民币存贷款基准利率。金融机构一年期存款基准利率下调0.25个百分点，一年期贷款基准利率下调0.25个百分点；其他各档次存贷款基准利率及个人住房公积金存贷款利率相应调整。自同日起：①将金融机构存款利率浮动区间的上限调整为基准利率的 1.1 倍；②将金融机构贷款利率浮动区间的下限调整为基准利率的 0.8 倍。[①] 使得利率管制逐渐放开，不再受中国人民银行利率的限制，利率真正反映了市场上资金的供求状况。并且，国务院总理李克强 9 月 10 日在会见出席 2013 夏季达沃斯论坛的企业家代表时指出，将继续推进利率的市场化。在利率管制条件下，我国商业银行的主要营业收入来自存贷利差，有的银行约占营业收入的比重曾高达 90%，如上海浦东发展银行。[②] 自存贷利率放开后，商业银行在存、贷款领域的竞争加剧，因此，商业银行为了扩大自己的市场份额，追求高利润，会降低贷款利率，提高存款利率，最终使得商业银行盈利最主要的来源的实际利差有缩小的趋势。在资产质量短期内难以得到根本改善的前提下，存贷利差的大幅度减少迫使商业银行去转变自己的经营方式，寻找新的利润增长空间。

（2）商业银行信贷业务面临的风险将主要是利率风险。在我国传统的利率管制下，商业银行的主要利率风险是政策性风险。它只能被动接受中央银行公布的存贷款利率，不能对利率进行有效的预期。但是，利率市场化改革后，商业银行利率风险更多地表现为市场风险和经营风险，前者主要是市场决定利率水平，后者主要包括流动性风险、财务风险、道德法律风险等。因为商业银行的利率是由市场决定的，所以商业银行一定要加强对信贷业务利率市场风险的管理。

---

① 数据来源：中国人民银行官网。
② 数据来源：2011 年上海浦东发展银行年度报表。

（3）商业银行的信贷风险管理水平急需提高。商业银行在信贷风险管理水平与外国的商业银行有很大的区别，我国的商业银行以为企业越大，风险越小，而且银行信贷人员素质不高，致使国内商业银行尚未有效建立以风险防范为核心的信贷长效机制，存在的不良贷款风险还没有完全化解，并且新的风险会不断出现。同时，我国商业银行信贷管理有一些现状，比如，在观念上重贷轻管是造成贷后管理薄弱的主观因素，社会信用体系不健全，银行和企业信息严重不对称等。因此，为了能适应利率市场化改革，商业银行的信贷管理水平亟待提高。

二、利率市场化改革中商业银行发展信贷业务的应对对策

（一）提高对中小企业的贷款定价能力

企业贷款定价的一般方法主要是加成成本法、价格先导法和客户盈利分析法，这里结合成本导向和市场导向的优点，采用市场导向的成本加成定价模式，更适合中小企业的贷款定价。另外，由于该模式是成本导向和市场导向两种定价方式的结合，既可以对贷款定价，又可以对存款进行定价，也就是说，该模式能够普遍适用于商业银行的各类产品定价。同时，在贷款定价模型中结合《巴塞尔新资本协议》，引入风险计量和风险补偿变量，不仅考虑银行的预期损失补偿，同时增加对非预期损失的补偿，以全面覆盖风险。

（二）发展中小企业优质客户并对其进行信贷管理

（1）发展中小企业优质客户。随着大中型企业的融资渠道

逐步的多元化和融资的规模增大,他们更多地青睐于在证券市场上进行直接融资,而对商业银行贷款的依赖逐步弱化。所以商业银行不能仅仅依靠大中型企业,应该把一部分目标转向经营状况良好的中小型。这样不仅解决一部分中小型企业融资难的问题,还能增加商业银行优质的客户群体。

(2)加强对中小企业的信贷管理。中小企业融资风险大,同时融资额度小,要求速度快、效率高,这就与针对大企业、大项目的信贷风险管理制度和要求不相适应,因此,在商业银行的新大风险管理中,应把大企业与中小企业分开,单独设置一套适应中小企业特性的信贷风险管理方法。其主要方面包括:建立高效率科学化的风险审批制度和操作流程;加强风险管理,提高对中小企业经营风险的识别和判断能力;建立健全标准化的中小企业信用评级体系;建立相关的小企业资料数据库,并进行深度的数据挖掘和分析,提高对中小企业经营情况变化的预警和反应能力。

(三)加强商业银行信贷业务的创新及业务结构调整

现今,信贷创新产品的技术壁垒低,同行之间易被模仿抄袭,所以竞争优势不能长时期保持,这就要求商业银行培养持续创新的能力,同时这也是商业银行业务调整的必要方式,提高中间业务所占比例的战略转型[1]。大力发展中间业务,一方面要发展与资本市场相关的新兴业务,重点是代理保险、证券、基金和资产管理业务及其他相关业务等;另一方面,发展金融衍生产品,如利率互换、远期利率合约和远期外汇买卖等,以

---

① 李研:《必须加快业务结构调整》,载《21世纪经济报道》,2013年12月12日。

规避利率风险、汇率风险和其他经营风险。

（四）商业银行应加强对利率风险的管理和控制

中国建设银行批发业务总监许会斌指出，作为商业银行适应利率市场化的这种改革，风险偏好需要上下统一，资产风险策略需要与风险偏好相匹配，统筹安排前提下要增强主动性和灵活性，要完善利率的风险管理体系，加强对于利率风险的识别、计量、监控和防范。要进一步优化信用风险、流动性风险等。不仅如此，在利率市场化推进的过程中，商业银行应尽快建立起利率变动信息快速传导机制，强化银行在信息收集、分析、评价体系等方面的机制，保证在利率市场化改革中能够及时有效地跟踪市场，防范风险。

（1）银行实行以利率风险管理为中心的资产负债管理。通过资产负债管理创新，将利率风险控制在事先规定的限度内，并尽可能提高银行的净利息收入。所以商业银行一方面应加强宏观经济的研究，对利率走势作出较为合理的预测分析；另一方面引进利率敏感性缺口管理法[1]，编制利率敏感性缺口分析报告[2]（其具体情况见下页表）。

---

[1] 利率敏感性缺口管理法又被称为"差额管理法"，指的是商业银行依据市场利率的波动，不断地调整资产和负债比例，增加或减少利率敏感性缺口，从而确保商业银行收益的稳定增长。

[2] 利率敏感性缺口分析报告是将银行各个生息资产和生息负债项目按照它重新定价的日期分成不同的阶段，以确定银行在每一个时间段里究竟有较多的资产还是有较多的负债需要而重新设定利率。

利率敏感性缺口分析报告表

利率敏感性缺口	利率变动	净利息收入
>0	上升	增加
>0	下降	减少
<0	上升	增加
<0	下降	减少
0	上升	不变

如果预计利率上升，正缺口对商业银行有正面影响，若利率处于下降通道，则正缺口又为负面影响，负缺口的情况正好与此相反。而由于商业银行过分追求市场贷款规模的占有率和存款的增长率，很容易导致利率敏感性资产与利率敏感性负债不匹配。这就需要根据利率变动及时调整资产负债结构，尽量确保商业银行不会因利率变化发生巨大的损失。

（2）积极开发金融衍生产品或利用久期免疫，来转移或分散利率风险。由于市场利率受到很多因素的影响，所以短期内变幻莫测，没有规律可言。而市场的参与者大多是理性经济人，当利率变动对他们不利时，就会撤出资金，对商业银行的资产和负债结构产生影响，使得商业银行难以控制其资产和负债结构。所以应当开发一些可以规避利率风险的金融衍生产品，或者是利用免疫处理，那么在预先设定的投资期限内，商业银行的收益率不受利率变动的影响。

（3）规定适当的利率风险管理政策和监控程序。商业银行应明确规定利率风险管理政策和监管程序，使之符合银行业务的性质和复杂性。这些机制应当能够反映银行的整体风险状况，在必要的时候也应能反映每一分支机构的风险水平。由于利率风险随时处于动态变化之中,所以各种利率政策都应定期进行检查,并对不当之处进行修改和补充。

（五）培养各类专业人才,提高我国利率风险管理的人才储备

随着全球金融市场广度和深度的拓展,金融市场的复杂程度已超出大多数人的想象,导致利率风险变得更加多样化、复杂化。这对我国商业银行风险管理人员如何识别风险和采取适当的风险防范措施提出了巨大的挑战。所以,要应加快培育一大批现代商业银行优秀利率风险管理人才。[1]

（1）设计合理的高级人员薪资管理体系。提升商业银行信贷业务的创造力和竞争力,其核心就是调动和激发商业银行利率风险管理人员的积极性和创造性,这就要求新时期的人力资源管理必须很好地把握激励与约束原则,并根据我国《高级技术人员薪酬管理体系》的有关规定,合理地进行商业银行内部利率风险管理人员的薪酬设计。

（2）建立科学的人力资源考核评价制度。要以任职资格体系和薪酬制为基础,实行以市场标准的动态岗级工资制。探索建立高级管理人员期权制度和员工持股制度,注意将短期激励与长期激励相结合、经济激励与非经济激励相结合。要建立让优秀人才脱颖而出的机制,既要引进高端优秀人才,又要注重

---

[1] 《高级技术人员薪酬管理体系》第一条：为调动公司高级骨干技术人员的积极性、主动性和创造性,提高公司经营管理水平,促进公司效益稳定持续增长,提升综合竞争力,完善公司治理结构和激励约束机制。

从内部培养人才，并且注意协调好两者之间的关系。

（3）与各高校结合，培养综合型人才。利率风险的复杂性对人才需求的多样化决定了金融教育的多元化，这就需要银行与各高校建立合作关系。通过金融学和法学及数学等学科的结合，培养银行所需要的复合型人才，来应对利率市场化改革下的各种风险。

综上所述，商业银行应根据自身的特点实施科学的信贷管理，才能比同行业更具有优势，同时这也是成为全球性的国际银行的必然选择。

参考文献

[1] 杨会春、杨凤婴：《大国策》，人民日报出版社，2009年版。

[2] 钟灿辉、陈武：《银行信贷实务与管理》（第二版），西南财经大学出版社，2006年版。

[3] 张亦春、郑振龙、林海：《金融市场学》（第三版），高等教育出版社，2008年版。

[4] 杨胜刚：《比较金融制度》（第一版），北京大学出版社，2005年版。

[5] 巴曙松、严敏、王月香：《我国利率市场化对商业银行的影响分析》，载《华中师范大学学报》（人文社会科学版），2013年第4期。

[6] 郑艳丽、刘金珠：《当前我国商业银行信贷风险的成因与防范》，载《河北联合大学学报》（社会科学版），2013年第5期。

[7] 毕桂凤：《我国商业银行信贷管理问题与对策》，载《商业经济》，2009年第2期。

[8] 赵朝晖：《提高当前商业银行信贷风险管理水平的对策路径探

析》，载《经营管理者》，2013 年 8 月。

[9] 王培明、樊欢：《浅谈利率市场化改革对商业银行的影响》，载《时代金融》，2013 年第 2 期。

[10] 宋小强：《利率市场化对我国商业银行的影响及对策研究》，载《山西财经大学硕士论文》，2013 年 3 月。

[11] 李镇西等：《转型期的中国金融发展》，经济管理出版社，2005 年版。

[12] 许学军、沈旭勇：《商业银行中小企业贷款业务》，上海财经大学出版社，2010 年版。

[13] 上海市金融学会：《当前金融改革开放中的若干问题研究》，学林出版社，2008 年版。

（此文发表于《城市建设》2014 年 10 月第 30 期第 74-77 页，被《新华文摘》2015 年第 5 期转载于第 166-167 页）

经济体制改革视域下的政府与市场的关系

摘要 党的十八届三中全会提出:"经济体制改革是全面深化改革的重点,核心问题是处理好政府和市场的关系,使市场在资源配置中起决定性作用和更好发挥政府作用。"经济体制与时俱进的变革是中国经济不断取得新成就的重要因素,而每一次的经济体制改革几乎都是围绕着政府与市场的关系展开的。本文从1978年改革开放后的历次经济体制改革的社会背景、发展历程入手,阐述政府与市场的关系。

关键词 经济体制改革;政府;市场;关系

一、当代中国经济体制改革的社会背景

历史发展的事实告诉我们,中国在原有计划经济体制下没有享受到黄金般稳定发展的滋味,相反在当时表现出来的却是持续的不稳定,以致出现像"文化大革命"这样的社会、经济和政治危机。到了20世纪70年代末,这种现象又产生了两个结果:一是历经20多年的计划经济,中国人民的生活水平长期没有得到实质性的改善。邓小平就曾痛心地说:"社会主义要表

现出它的优越性，哪能像现在这个样子，搞了二十多年还这么穷，那要社会主义干什么？"①这就催生了人们强烈的改革愿望。二是 20 世纪 50-80 年代中国计划经济绩效的下降，并不仅仅是因为政治上连续性的"左"倾，而是在中国当时的制度环境中，计划经济长期性处于一种"无计划"的不稳定之中，但计划经济在中国的生命力本身还没有最后消耗完。党的十一届三中全会之后，马克思主义思想路线和政治路线的重新确立在凸显出改革的时代主题的同时，又使计划经济开始稳定下来。

由此，我们可以把中国社会主义市场经济体制改革的特定制度背景具体概括为以下几点：

第一，政府的作用对中国社会经济发展仍然具有内在结构性的制度约束，即在强工业化的基础上国家作为社会经济资源配置的唯一主体以及国家在单一国有产权基础上对社会发展的高度政治控制和干预是中国发展中一个突出的制度特征。在一般的结构框架上，政府的作用仍然具有相对的稳定性并在推动着中国经济的发展。

第二，由于"泛政治主义"下形成的"左"倾政治路线的影响，中国经济发展过程中政府作用的运行又表现出高度的不稳定性。由于党的组织和政府经济机构不断受到政治运动的冲击，计划经济主体的政治能力受到严重削弱，特别是"文革"期间，经济领导忙于应付，连国民经济的年度计划也不能按时制定②。同时，由于对发展生产力和科学技术的批判，大大降低

---

① 中共中央文献研究室：《邓小平年谱》，第83页，中央文献出版社，1999年版。
② 曾培炎等：《新中国经济50年：1949-1999》，第315页，中国计划出版社，1999年版。

了经济发展过程中政府作用的科学理性水平。因此，中国经济发展中政府的作用在一定程度上表现出无政府主义的特点，反映在制度的逻辑上，则体现为在计划经济的运行中出现了严重的紊乱，也正是由于这个原因，改革前中国计划经济中官僚理性和历史理性的冲突也就不像苏联那样成为一个显著的内在矛盾了。

第三，在计划经济的稳定性和不稳定性的矛盾之间，由于另外一个因素，即由于以教条化的马克思主义为核心的强意识形态趋于松动，从计划经济到市场经济的制度变迁的历史任务清晰地呈现出来。

这种复杂的制度背景，一方面是中国表现出强烈的市场化改革趋向。1979年邓小平就指出："说市场经济只存在于资本主义社会，只有资本主义的市场经济，这肯定是不正确的。社会主义为什么不可以搞市场经济，这个不能说是资本主义。我们是计划经济为主，也结合市场经济，但这是社会主义的市场经济。"[①]另一方面，计划经济体制下政府作用的平稳运行虽然与市场化改革一定意义上形成矛盾，但由于计划经济本身的历史生命力还没有完全消耗殆尽，因此计划经济中政府作用的稳定对市场化改革的发展又构成了一种有力的政治和经济支撑。

二、中国社会主义市场经济改革道路中市场作用的不断凸显

从党的十一届三中全会后邓小平开始"重新考虑问题"，到

[①]《邓小平文选》，第2卷，第236页，人民出版社，1994年版。

20世纪90年代，中国确立起社会主义市场经济的改革目标，社会主义市场经济改革的新道路第一次在20世纪社会主义发展史上被开辟了出来。中国社会主义市场经济道路的形成，其内在的逻辑就在于对社会主义计划经济成功的历史重构。理解了这一点，也就能理解中国的经济体制改革何以能走出传统社会主义改革的结构性束缚，还能够理解为什么每一次经济体制改革都离不开政府和市场的关系。经济体制改革引入市场之后，政府和市场的关系在市场作用的不断发挥和出现问题的变化中呈现出了不同的关系。

（一）社会发展战略的调整

社会主义计划经济体制下政府的作用是在强制工业化下形成的一种特定的制度安排，因此，从政府到市场的转变，深层次上是社会发展战略的调整，即以优先发展重工业、片面追求生产数量的畸形发展路线向以国民经济综合平衡发展、提高人民福利为主的发展路线转变。以重工业为中心的发展路线经过近三十年的扩展，中国基本上建立了独立的国民经济体系，具备了在复杂的国际关系中维护国家安全和民族利益的政治、经济能力，这也就在客观上把发展路线的转变提了出来。

市场作用的引入首先起到了对国民经济部类进行调整的目的。1979年之后，重、轻、农之间的畸形关系开始发生了重大的变化，农业和轻工业的比重都有所上升，重工业的比重则有所下降。在经济结构得到调整的基础上，轻工业和重工业的产值比例也开始趋于平衡。农业在国家投资结构中的地位也极急剧提高。

市场作用的引入其次体现为从封闭主义转向开放主义，在一定的历史条件下，封闭对于一个国家构建自己独立的国民经济体系和发展自己的工业化起着重要的积极作用，但在长时间里推行封闭主义对于国家的发展则是不利的。单纯政府作用下的社会主义国家奉行封闭主义的发展路线，除了一定历史条件下封闭所具有的积极意义外，另外还有两个重要原因，一是意识形态上与资本主义的对立以及西方资本主义国家的封锁，另一个是在封闭的环境下国家对社会经济发展的控制显得更为容易一些。因此，要实行发展路线的调整，必须从已经完结了自己历史使命、主要是由于意识形态的原因而被维系的封闭主义转向积极的开放主义。

在社会发展战略调整的过程中，政府并没有成为市场发挥作用的阻力，相反，由于中国政治经济长期在震荡中运行，因此，中国没有如苏联在停滞时期形成的那种以军工综合体为主的强大部门的利益集团。因此，市场在调整畸形的生产结构和发展路线上，相对而言利益阻碍要小得多，成果也较显著。

（二）产权结构的多样化

在重新调整发展观的同时，计划经济下以国家所有制为基础的产权结构也开始发生变迁，这种变迁实质上是探索与新的发展路线相适应的新的制度安排形式的过程。

20世纪80年代初期，中国改革以在国有工业经济中进行扩大企业自主权为重点，但扩大自主权并没有使国有企业的经济效率得到明显的提高，这表明，市场作用的发挥有其局限性，这种扩大国有企业自主权的传统改革思路在中国走不通，随后，国有经济重新回到以强化生产责任制为主的政府计划经济轨道上来。中国经济改革的重心开始向农业经济领域和私人经济领域转移。

农业经济是计划经济中的一个重要组成部分。在人民公社体制的束缚下，农民彻底依附于和湮没在国家"计划"的政治行为中，随着政府的控制愈强，农民的以退社自由为核心的政治能力也就丧失得越多。改革前国家对农民强制性的制度控制是导致农业经济绩效低下和农民生活贫穷的最重要的原因。因此，处于贫穷中的农民很快就走上了自发地以包干到户、包产到户取代原有的集体生产制度的道路，这种制度变革的成本极小，收益却非常大，它不仅解决了人民公社下的激励不足、管理成本庞大，激发了农民的个体生产积极性，而且实际地提高了中国农业生产力，因此很快得到了国家的认可和支持，这种制度变革跳出了政府的"桎梏"，极大地推动了中国农业经济领域中的改革。

作为农业领域体制改革的后续，80年代中期乡镇企业的"异军突起"则进一步推动了对原有政府决定作用的消解。乡镇企业的兴起则把中国的改革直接推向了体制外的增量领域。

私人经济从无到有的发展进一步扩展了中国产权机构变革的程度，是中国体制外增量改革最重要的表现。私人经济发展的意义在于：第一，在既定的制度空间下，私人经济的发展同时也是国有经济控制领域"缩小"的过程；第二，私人经济的发展对社会经济资源配置提出了新的方式和要求，意味着政府的调节经济的领域开始"缩小"，市场调节的作用发挥得越来越大。

三、经济体制改革中政府和市场的关系的渊源分析

社会主义市场经济不是凭空产生的，不是主观构建出来的，也不是靠着数理逻辑推导出来的，它只能是从计划经济这个既定的前提出发，通过改革形成社会主义新体制。忽略对社会主义计划经济体制中的政府作用的研究，忘记计划经济是市场经济的历史起点，改革过程中的许多问题就得不到正确的理解。

社会主义计划经济的一个根本特征是国家对经济的高度垄断，由此形成了经济对政治的直接从属性和经济的政治化趋势。经济对政治的从属形成了计划经济下整个经济决策中"政治理性"的行为模式。在这种"政治理性"模式的支配下，经济管理者们所擅长的并不是企业家精神、风险意识和灵活性，而是如何培植政治关系，为更改计划而讨价还价，争取更多、更早地投入供应，操纵产品的构成以及为上级部门提供不能完成计划的诊断性报告等。

社会主义计划经济体制下政府作用的实质并不在于如何确定分配社会经济资源的行政手段和行政环节问题，而在于社会经济资源为什么会被纳入行政配置之中。也就是说，第一，社会主义计划经济体制下的政府的作用本质上是对社会经济资源进行直接政治配置的一种制度，体现了政治对经济的内在束缚。第二，社会主义计划经济体制下的政府作用的发挥建立在历史和理论严格统一的基础之上。它的历史基础确立在由于社会的落后而显示出合理性的强制工业化的基础之上，而它的理论基础则在于对西方资本主义市场经济批判为内容的意识形态理论、以强化国家理论和以马克思主义再生产理论为形式的发展理论。

社会主义经济体制改革中由政府向市场的转变，并不是历史突然的"清醒"，而是由客观的内在矛盾运动所推动的一个统一的历史过程，虽然市场作用的发挥必然会导致政府作用的变迁，也正应为如此，社会主义市场经济中政府与市场的关系也必然与资本主义市场经济有着本质的不同。

伴随着市场经济的发展，各国在政府与市场关系上先后出现了市场依附于政府、"弱政府－强市场"和"强政府－弱市场"等多种模式。中国在经济转轨过程中形成了政府与市场关系"强政府－弱市场"的独特模式，既明显区别于西方市场经济国家的"弱政府－强市场"模式，也不同于同属于转轨国家的俄罗斯"弱政府－弱市场"模式。[1]观念性的东西对历史发展当然是非常重要的，但观念背后应该说还有更为重要的历史因素在推动。中国的这一模式的确立根本上是由中国特殊的国情和自身社会发展否认内部因素所推动的，不仅有力地促进了中国经济的长期高速增长，也推进了改革的进程与体制的完善，这一模式也只有与中国自身的内在因素结合在一起时才能表现出来，并呈现出结构性的稳定和产生持续性的影响。

四、政府与市场的关系总述

不管是从历史角度还是现实角度来看，政府这只看得见的手和市场这只看不见的手在任何时候都要共同发挥作用，只不过要想实现政府加上市场的作用能够大于他们各自的作用的话，

---

[1] 庞明川：《转轨经济中政府与市场关系中国范式的形成与演进》，载《财经问题研究》，2013年12月。

就应该把握好一个度的问题,"如果政府对市场的干涉过度,那市场就会丧失效率,政府的公信力也会受到影响。所以研究政府和市场的关系问题,实际上最重要的是要研究这个度的把握问题"①。

长期以来,在经济体制改革中存在着一些对政府与市场关系的错误的认识,特别是一提市场,似乎就是政府越不管越好,谈政府色变,实质上,如果说在加强国家宏观调控和统筹能力的名义下拒绝市场经济改革、拒绝对国家传统经济行为的改革是错误的话,那么在市场经济的名义下放松、放弃国家的宏观调控和统筹能力同样也是错误的。实践无数次告诉我们,在市场经济的制度环境下政府保持足够的干预社会经济发展的力量,在科学、民主的基础上的"计划"社会经济的发展,与市场经济的逻辑并不冲突。但是,在从政府向市场的如何转变的环境中,强化国家对社会经济发展的干预,往往会激活已经处于被抑制状态的对社会经济资源的权力配置,刺激官僚理性的肿胀,也就是权力寻租现象的出现,从而危害到社会主义市场经济的健康发展。

因此,政府与市场的关系在体制完善阶段的改革目标是构建"强政府－强市场"模式,既充分发挥市场机制的基础性作用,又强化和规范政府的作用,实现二者的有机结合。②

一方面,要充分尊重市场经济的客观规律,市场能做好的事情就大胆坚决地放手让市场去做,让市场在资源配置中的决

---

① 成思危:《正确处理政府与市场的关系》,载《行政管理改革》,2013年12月。
② 庞明川:《转轨经济中政府与市场关系中国范式的形成与演进》,载《财经问题研究》,2013年12月。

定性作用充分发挥。

另一方面，政府既不能缺位，也不能越位，还要做好自己应该管好的事情，转变政府职能，将自身的功能在新时期定位好，政府的作用主要体现在完善市场秩序，制定市场经济活动中的规则，有效履行好自己的职责，增强自身的公信力。政府的作用是在宏观经济领域，也就是营造公平竞争的市场环境，保持宏观经济稳定，加强和优化公共服务，加强市场监管，维护市场秩序，推动可持续发展，促进共同富裕，弥补市场失灵。

总之，不管是从历史的角度还是从现实的角度看，中国经济的平稳运行都需要政府与市场的共同努力，二者缺一不可，市场需要政府为其提供健康有序发展的外部环境，政府则需要市场的活力创造的物质财富为其提供存在和发展的基础。因此，实现政府与市场相结合，既要充分发挥市场在资源配置中的决定作用，又要更好地发挥政府作用，才能使经济体制改革取得预期的效果。

参考文献

[1] 任晓伟：《社会主义计划经济的历史和理论起源》，人民出版社，2009年版。

[2] 魏礼群：《中国经济体制改革30年回顾与展望》，人民出版社，2008年版。

[3] 白永秀、王颂吉：《我国经济体制核心重构：政府与市场的关系》，载《改革》，2013年第7期。

[4] 洪银兴：《论市场对资源配置起决定性作用后的政府作用》，载《淮海文汇》，2014年第1期。

[5] 袁晓江：《处理好政府与市场的关系》，载《特区实践与理论》，2013 年第 6 期。

[6] 张善柱：《改革开放以来政府职能转变的历程：回顾与反思》，载《教育教学论坛》，2014 年第 1 期。

[7] 剡楠：《探究经济改革中政府和市场关系》，载《知识经济》，2013 年第 3 期。

[8] 宋丹丹：《探析经济发展中的政府和市场关系》，载《湖北农村金融研究》，2009 年第 3 期。

[9] 郭占恒：《市场在资源配置中起决定性作用是深化经济体制改革的"牛鼻子"》，载《观察与思考》，2014 年第 1 期。

[10] 贺嵩：《浅谈我国市场经济体制下政府与市场的关系》，载《管理观察》，2013 年 11 月。

（此文成稿于 2014 年 11 月作者就读四川大学经济学博研班期间）

检察机关代表联络工作应把握好八个辩证关系

检察机关由同级人民代表大会选举产生，接受人民代表大会和人大代表的监督是检察机关和检察干警的法定义务，是检察机关立检为公、司法为民的直接体现，是深化检务公开、保障人民群众知情权、参与权、表达权和监督权的具体要求。中国特色社会主义进入新时代，社会主要矛盾转化，人民群众在民主、法治、公平、正义、安全、环境等方面有内涵更丰富、水平更高的要求。检察工作如何适应、满足人民群众的新期待、新需求，做好人大代表的沟通联络工作，笔者认为应把握好以下八个方面的辩证关系。

一、知行合一——把握好知与行的关系

人大代表，代表人民。代表认可就是人民的认可，接受代表监督就是接受人民的监督。人大代表对检察机关的监督，不仅是宪法和法律赋予的重要职责，而且是检察机关不断改进检察工作、提高办案质量和效率、确保司法公正的重要保障。监督与被监督不是对立的关系，不是零和博弈，而是一个利益共

同体的两个侧面，可以互动，可以沟通，且相得益彰。这个"利益共同体"就是执政为民、司法为民，就是最广大人民群众的根本利益，就是为了推进社会主义民主法治建设。就检察机关而言，通过接受人大代表监督，可以改进工作、解决问题，提升人民群众对检察工作的理解和满意度。人大代表对检察机关来说，又是发展检察事业的资源，是检察机关联系人民群众、联系社会各行各业的纽带，代表可以调动本行业的资源支持检察工作，帮助检察机关解决一些难以解决的问题，沟通协调相关部门支持检察工作。在代表联络工作中，要从讲政治的高度，以对人民负责、对检察事业负责的态度，彻底转变"代表监督就是找麻烦"的思想，树立起"监督就是支持、监督就是爱护、监督就是帮助、监督就是指导"的理念，不断畅通代表履行职责、开展监督的渠道，不断提高办理代表建议议案和转交案件等工作质量，做到常态化联系、个性化联络、制度化推进。

二、统分结合——把握统与分的关系

统分关系有两个层面。一方面，全国检察机关一盘棋，最高检是"统"，是领导和指挥，各省地方检察机关是"分"，是贯彻和执行。代表联络不是一个检察院的事，各地必须在最高检的统一领导下开展工作。近年来，人大代表对检察工作更加关注、理解和支持，检察机关的多项工作也都得到代表委员的充分肯定和高度评价。2019年最高检工作报告赞成率是96.4%，创历史新高。地方检察院赞成率绝大多数都有大幅度提升。另一方面，具体到每个检察院也是一盘棋，要把代表联络工作纳入全院整体工作中统筹谋划，同安排、同部署、同考核。代表联络部门是"统"，要做好统筹协调，把方向、定任务，抓指导、抓督查；各业部门是"分"，结合自己部门职能职责，对照要求、细化措施，确保各项联络工作任务落实到位。

三、虚功实做——把握虚与实的关系

"虚"与"实"是对立统一的关系，它们相依赖而存在，又互为发展的条件。我们常说务虚，一般指探讨理念、观念、意识等理论、精神层面的东西；务实中的"实"则是指措施、执行、操作、效果等具体务实层面的东西。做好代表联络工作，要长谋划、勤思考，出思路，宏观把握要视野开阔、目标高远；微观做事要脚踏实地，逐个解决问题，逐项完成任务，积河流汇江海，积小胜为大胜。不少干警认为，代表联络工作是虚活，联络不联络别人不知道，领导也难以掌握真实情况，一项任务布置下去，到期报个数字即可。其实，代表联系工作做得好不好，其效果虽然不能立竿见影，短时间内很难评价，很容易被看成"虚功"，但"虚功"不等于"虚无"，体现的都是整体检察工作实的功能。具体工作如何"实做"？就要尽可能把抽象的目标、务虚的思想变成具体实在的标准和明确的举措。"耳闻之，不如目见之；目见之，不如足践之。"必须从责任、要求、内容上紧密结合实际，聚焦工作职责，聚集工作重点，聚焦任务职能职责，落实、落细、落小。比如，增强代表联络工作计划性，适时制订具有可操作性的工作计划，根据部门各条线工作实际科学安排代表分批次参加相关活动，使代表联络工作内容更丰富，形式更多样，效果更凸显，代表更认可。

四、去粗取精——把握粗与精的关系

粗，就是粗糙和浮浅，难以准确反映事物本质和发展方向的表象成分。精，就是精华，是事物中最能反映本质的内核，是最能深刻精准反映客观事物发展规律的主流和方向，也是最重要和最关键的客观存在。去粗取精，就是去其劣质，存其精华。张军检察长提出，代表联络工作要精细化。精细是一种意识、一种形态、一种理念、一种文化。代表委员来自各行各业和不同领域，关注的国计民生、社会法治等问题的层面不尽相同，企业界、科技界代表委员可能更关心营商环境、产权保护、科技创新，医药卫生界代表委员可能更关注惩治涉医犯罪、促进平安文明高效的医疗建设等等。因此，要精准掌握代表诉求、精准回应代表关切，为每个代表"量身定制"联络方式，分类别、分层次、个性化开展联络，不搞一刀切、大呼隆。

五、由点到面——把握好点与面的关系

点组成线，线汇成面。没有点，也就没有面；没有面，也难以区分所谓的点，它们共处于统一体中。从一定意义上说，点和面的关系，也是个别和一般、个性和共性的关系。点面结合，以点带面，突破一点，取得经验，指导全面工作，是马克思主义指导的方法论。在代表联络工作中，走访代表要做到全覆盖，日常联络代表时要注意抓好点，充分影响有影响力的人。尤其是代表团中各小组长、工人、农民基层代表，提出议案建

议和转交过案（事）件的代表等，都要重点做好联络工作。从另一个角度讲，人大代表的意见建议是促进检察工作发展的源泉和动力。"咨诹善道，察纳雅言。"代表对检察工作的监督支持主要体现在所提意见建议中。要把代表意见建议作为一面镜子，从中照出检察工作中存在的问题和不足，从而采取措施，推动工作的提升。"民意搜集"是形式，"民意转化"是目的。要始终把办理代表建议和代表关注案（事）件的过程作为汇聚民智、接受监督、改进工作的过程，切实把代表的批评意见转化为加强和改进检察工作的具体措施、服务和保障民生的实际行动、促进和维护社会公平正义实实在在的成效。

六、标本并重——把握标与本的关系

标本，原意是树的枝节和根本，标即枝节，本即根本，也就是事物表象与根本的关系。"以浅而知深，察近而知远，言标与本。"做好代表联络工作，一要熟练掌握联络工作的内容方法技巧、邀请代表参加活动的工作流程等，这是工作方法和技术层面的问题，通过短期训练就可以熟练掌握。二要熟练掌握检察机关"四大检察"、"十大业务"等基本法律业务知识，这是做好代表联络工作的基础。三要有很强的表达能力。语言和写作能力决定和影响着工作开展的潜力。"手无寸铁兵百万，力举千钧纸一张。"要学会把工作经验、思想感悟提炼总结形成文章，深化宣传引导，以更好推动工作开展。

七、量度适格——把握量与度的关系

量，是指事物存在和发展的规模、程度、速度等数量规定性。度，即保持事物质所规定的量的幅度、范围和界限。适度，即事物保持其质和量的限度。实践中，我们要注意"掌握分寸"，把握适度，使事物的变化保持在适当的范围内，既防止"过"，又要防止"不及"。在实际工作中，要综合采用多种联络手段，确保联络工作覆盖到全体代表，这是工作量的要求。但在全覆盖的基础上，要做到少打扰、重效果，这是度的把握。要把握联络的节奏和方式，精简寄送材料的种类和数量，宣传报道代表的内容要与代表身份职业关注兴趣点相匹配等，做到工作安排上不叠加、不重复，不搞狂轰滥炸、大水漫灌，不过多打扰代表。尤其要注意少让代表陪会，少让代表做纯属"吹喇叭"、"抬轿子"的宣传报道，切实做到以代表需求为导向，精心推送每一条信息，精细设计每一次联络，精心策划每一场宣传报道，确保取得好的联络效果。

八、守正出新——把握继承与创新的关系

继承是创新的基础，创新是继承的发展。正确处理"继承"与"创新"的关系，应立足于"继承"，着力于"创新"。实践中，既要坚持和发扬以往一些行之有效的好传统和做法，又要坚持问题导向，根据时代发展、任务变化等新情况，与时俱进，创新联络意识，创新联络方式，创新联络平台，创新联络机制等；只有把继承与创新有机结合起来，科学统筹推进，代表联络工作才能不断进步，推陈出新。

"问渠那得清如许,为有源头活水来。"人民是检察工作的最高裁决者和最终评判者。只要将人民装在心中,倾听人民心声,了解人民需求,解决人民困难,时时处处事事以人民为中心,检察工作就能永远"清如许"。

(此文发表于《公民与法》2020年第4期第53-54页)

如何制定规范性文件

—— 以制定《河南省检察机关办案活动接受人民监督员监督实施细则》为例

人民监督员制度创设于 2003 年，初衷是加强对检察机关反贪污贿赂、反渎职侵权工作的人民监督。党的十九大后，随着国家监察体制改革的深入推进，检察机关承担的职务犯罪立案、侦查等职能转隶到各级监委，在此背景下，最高人民检察院及时调整人民监督员工作，并于 2019 年 8 月下发《人民检察院办案活动接受人民监督员监督的规定》（以下简称《规定》），将新时期检察机关"四大检察"、"十大业务"全部纳入人民监督员的监督范畴，实现了从专项监督到全面监督的重大的实质性转变。为了更好贯彻落实《中华人民共和国人民检察院组织法》和《规定》要求，结合河南检察工作实际情况，有必要对《规定》如何落实进一步细化，制定更加明确、具体、更有可操作性的实施细则，推动检察机关办案活动接受人民监督员监督工作全面开展。

一、《细则》的制定过程

（一）学习《规定》

认真学习、深刻领会上级文件精神是起草《细则》的前提。一是组织省检察院人民监督员办公室工作人员逐条学习理解，每位同志结合工作实际谈落实《规定》的思路和建议。二是印发《规定》到省检察院各业务部门和市级检察院、县级检察院，并要求上报学习和落实《规定》情况。三是配合省司法厅举办培训班，分批组织全省800余名人民监督员进行学习讨论。四是根据学习讨论的情况，归纳整理出需要解决的问题、需要明确的问题、需要细化的内容，并将这些问题向最高检案件管理办公室汇报，听取最高检指导性意见。

（二）组织调研

深入开展调研论证是起草《细则》的基础。一是拟定调研提纲。调研提纲的主要内容包括：调研的主题，需要调研的重点内容，参与调研的人员，调研的时间、对象、方式，调研后相关问题的分析论证等，要做到全面细致。二是组织调研。主要通过采取开调查会、电话、微信、登门拜访个别交流等方式，向外省市检察机关、省人大选工委、省政协委员联络部门、省司法厅、省检察院业务部门、市级检察院、省人民监督员、相关法学专家教授、律师等14个部门（单位）、57名人员进行调研，共收集各方面反馈意见建议95份。三是论证分析。根据调研收集整理的意见建议情况，对是否扩大应当监督的案件范围、同级监督是否设置例外规定、人民监督员意见建议的采纳告知等主要问题，协同省司法厅邀请8名具有法学专业背景的人民监督员进行论证分析，并达成共识。

（三）草拟《细则》

草拟《细则》要努力做到方案设计精良。一是突出主题。根据调研论证情况，明确应当监督的案件范围及规范监督程序是存在的突出问题，也是迫切需要解决的问题。因此，在细化时聚焦这两方面的问题进行，以增强针对性和可操作性。对最高人民检察院《规定》中已明确规定的，比如机构设置、经费保障等，《细则》中不再重复规定。二是搭建框架。将要细化的全部内容具体切分成10个不同的模块，每个模块确定一个主题，然后根据方案设计，把10个模块分别放置在最合适的位置，这样就可以基本确定《细则》的主要内容，确保起草内容上的完整和全面，没有遗漏。三是画流程图。要使《细则》各个环节衔接有序，不脱接、不重复、不矛盾，最有效的方法是画流程图，从提请、受理、转办、邀请、组织到意见建议采纳、告知等，将每一项具体工作有效串联起来，形成全要素流程图。四是提炼语言。对草拟的《细则》反复阅读、反复修改，拿不准的字词查找字典、辞源，确保语言精准，没有歧义，做到用最少的语言表达最准确的意思。

（四）征求意见

初稿完成后，向省司法厅、市级检察院、县级检察院、省检察院业务部门征求意见。在征求意见中，司法厅及人民监督员共提出38条修改意见，市级和县级检察院共提出57条意见，省检察院业务部门共提出14条修改意见。扣除重复性意见后为43条，其中原则性意见为4条，具体修改意见为39条。根据相关部门所提意见建议，再次进行论证分析，能吸收的尽量吸收，不能吸收的作出解释说明。经过反复研究推敲，增写、改写、文字精减 46 处，覆盖各方面意见建议 33 条，形成提交检察委员会审议的审议稿。

（五）提请上会

提请上会前做好相应准备工作。一是制作起草说明。针对起草《细则》的背景和考虑、起草过程、基本框架、主要内容等予以说明，并在会前印发各位检察委员会委员。二是做好"备询"工作。充分熟悉掌握人民监督工作的相关情况，比如人民监督员监督案件情况，有哪些典型案件，各地市人民监督员工作开展情况等，以备委员询问。三是汇报清楚并做好记录。汇报时，要简洁明了，对各位委员所提出问题要严谨作答，对不懂的问题，认真记录，会后查阅相关资料真正弄懂后再向委员作答。四是精心修改。对委员所提的意见建议，组织人员认真研究，并请教相关专家学者，能吸收的则尽量吸收，不能吸收的向委员做好解释说明工作。

（六）制发文件

在制发文件中，应注意三个问题。一是仔细校对。落实"发稿前多校一遍"的要求，切实做到不出现字词歧义和错别字。二是核对发送范围。《细则》需要全省检察机关、全省司法行政机关、全省人民监督员学习贯彻执行，涉及面广人多，在发送范围和发送渠道上要仔细核对，以防出错。三是确认文件是否收到。在工作微信群里要求各单位确认已收到该文件，并将组织学习情况及贯彻中遇到的问题及时汇总上报。

（七）解读《细则》

9月下旬，省司法厅、省检察院联合组织召开省人民监督员工作培训会，全省司法行政机关、检察机关有关领导、相关部门负责人及省级人民监督员共620余人参加会议。会上，本人作为《细则》的起草人，从八个方面对《细则》进行了详细解读。同时，根据下级检察院的要求，将解读材料发至下级检察院，由各市级检察院指导县级检察院对《细则》进行培训学习。

（八）指导实施

指导工作要分类进行，综合施策。一是指导各地对人民监督员制度、最高检《规定》和省检察院《细则》的学习，确保正确理解文件内容和精神实质，切实贯彻执行。二是全省检察系统相关部门在统一业务应用系统上运行人民监督员监督工作。三是指导工作长期打不开局面的个别单位，努力扭转被动局面，尽快让人民监督员监督覆盖"四大检察"、"十大业务"。四是指导工作开展较好的单位，总结好的做法和经验，树立典型，以点带面。

（九）注重宣传

配合宣传部门，做好三个方面的工作：一是围绕人民监督员制度的意义、最高检《规定》、省检察院《细则》的主要内容、主要解决哪些问题等进行宣传，让社会各界明白检察机关接受人民监督的立场和态度。二是围绕人民监督员在检察工作中发挥的化解矛盾纠纷，促进社会治理等方面的监督作用进行宣传。三是讲好人民监督员履职故事，让全省各地的人民监督员成为检察机关的联络员，让人民群众明白，有了问题，有了困难，可以找当地的人民监督员反映，以充分发挥人民监督员在检察机关与人民群众之间的桥梁纽带作用。

（十）跟踪问效

人民监督员作用的发挥主要是通过参与检察工作、对检察工作的监督来实现的。在跟踪问效方面，省级检察院主要抓好典型案例的培育发布工作。"一个案例胜过一打文件。"省检察院拟建立典型案例定期发布制度，从而起到示范引领、指导办案的作用。同时，要指导好下级检察院典型案例的培育、筛选、上报工作。

二、制定《细则》过程中的体会和感悟

通过制定《细则》，使自己有许多思考和感悟，这些思考和感悟对成长是有益处的。

（一）要准确把握相关法律及上级文件的精神实质

要想制定一部合格或优秀的规范性文件，必须要准确把握法律及上级文件的精神实质。首先需要深入学习，这种学习不是一般地学，更不是粗糙肤浅地学，而是要十分深入、细致、具体地学。从学习范围来说，不仅学习文件本身，还要学习和该文件内容相关的其他规定和知识；从学习深度来说，不仅要弄清楚整部文件的制定精神、主要内容、价值取向等，还要逐条、逐句、逐词、逐字、逐标点符号地深入理解。学习理解到位了，才能对整个规范性文件有一个清晰认识，才能知道哪些

地方需要完善,哪些地方需要细化,哪些地方需要明确,哪些地方需要衔接,哪些地方需要留有余地,哪些地方需要修补漏洞等,这样起草出来的规范性文件才能真正解决实际问题。同时,要把所制定的规范性文件放在当下的环境中作整体考量,思考规范性文件制定的时代背景和政策背景,准确把握当下人民的需要、政治的需要、司法的需要、社会的需要,如果脱离了时代背景和环境去制定文件,就难以达到期望的作用和效果。

(二)要脚踏实地做好调研论证工作

对调查研究工作的深刻认识主要来于两个方面。一方面来自于解决工作中实际问题的需要。在刚到省检察院工作的那几年,虽然参与过规范性文件起草,也对有些工作进行过调研分析论证,但由于对调研工作领会不深刻、方法不得要领,大多是走形式、蜻蜓点水式的,从而导致工作中的问题不能得到有效解决,或者解决得不够彻底。随着工作阅历的丰富,我逐渐感受到,在调研中可以发现平时发现不了的情况,一些很难解决的问题随着调研的展开和完成也随即解决。于是,就慢慢养成了解决问题靠调研的思维习惯和行为习惯。然而,要想调研到真实的信息,获得扎实的调研成果,是需要方法技巧的,这便促使自己去学习研究如何调研的相关知识。同时也就引出了另一个方面的问题,即如何调研,如调研的方法、调研的程序、调研需做哪些准备工作等。为了学会调研,除了向身边的领导同事学习外,还认真研究了党内领导人和前辈们关于开展调研工作的做法,阅读了相关的著述,如毛泽东同志的《湖南农民运动考察报告》、《反对本本主义》、《农村调查》、《改造我们的学习》，李瑞环同志的《学哲学用哲学》，等等。通过这些学习，逐渐掌握了有效的调研方法，使自己研究工作的能力和水平不断得到提高。

（三）要善于解决问题

干工作不能胡子眉毛一把抓，要能够抓住重点并突出重点。制定规范性文件也是一样，要有针对性地去解决问题，不能为了制定而制定，为了完成任务而制定，为了一纸文件去装点门面。如果针对性不强，把解决问题的"标靶"弄错了，不仅解决不了问题，还会造成工作被动，带来更多的问题。问题找准后，在解决方法上，必须接地气，忌讳闭门造车。问题之所以能解决，是因为解决时有具体的方法、步骤、标准，这就要求具有较强的可操作性。可操作性重在准确、细致、具体，越细致越具有可操作性，越具体越具有可操作性。在判定是否具有可操作性上，通过制定《细则》，自己认为，最简单也是最有效的方法就是换位思考。"己所不欲，勿施于人。"一项措施、一项要求是否能够落实到位，首先要换位思考自己作为制定人或制定单位能否落实到位，如果自己都不能落实、无法执行，那说明这个制度是不切实际的，当然也不具有可操作性。

（四）要准确把握省级检察院的职能定位

省级院既是落实最高检决策的执行机关，又是市级检察院和县级检察院的指导机关。将最高检的决策细化，确保贯彻执行到位，需要制定大量的规范性文件。可以说，制定规范性文件是省级检察院的一项重要职能。提升省级检察院制定规范性文件的质量,应有四个方面的问题需要注意。一是建立规范性文件制定程序制度。参照《规章制定程序条例》的要求,结合省级检察院工作实际,出台制度,使得规范性文件制定工作有章可循。二是起草人要有较高的业务素质和驾驭语言文字的能力。规范性文件的内容要合法合规,切合实际,具有可操作性;内在逻辑要严密,语言使用要规范、简洁、准确,这就要求起草人必须具备较高的业务素质和语言文字功底。省级检察院要经常开展以会代训、专题讲座、点评范例等形式,不断提升起草人制定规范性文件的水平。三是加强备案审查。省级检察院法律政策研究部门要切实履行职责,通过加大备案审查工作力度,做好规范性文件之间的互相协调统一,避免文件之间相互"打架"。四是每位检察人员都要处理好"会干"与"会写"的关系。会做事的人是在身体力行地把工作干好,从而影响和带动身边的人,但如果不会总结和表达,不会把自己的工作经验和感悟书面化、文字化,那就永远只能是一个"点",影响不了一个"面"或一个整体。反之,如果只会坐在办公室里复制粘贴、闭门造车,制定的文件往往"假大空",既不能够以理服人,也不会有针对性地解决问题,更难谈得上有好的执行效果。正确的做法是能干事、干好事、会总结、会表达。这就需要去实践、去调研、去思考,真正做到从群众中来到群众中去,从实践中来到实践中去;然后再把做法、经验、思想提炼整理形成规范性制度,从而能够影响更多的人,带动整体工作面的提升。

（五）要多经历、多体验、多思考、多总结

每一次经历都是人生厚积薄发的"宝库"。2004年，去北京出差时有幸接触到国务院法治办农林城建司的同志，他们的办公室让我大开眼界，在办公室的两大面墙上，一面挂着土地管理法修正的整体论证方案图，上面用各色笔密密麻麻地标注着每个条文的修正理由，在全国各地的调研情况，国外和不同地区对该问题的相关规定，争论焦点，价值取向分析，领导指示意见，与其他条款或其他法律规定的衔接，语法校核，等等。另一面墙上挂着修正流程图，完整地体现了土地管理法从决定修正到最后完成的全过程。除此之外，整间屋子的桌子上、架子上、柜子里，甚至地板上，都摆放着和土地管理法修正有关的各种资料。这让我第一次意识到，每一部法律条文的背后都有着无数人为之艰辛付出和呕心沥血的研判思考。这次经历让我认识到制定法律不仅神圣，而且要考虑全面，要有整体观，要有大量的调查论证研究作支撑。2006年，我在清华大学法学院学习，当时国家拟修正刑法，全国人大法工委委托我的导师张明楷教授等十几名专家学者对修正案草案进行论证。他们在开论证会的时候，张老师让我和另一位博士师兄去做讨论记录。我印象最深的是，每一位与会专家都对需要修正的条款逐一进行了深入分析论证，他们不仅考虑法条之间的联系、罪名之间的区别，而且深入探讨了所修正法条存在的价值以及所引起的各种社会后果等，他们对国内外法律规定的熟悉程度以及对问题思考的深刻全面程度让我十分惊讶和钦佩。这次记录让我亲身体验了他们对修正法律的高度责任心和严谨认真的工作态度，

也让我学会了分析论证问题的方法和技巧。2015年，最高检未成年人检察工作办公室拟出台加强未成年人检察工作专业化建设的意见，按最高检要求，单位指派我参与该意见的起草工作。在与最高检领导及同志一起调研、研讨、论证、行文的那段时间里，我参与并见证了一个规范性文件的诞生全过程。作为全国最高检察机关，在对未检工作进行顶层设计时，充分考虑了全国发展的区域差异，哪些内容应作详细规定，哪些内容应作原则性规定，哪些内容应留给地方去完善补充，都拿捏得恰到好处。这段经历让我不仅学习到最高检领导同志务实的工作作风，更重要的是让我学会了工作时一定要有大局观和整体观。

从事检察工作17年来，从监所检察处到公诉、未检部门，再到院办公室，先后主笔起草了"减刑假释公开听证工作规定"、"未成年人刑事检察工作十项规定"、"未成年人刑事案件社会调查实施办法"、"办理全国（省）人大代表政协委员转交案事件工作暂行规定"等14个规范性文件。这些规范性文件之所以能够相对顺利地起草完成，并在实施中取得一定成效，与自己这些年的经历、思考、总结有很大的关系。见多才能识广，站高才能望远，入微才能知著，让每一次亲身经历都成为自己成长的阶梯。

（此文成稿于2020年10月）

加强为政者理想信念教育应汲取中国传统文化精髓

"修其心治其身,而后可以为政于天下";"苟利国家生死以,岂因祸福避趋之"……这些潜藏在各类典籍中的智慧,今天依然常读常新,其中富有时代意义的思想精髓,更值得我们珍视、慎思、发掘和阐发,使之具有当代价值,为新时代加强为政者理想信念教育提供借鉴意义。

一、修身

人是全部社会活动的出发点和落脚点,家庭、国家、天下都是由一个个具体的人组成的。任何设计再精妙的政治体系最终需要落实到具体个人。因此,每个个体的修养水平决定着整个社会的文明道德水平。尤其对于为政者来说,能"修其心治其身"是基本素养,也是从政前的必要准备。修身讲究缓养,如文火炖物;同时也讲究急攻,如猛火煮物。养的是善根,攻的是恶因。一方面要养善根。传统儒家哲学认为,人一生下来便秉承了天命之性,性中存有善根,遇事便生发出来,如恻隐之心。但是,这种善心萌动,又往往在最隐微处,只有自己知道。现在很多贪腐官员在忏悔书中写道,第一次受贿时,内心总觉不安，这不安便是善根。如果此时能克制住贪欲，保持善心，也不至于滑向深渊。要养善根，就要做到慎独，"在独处时能够谨慎不苟"。刘少奇同志在《论共产党员的修养》中对慎独作过通俗的解释：一个人独立工作、无人监督时，有做各种坏事的可能。而做不做坏事，能否做到慎独，以及坚持慎独所能达到程度，是衡量人们是否坚持自我修身以及在修身中取得成绩大小的重要标尺。慎独，要节制人生欲望，"罪莫大于多欲，祸莫大于不知足"。慎微，要防微杜渐，以"祸患常积于忽微"之心对待小事、小节、小利，要知道，每一次欲望释放、每一个罪恶在第一次开口时都展露笑意，脸上焕发容光，唇上抹着蜜糖。另一方面要攻恶因。修身所面对的问题很多都是再普通不过的道理，但为什么说起来简单，做起来却屡屡犯错，甚至终身犯错呢，原因就在于"知其不善"，却不能"速改"。一个错误放过了，下一个错误必然也会放过，道德惰性是自己纵容出来的，"大错误"也是从"小错误"日常积累的。我们要时刻把自己的所作所为、一举一动同党的形象联系起来，时刻以肩负的责任警醒鞭策自己，能痛下猛火工夫，对自己身上的不足及时改正。

二、勤学

荀子说"学者非必为仕，而仕者必如学"，强调学习是为官者的基本素质和长期功课，读书人不一定都要做官，但为官者必须坚持学习。〔汉〕刘向《说苑·建本》中说"学所以益才也，砺所以致刃也"，要想增加才干，就要学习，要使刀锋利，就得勤加磨砺。如何学习？一方面，要"因循"。"因循"，即学习古人的智慧和经验。"以铜为镜，可以正衣冠；以史为镜，可以知兴替；以人为镜，可以明得失。"而在今天，这句话的内涵也毫不过时。习近平总书记强调："历史是最好的教科书。"为政者，不仅要学习好理论、政策、法律等和工作领域相关的专业性知识，更要学习党史、国史以及前人的经验等。因为，任何一种思想或认知都逃不脱实践的检验，历史便是最好的证明。只有不断汲取前人的经验，方能做到兢兢业业，不出差错。另一方面，要"创新"。时间永在流逝，万事万物变动不居，如果不能日新其德、日新其知，便会落后于时代。要解放思想、与时俱进，工作思路、工作要求要随着形势发展不断做出调整，工作措施、工作机制要随着工作实践的变化不断创新完善，不能墨守成规。

三、为民

"民为邦本，本固邦宁。"在中国传统政治思想的谱系中，"民本"思想萌芽于春秋时期，发展于战国时期，经历了从孔子"仁爱"到孟子"仁政"的变化过程，即由"仁者爱人"到"民为贵，社稷次之，君为轻"。后来，不论是出身平民的墨子，还是崇尚出世和无为的道家，以及尚机谋、讲法度的法家，虽然道不同、论相异，但在民本思想这一端，却是殊途同归，可以说先秦时期的民本思想深刻地影响到后世执政者和知识分子的政治思想和实践。古往今来，许多有作为的"官"都以关乎百姓疾苦为己任。从范仲淹的"先天下之忧而忧，后天下之乐而乐"到郑板桥的"些小吾曹州县吏，一枝一叶总关情"，从杜甫的"安得广厦千万间，大庇天下寒士俱欢颜"到于谦的"但愿苍生俱饱暖，不辞辛苦出山林"，都充分说明心无百姓莫为官。在今天，重新学习民本思想，可以更好地理解共产党的立党之基、执政之本，进一步增强群众观念和宗旨意识，贯彻专门机关和群众路线相结合的方针，才能更好地到群众中去，听群众提意见、讲问题，踏踏实实为民办实事，更好地有效地保护民权、维护民利和改善民生。

四、官德

为官之德，在中国传统文化中，被视为治国理政的主导因素。儒家的基本命题之一是"内圣外王"，将道德与政治直接关联。无论官居何位、权力多大，德行这一关是首先要面对的问题，不过此关无从谈起齐家治国平天下。中国历代常修"官箴书"，甚至有些刻在了石碑上，留存至今。无论是"公生明，廉生威"这种家喻户晓的话，还是"清、慎、勤"这样的官德标准，都源自"官箴书"，古时入朝为官，需先熟读。由此可见在古人心中，官德好坏与政权兴衰存亡之间有着密切联系，即所谓"安天下，必先正其身"。如今的官员，面临的是与古人不同的环境与人民，不能以古为纲，但从问题意识来看，古代官员与今日干部却面临同样的困境与追求。古人所探讨过的公与私、廉政与勤政，服务人民，科学决策，居安思危等问题，对于当下的党员来说，仍然是核心问题。要有意识地将官德作为一个系统来看待，并不断对其进行完善。德既是理想信念的政治要求，也是思想品行的道德标尺。各级党员领导干部是所在系统的组织者、引领者、监督者，更是发现问题、解决难题、推动工作的带头人。习近平总书记在多次讲话中都告诫领导干部要加强道德修养，坚守党性操守。他曾通俗地说，"头上三尺有神灵",意思是不论你是行善还是作恶,总有一双上天的眼睛在看着你;又强调,"从善如登、从恶如崩",意思是做好事很艰难,就像爬山一样,要不断攀登,而做坏事只要一念之差,就会身败名裂、家破人亡。所以,我们一定要有明确的道德标准、善恶标准,哪些事情能做,哪些事情不能做,哪些话能说,哪些话不能说,每个人都要心中有数,严守道德防线,辨别假恶丑,只做真善美,坚守良知、公平和美德。

五、担当

"任其职,尽其责";"在其位,谋其政";"为官避事平生耻"……这些都是古人对担当的要求。习近平总书记强调,干部就要有担当,有多大担当才能干多大事业。担当精神的核心是敢于担责,就是积极主动承担党和人民赋予的各项任务,尤其是急难险重任务。要把敢于担责作为重要的党性原则,决不能做不敢作为的庸官、不愿作为的懒官和无所作为的昏官。担当精神的关键是敢于负责。敢于负责,既体现在认真负责、干好工作上,更体现在工做出了差错时,能敢于承认、主动承担,不回避、不遮掩、不推诿,化被动为主动,及时纠正和改正。"人非圣贤,孰能无过。"干任何工作都不会有绝对的正确,工做出现错误也在所难免。出了问题并不可怕,关键在于敢于负责。新时代的为政者要有担当,就需要在出现问题失误时第一个站出来负责,先把责任担下来,再具体查找原因,总结汲取教训,改正错误。

(此文成稿于 2016 年 9 月)

人文素养修炼是司法者一生的功课

—— 读《诉讼》一书有感

知道《诉讼》一书，是 2005 年在清华园读书时。《诉讼》成稿于 1914 年 8 月至 1915 年 1 月，作者卡夫卡去世后由好友布洛德在 1925 年整理出版。它披露了黑暗社会的司法内幕和腐败的官僚机构：银行襄理约瑟夫·K 为人正直、勤奋能干，可在 30 岁生日那天突然遭到逮捕，他觉得此事荒唐又可笑，后经多方打听才得知，原来有一个秘密法庭在对他进行调查。在一次审讯中，他当众揭露司法机构草菅人命、诬陷好人的官僚作风和腐败现象。他试图寻求周围人的帮助，可无人理会；他想求见法官为自己申辩，可也是枉然。他很无奈，最终在 31 岁生日前夕被两个神秘的黑衣人杀死在采石场。

在读《诉讼》一书中，一些问题一直在缠绕着我：主人公约瑟夫·K 到底是有罪还是无罪？如果有罪，犯的是什么罪？怎么无缘无故地被逮捕，然后又无缘无故地被暗杀，或者叫处死了呢？在被卷入审判的一年里，他似乎被一只无形的手牵着，一步步走向泥沼，越陷越深，最终整个人被淹没。

我再一次从书架上拿出了《错案》一书。《错案》是法国著名律师勒内·弗洛里奥在1984年写的，书中有这么一段精彩的话："请不要以为您是一位行为端正的好父亲、好丈夫、好公民，就一辈子不会与当地的法官打交道。实际上，即使是最诚实、最受尊重的人，也有可能成为司法部门的受害者。""不要以为您的声誉、您工作上的成绩和社会关系可以保护您。您如果以为这种司法裁判的错误只会被那些（社会）地位低下和倒霉的人碰上，那就大错特错了。这种错误不分青红皂白地打击着各种人，既有权贵，也有平民。""公正的审判是不容易的事情。许多外界因素会欺骗那些最认真、最审慎的法官。不确切的资料，可疑的证据，假证人，以及得出了错误结论的鉴定等等，都可能导致对无辜者判刑。"第一次读《错案》的时候，没有很深刻的感悟，现在，感觉到每一个字、每一句话都是这么地有分量，这么地掷地有声。

西方诗人约翰·多恩（1572-1631）有一首诗提到丧钟，颇有名，大意是：

没有人是一座孤岛，

可以自全。

每个人都是大陆的一片，

整体的一部分。

如果海水冲掉一块，

欧洲就减小，

如同一个海岬失掉一角，

如同你的朋友或者你自己的领地失掉一块；

任何人的死亡都是我的损失，

> 因为我是人类的一员，
> 　　因此
> 不要问丧钟为谁而鸣，
> 　（它）就为你而鸣。

这首诗虽然短小，但含义深刻，表达了一种悲天悯人、推己及人的人生态度。其实，司法工作也是一样。司法工作是为了解决"人的问题"而进行的，人及其存在的事实本身在本质上应是被认为具有尊严的性质，人的尊严应被视为最高的善，是其他各种价值的基础，司法工作应该实践出这一人文理想：每一个人都应该受到尊重和关怀，无论他是谁，无论他或她做过什么，无分种族、肤色、宗教、性别、收入、阶级、地位、职业或其他特点。一个人应该受到尊重，只因为他或她是一个人，有独特的历史、性格和自我。

作为一名司法者，我们在面对每一个案件的时候都应该把所有的犯罪嫌疑人和被告人当做可能的无辜者，尽可能给他们以无辜者的待遇。对于被控为罪犯的嫌疑人、被告人权利的保护，不能仅仅看作是对社会一小部分人群的特殊保护，而应将其放在更宏大的视野里，视为是对整个社会中所有成员的保障。因为所有成员都有可能成为涉讼人，为已经成为涉讼人的被指控为有罪的犯罪嫌疑人、被告人提供保护，就为整个社会提供了安全保障。

因此，司法者必须具有人文素养。人文素养是司法者公正意识的苗圃，是消除司法者司法戾气的良方，具有一定的人文素养才富有人性，才能具有尊重人及其存在的尊严和价值的意识。同样的案件办理效果不同，表面看是认定案件事实的分歧，实则体现的是司法者人文素养的不同。一名高素质的司法者在工作中不应是冰冷刻板甚至暴戾的，而应该是凭借优秀的政治素质和文化修养，让司法过程既有理性又有温情，让司法结果既在法理之中，又在情理之中。

司法者获得人文素养不能仅仅依靠法律和法学，其视野应当更为宽广，应该从历史、文学、艺术、哲学等"人文学科"获取对人的历史、人的存在、人的价值的深切体察和感受。不过，拥有广泛的人文知识只是为获得人文素养提供了条件，并不意味着必然拥有深厚的人文素养。龙应台1999年5月15日在台湾大学法学院以《政治人的人文素养》为题讲演时特别指出："知识是外在于你的东西，是材料，是工具，是可以量化的知道；必须让知识进入人的认知本体，渗透他们的生活与行为，才能称之为素养。人文素养是在涉猎了文、史、哲学之后，更进一步认识到，这些人文'学'到最后都有一个终极的关怀，对'人'的关怀。脱离了对'人'的关怀，你只能有人文知识，不能有人文素养。"

人文精神是对于人的存在、价值和尊严的尊重。每名司法者都须终其一生将这种精神内化于心、外践于行，做到"如得其情，则哀矜而勿喜"，在法律的范围内以公平为念而毋忘慈悲，以严厉的眼光对事，而以悲悯的眼光对人。

（此文成稿于2010年9月，部分内容发表于《公民与法》2010年第8期第53页）

宪法教育从娃娃抓起有感

2020年11月,在中央全面依法治国工作会议上,将习近平法治思想明确为全面依法治国的指导思想。在习近平法治思想的"十一个坚持"中,"依宪治国、依宪执政"被放到显著地位。坚持依法治国首先要坚持依宪治国。坚持依宪治国,就必须在全党全社会深入开展尊崇宪法、学习宪法、遵守宪法、维护宪法、运用宪法的宣传教育活动,弘扬宪法精神,树立宪法权威,使全体人民都成为社会主义法治的忠实崇尚者、自觉遵守者、坚定捍卫者。邓小平同志说过,教育要从娃娃抓起。在第七个国家宪法日来临之际,现针对宪法教育从娃娃抓起这个问题谈谈感想。

一、宪法教育非常重要

宪法教育的重要性首先体现在宪法的重要性,其次体现在宪法教育的重要性。

为什么宪法重要,因为宪法是根,是国家的根本大法,规定的是国家的根本任务和根本制度、公民的基本权利和义务;因为宪法是纲,具有最高的法律效力,在制定其他法律时,必须以宪法为依据；因为宪法是领，这个"领"体现为宪法精神，宪法规范和制约国家权力，确认和保障公民基本权利，调整国家最重要的社会关系，国家、个人的一切行为都必须符合宪法的规定、宪法的精神。

为什么宪法教育非常重要，因为宪法是万法之母，只要孩子们懂得了母法，那么他在了解其他法律时就要容易得多。孩子们通过学习宪法懂得自己作为一个公民的宪法地位，从而在日常生活中能够建立起自己和国家之间的一个合理的关系；通过学习宪法懂得国家机构的组成及相互关系，对什么是国家会有更清晰的认识，对国家的历史、国家的发展目标、国家未来发展的价值观也会关注和关心，从而可以更好地培养一个人的家国情怀；通过学习宪法会懂得自己的基本权利和义务，明白一个人不仅享有权利，也必须履行义务，他就更能理解班级、家庭、社会里规则的重要性，可以更好地培养他的规则意识，从而真正理解只有遵守规则，才能享有自由；等等。所以说，在中小学法治课中，宪法课是最基础的功课，宪法教育也是最基础、最重要的法治教育。

二、宪法教育要走下书架融入生活

身为中国公民，我们从出生到死亡，一生当中宪法始终伴随我们的生活。我们一出生，国籍便通过国际法来赋予，从幼儿园开始，到小学、初中、高中、大学，一直到就业、结婚，到年老等，我们都能感受到宪法就在我们的身边，关注着我们的生活，照顾着我们的生活。宪法不仅给我们一个公民的宪法地位，规定了公民享有的权利，同时它不断满足着人们对幸福生活的期待和要求。所以,我们在宪法教育时,要把宪法从书架上请回生活中,让孩子们从小开始,在生活中感受宪法,在生活中接近宪法,在生活中学习宪法,在生活中遵守宪法,在生活中尊崇宪法,在生活中信仰宪法。

尽管由于中小学生年龄的限制,不可能一开始就了解国家整个制度的安排,也未必了解体系化的法律知识,但孩子们在生活当中,会感受到自己有哪些权利,我为什么是一个公民,公民的身份是如何确定的,我们的祖国有一个怎么样的历史发展……他们会有很多很多的疑问,而作为教育工作者,我们要贴近生活地给学生讲明白。比如,学生们每天早上升的国旗、唱的国歌都是宪法规定的;我国的首都是北京,什么是首都,首都的功能,在宪法中也有规定;国徽长什么样子,为什么要挂国徽,哪些地方可以悬挂国徽,悬挂国徽的地方都有什么特点,也是在宪法中规定的;今年全球新冠肺炎疫情防控中,社会主义制度的优越性体现在哪里,从而引发孩子们对社会主义制度与资本主义制度区别的思考。再比如,现在中小学生接触很多的科技产品,如手机、电脑,还有其他的电子产品等,这些高科技产品确实给我们的生活带来诸多便利,但也给人类带来一定的消极影响。我们鼓励保护科技对人类带来的积极影响,也要通过法律来限制、规制科技可能带来的负面作用,这就是法律的作用,规范和约束权利和义务,从而实现对社会关系的调整。总之,我想,我们进行宪法教育,就是通过生活中的一件件事情、一个个现象、一个个问题,教会孩子们用法律的眼光去看待,从法律的角度去思考,用法律的手段去解决。

三、宪法教育需要全社会共同努力

近年来，涉罪未成年人犯罪总量在高位徘徊，侵害未成年人犯罪连年增长，未成年人犯罪低龄化、暴力化、团伙化趋势突出，特别是性侵未成年人案件舆情不断，社会高度关注。可以说，加强未成年人的法治教育，教会孩子们学会保护自己，不被伤害，也不伤害别人，刻不容缓。

作为司法机关来说，在办理未成年人犯罪案件中，不能满足就案办案，而是通过办案发现问题，依法合理延伸和发挥职能，着力增强未成年人的法律意识。要通过派驻法治副校长、法治辅导员、开办法治讲座、组织观摩庭、发放法治图书等形式，深入开展校园内的法治宣传教育，建立起法治教育的长效机制。在进行法治宣传的形式上，要灵活多样，既可以播放电影与学生互动，也可以采取身边典型案例剖析、法律知识宣讲、有奖问答、知识竞赛等形式，让活动开展得充实、生动、有效。

未成年人法治教育需要全社会的共同努力。习近平总书记强调，全社会都要了解少年儿童、尊重少年儿童、关心少年儿童、服务少年儿童，为少年儿童提供良好社会环境。处于教育最前沿的一线教育工作者，为孩子们的教育付出大量的心血和汗水，但是，目前我们的中小学教材体系中，还没有专门的宪法教材或法治教材，没有开设专门的法治教育课程，也很少有专业的法律老师，希望以后能把这一课补上。对中小学生法治教育起重大影响作用的是他们所生存的社会。我们每一个人都要身体力行地在遵守宪法法律上做出表率和模范，潜移默化地影响他们、改变他们，为他们健康成长营造良好环境。

法治国家的建成不是靠某一个人、某一群人、某一代人来完成，这需要全中国十几亿人、几代人甚至十几代人接续不断地努力奋斗，我们都是国家法治建设路上的铺路石。让我们共同努力，让宪法教育从娃娃抓起，在孩子们心中种下法治的种子，并耐心浇灌、精心培育，让种子生根发芽、开枝散叶，真正实现依宪治国、依法治国。

（此文成稿于 2020 年 11 月）

下编 检察业务

检察机关在未成年人刑事案件中的心理干预程序设计

摘要 2013年刑事诉讼法修改后，旨在教育、感化、挽救涉罪未成年人的帮教机制纷纷走进人们的视野，以培养涉罪未成年人健康心理、健全人格、良好社会适应能力的心理学技术被引入刑事诉讼程序。本文以检察机关对涉罪未成年人进行心理干预的做法为视角，阐明了检察机关目前开展心理干预工作的现状和必要性，从而建构起较为完善的融合心理学技术的未成年人心理干预机制。

关键词 检察机关；涉罪未成年人；刑事诉讼；心理干预；程序设计

中图分类号：D915.3　　**文献标识码**：A　　**文章编号**：0257-0246（2017）04-0278-05

检察机关开展涉罪未成年人心理干预，主要是在审查批准逮捕、审查起诉、附条件不起诉、不起诉后跟踪帮教等阶段，结合涉罪未成年人的生理、心理特点，由人民检察院具有心理咨询师资格的干警或外聘心理咨询师对涉罪未成年人进行心理测试、评估、疏导，分析未成年人犯罪原因，帮助涉罪未成年人缓解紧张、焦虑、害怕、抵触等不正常心理，运用科学手段，矫治其不良行为。近年来，国内各级司法机关按照相关法律法规，展开了一系列涉罪未成年人的心理帮扶救助工作，以专业心理学技术对涉罪未成年人进行心理干预，在合作机构、适用范围、测验程序、矫正方法等方面进行了尝试。以河南省检察机关为例，截至 2015 年底，河南省有 21 个基层检察院经过试点，建立起规范的未成年人心理疏导室和未成年人行为矫治基地，形成较为系统的心理疏导机制，通过选聘心理咨询师作为志愿者，运用专业心理学技术，向涉罪未成年人进行心理干预工作。但是，从司法实践角度看，引入心理干预工作只是个别部门的创新做法或某个地方的成功经验，受益的只是部分人群，没有形成一套完整的机制而全面推行。

一、心理干预在未成年人刑事案件中的程序

心理干预机制不仅是对具有越轨性心理趋势的阻却，亦是对其积极心理趋向的一种培育和引导，强化其心理的能动预防，从而由事后司法帮教转化为一种特殊预防和一般预防相融合的心理矫治机制。建议检察机关建立健全心理干预机制，这对于未成年人刑事检察工作从关注案件到关注个体、从注重案情到健全心理的转变将起到明显作用。

（一）开展心理初诊

讯问是检察机关与未成年犯罪嫌疑人接触的第一环节，也是与未成年人建立关系的重要时间点，如能正确安抚未成年人情绪、关注未成年人心理，不仅有利于案件的办理，也会为未成年犯罪嫌疑人后期的教育感化打下良好基础。目前，检察机

关对未成年犯罪嫌疑人进行讯问，主要沿用对成年犯罪嫌疑人的讯问方式，缺乏技巧，就案办案，机械讯问。检察机关从案件受理之日起，可将心理学初诊有关理论与未成年人刑事检察工作相结合，在讯问未成年人时，运用心理学的有关技术实现对未成年犯罪嫌疑人的个体关怀。

建立心理咨询师参与讯问制度。《中华人民共和国刑事诉讼法》规定，讯问未成年嫌疑人必须有法定代理人或合适成年人在场，检察机关可以刑事诉讼法中"合适成年人"这一角色为切入点，将刑事法学和心理学结合，建立心理咨询师参与的讯问制度。针对被羁押的未成年犯罪嫌疑人，检察机关可与公安机关联合会签文件，规定心理咨询师持有执业资格证、身份证及犯罪单位出具的证明文件，在检察人员陪同下即可以进入未成年人羁押场所，以合适成年人身份参与检察机关的讯问。在对涉罪未成年人进行讯问前，检察机关认为确有必要的，也可以邀请心理咨询师，结合未成年人个体情况，帮助制订个性化的讯问方案，增强案件讯问效果。

运用"两表一卷"进行测评。检察人员讯问结束后，心理咨询师可根据在讯问中观察到的情况，采用"两表一卷"的形式对涉罪未成年人进行测评，对其犯罪的原因进行初步评定。一是通过《未成年人个人调查表》了解未成年人个人及家庭基本情况，探究未成年人犯罪外因；二是通过《未成年人行为偏差表》显示未成年人生活模式、行为控制能力与社会可期待行为之间的差别，心理咨询师据此初步判定未成年人家庭教养模式、人格特性；三是通过《未成年人心理调查问卷》显示未成年人情感认知，外化未成年人的心理活动，对其社会危害性进行初步判定。"两表一卷"应由检察机关与心理咨询师共同制定，并由检察机关备份归档。

开展摄入性会谈。根据测评结果，心理咨询师视具体情况，决定是否与未成年犯罪嫌疑人开展摄入性会谈。摄入性会谈是心理学咨询技能的一种，即运用心理学相关知识，通过交谈和观察确定行为人心理问题和收集资料的谈话法。[①] 根据摄入性会谈规则，一般情况下，心理咨询师开展摄入性会谈除非得到行为人的同意，否则不能做笔录，更不能录音录像，只能在为了不失信息的情况下，进行条目式的、极其简要的记录。摄入性会谈营造出较为平和的氛围，不仅便于心理咨询师收集相关资料，也有利于安抚涉罪未成年人的情绪，减少涉罪未成年人对检察机关的对立、抵触情绪。

在摄入性会谈中，心理咨询师要及时迅速地判断出未成年人的谈话是否合理，把握未成年人心理的"关键点"，根据未成年人的言辞表达和情绪状态，去伪存真，挖掘未成年人自己未意识到的深层心理问题。在摄入性会谈结束后，心理咨询师可就发现的未成年人躯体或精神疾病向检察机关进行说明、报告，并就未成年人下一步的教育、感化工作提出意见和建议。

（二）实施心理调查

《中华人民共和国刑事诉讼法》规定，在未成年人犯罪诉讼程序中，公安机关、检察机关、法院可对未成年犯罪嫌疑人、

---

① 摄入性会谈不能普遍应用，需根据谈话氛围及未成年人谈话意愿开展。

被告人进行社会调查。① 社会调查旨在对行为人的性格爱好、身心状况、家庭状况、生活环境、成长经历、社会交往等情况进行调查,综合判断犯罪嫌疑人、被告人的人格状况,测定犯罪嫌疑人、被告人的人身危险性,作为对行为人做出恰当处置时的参考因素。虽然我国在一些地方和地区对社会调查员设置了较高门槛,对学历、年龄和法律专业知识进行了要求,却没有对其心理学方面的知识和技能做出规定,由于缺乏专业心理人员的参与,对未成年行为人家庭情况、社会交往、成长经历等背景情况的调查以及对被告人身体、性格等自身状况的调查,还只是停留在收集和行为人相关的信息、资料上,形成的《社会调查报告》只是各个项目的简单罗列,没有对未成年人心理进行综合性的分析和评判。2016 年,笔者对 1500 余份社会调查报告进行分析,报告显示,就犯罪原因而言,80% 以上的调查结果是"管教不严"、"家庭经济条件差"、"自身不服管教"等;在对未成年行为人的评定方面,85% 以上的调查结果显示为"性格内向"、"平时表现良好"等。由于报告内容撰写得过于笼统,缺乏专业的知识,从而多流于形式。

基于此,社会调查应以人为本,以人为核心展开,关注未成年人的心理及人格形成因素,依据心理学技术,对未成年人的人格进行初步的综合分析,形成心理调查报告。因此,对涉罪未成年人开展社会调查时,均需由两个或者两个以上社会调查员参与,其中一名为专业的心理咨询师。可以采用政府购买

---

① 《中华人民共和国刑事诉讼法》第二百六十八条规定:"公安机关、人民检察院、人民法院办理未成年人刑事案件,根据情况可以对未成年犯罪嫌疑人、被告人的成长经历、犯罪原因、监护教育等情况进行调查。"

服务的形式，检察机关与专业心理咨询机构会签文件，由心理咨询专业机构选派具有国家二级心理咨询师资质、具有三年以上工作经验的心理咨询师参与案件的社会调查。在调查时，社会调查员应分工合作，不具有心理咨询师资格的社会调查员负责收集整理未成年人的家庭情况、社会交往、成长经历等客观材料；心理咨询师调查员则关注行为人个体，在与未成年人的接触中了解未成年人的性格特征、被指控犯罪前后的表现，结合前期心理初诊情况，多方面、深层次地分析其犯罪原因和心理演变过程。心理咨询师积极采用人格理论、人格心理学等领域的知识开展社会调查，对该未成年人进行客观的评价，并对犯罪的原因、未成年人的人身危险性和社会危险性进行分析判断，做出《心理调查报告》，使社会调查的内容客观、真实、完整、准确、实用。《心理调查报告》应当由心理咨询师出具，参加调查的人员需签字或者盖章，检察机关对《心理调查报告》的程序合法性及内容真实性进行审查。

（三）进行心理测量

从现代心理学的视角来看，应通过人格测量技术尽可能准确地查明未成年人的人格特征，对未成年人心理进行量化评估。心理测量是对一般心理问题及严重心理问题等心理疾病进行判定的方法，属于心理学范畴，其不同于精神病鉴定，精神病鉴定是对完全不能认知行为意识的精神疾病的鉴定，属于医学范畴，而精神疾病主要是以表现在行为、心理活动上的紊乱为主的精神系统疾病。在严重心理问题上，心理测量和精神疾病鉴定存在一定交叉，经测量达到严重心理问题，并有精神疾病行为的，应当进行精神疾病测试。在准确审查案件事实的同时，检察机关引入心理测量技术，不仅可以运用客观化的数据呈现未成年人心理活动，对未成年人社会危害性的初步判定进行量化分析，准确地界定其社会危害性，也可以确定下一步开展心理疏导的对象和范围。根据未成年犯罪嫌疑人、被告人的身心特点及行为表现，结合前期心理初诊和社会调查情况，征得未成年人及法定代理人的同意，心理咨询师提出合适的心理测量方法，由检察机关对心理测量方式进行审核。

运用心理测量表。选用量表从自身、家庭、社会三方面评估未成年行为人的个性特征、家庭教育方式、社会人际关系。一是运用艾森克人格问卷（EPQ）[①]，通过内向外向（E量表）、神经质或情绪稳定（N量表）、潜在的精神特质（P量表）、掩饰或防卫（L量表）四个分量表来综合评定未成年犯罪嫌疑人、被告人的人格、气质倾向。二是用父母养育方式评定量表（EMBU）[②]、家庭功能评定量表（FAD）[③]，从家庭行为模式、家庭成员沟通、情感控制、情感介入等方面，评估未成年犯罪嫌疑

---

① 艾森克人格理论（Eysenck's personality theory）是英国心理学家H.J.艾森克提出的以人格结构层级说和三维度人格类型说为主要内容的人格理论。他认为，人格是由行为和行为群有机组织而成的层级结构。最低层是无数个具体反应，是可直接观察的具体行为。艾森克人格问卷分为成年版（16岁以上）和青年版（7-15岁），常模和统计分数，目前被广泛运用于教育、医学、司法领域。

② 父母养育方式评定量表（EMBU）是1980年由瑞典Umea精神学系C.Perris等人编制，中国医科大学岳冬梅等人1993年编订中文版。目前，EMBU在23个国家用于抑郁症、恐怖症、人格障碍等各类患者及正常人群父母教养方式的研究。

③ 家庭功能评定量表（FAD）用于收集整个家庭系统的各个方面的资料，简单有效地找到家庭系统中可能存在的问题。FAD的理论基础是"Mcmaster家庭功能模式"，其所测定的家庭功能的范围与临床关系较密切，可帮助我们对家庭功能进行较客观的评定，FAD的结果对实际工作可提供理论参考。

人、被告人心理健康及与家庭状态、父母养育方式的关系。三是用人际信任量表（ITS）[①]评定失足未成年人的社会关系，从防御机制和人际信任的角度，对未成年人能否融入社会、正常健康交往做出评估。

运用心理投射测验。通过罗夏墨迹测验（RIT）[②]，给予未成年人模糊刺激，根据未成年人对模糊图画的解释，探究其潜意识层面的心理活动，心理投射测验投射出个人的心理状态，有系统地把潜意识释放出来，从而有助于心理咨询师对未成年人性格、气质进行评定。相较之心理测量量表，由于心理投射测验没有固定的常模和参数，其信度和效度有所逊色，但运用较为简单、灵活。检察机关可根据具体情况，进行选择使用。

运用心理评估系统。检察机关可以与科研单位合作研发未成年人心理评估系统，将心理评估分为问卷评估和面谈评估，以客观性更好的问卷评估为主，在计算机上填写，采用被广泛认知和使用的成熟心理测试工具，从人格特征、情绪状态、压力应对方式、成长背景四个方面对被测量人的心理整体情况进行评估。面谈评估时间一般不少于一小时，也可以根据评估对象的精神状态、情感控制能力、关注程度等情况多次进行。最后综合问卷和面谈情况确定评估对象的犯罪心理、守法心理和

---

① 用于测试受试者对他人行为、承诺或陈述之可靠性的估计，共25个项目，其内容涉及各种处境下的人际信任，涉及不同社会角色。多数项目与社会角色的可信赖有关，但有些项目与对未来社会的乐观程度有关。

② 罗夏墨迹测验是由瑞士精神科医生、精神病学家罗夏（Hermann Rorschach）创立，国外有时称罗夏墨迹（Inkblot）测验，或罗夏技术，或简称罗夏，国内也有多种译名，如罗夏测验、罗夏测试和罗沙克测验等。罗夏测验因利用墨渍图版而又被称为墨渍图测验，现在已经被世界各国广泛使用。罗夏墨迹测验是最著名的投射法人格测验。

良好行为建立的程度。

检察机关在刑事程序中对未成年人进行心理测量，提升了未成年行为人社会危害性评估的可靠性，并将其区分正常心理、一般心理问题、严重心理问题作为进一步开展心理矫治的数据依据。检察机关和心理咨询师根据心理测量结果及个体情况，共同打造心理疏导方案，为未成年人开展个性化帮教。

（四）进行诉前心理矫治

经过心理测量，检察机关在审查起诉阶段，锁定未成年行为人的心理症结关键点，确定需要进行心理疏导的对象，对未被羁押、存在心理障碍的未成年犯罪嫌疑人开展以培养健康心理、引导树立正常人格为目的的诉前心理矫治[①]。经实践探索，根据失足未成年人特殊心理，可以采用"三疗法"，专业矫治未成年人不良心理。一是针对情感封闭、不善表达、缺乏正确认

---

① 根据当代心理学观点，心理矫治包括心理矫正和心理治疗。运用科学的方法消除、转变支配人的犯罪动机和不良个性倾向即为心理矫正；运用语言、表情、动作等心理学方法对患者的认知、情感、行为等方面的障碍进行治疗，改变患者的态度和行为的方法是心理治疗。心理疏导是心理治疗及矫正的基础。

知的未成年人，采取个人沙盘疗法①和认知疗法②。通过改变对己、对人或对事的看法与态度来改变所呈现的心理问题，从而促进未成年人身心健康以及人格的发展与完善。二是针对家庭、社会关系不健全的未成年人，采取团体沙盘疗法，通过潜意识和内心的对话，帮助未成年人正确地认知自己的思想和行为，客观地看待他人和社会。三是针对自我认知能力差、思想情感表达不清楚、严重缺乏安全感的未成年人，采取"房树人"绘画疗法③。帮助未成年人澄清内在的人格动力，揭露内心隐藏的冲突，使未成年人认识自身无意识的内容，促使其逐步建立完善的人格。在心理矫治开始阶段，心理咨询师可视未成年人的具体情况，综合运用三项疗法。审查起诉终结时，心理咨询师

---

① 沙盘疗法（又称为箱庭疗法或沙箱疗法）是在1939年由英国的小儿科医生M.劳恩菲尔德（M.Lowenfeld）创始的儿童心理疗法。瑞士的心理治疗家卡尔夫（Dora M.kalf）发展了劳恩菲尔德的世界技法，并用sandspiel命名，以区别劳恩菲尔德的世界技法。

河合年雄（kawai Hayao）将其介绍到日本的时候命名为箱庭疗法。从1965年开始，天理大学、京都市心理咨询中心、京都大学教育学部心理教育咨询室等相继使用"箱庭疗法"这一"世界技法"进行咨询治疗，取得了很好的治疗和咨询效果，是成熟的心理学技术。

② 认知疗法是20世纪六七十年代在美国发展起来的一种心理治疗技术。它是根据认知心理学提出的认知过程影响情感和行为的理论假设，通过认知和行为技术来改变病人不良认知的一种治疗方法。其治疗方法因认知心理学家所持的理论和采用的研究方法而异，较具代表性的有A.T.贝克（A.T.Beck）的认知疗法、A.艾利斯（A.Elis）的理性情绪疗法、D.迈肯鲍姆（D.Meaichenbaum）的自我指导训练、J.R.考铁拉（J.R.Cautela）的隐匿示范和戈弗雷特（Goldfried）的应对技巧训练等。

③ 绘画疗法属于表达性艺术疗法，来访者通过绘画过程、绘画作品呈现内在的状态，在咨询师的陪伴下，在安全和抱持的环境中，面对、理解、接纳和整合自己的内心，从而达到治疗和整合提升自己的目的。绘画疗法有多种方式，比较成熟和常用的方式主要是房树人绘画疗法。它是一种成熟的心理测验和治疗方法，近几十年来在欧美、日本以及中国本土的临床心理实践中非常流行，并得到不断发展。

应当将未成年人的心理测试和心理矫治的有关情况形成书面的《未成年人心理评估报告》，全面、客观地呈现失足未成年人的主观心理轨迹，提交检察机关作为是否提起公诉和做出不起诉决定的参考。

二、健全检察机关其他与心理干预相关的程序机制

（一）健全考察帮教机制

检察机关审查起诉终结时，参考《未成年人社会调查报告》、《未成年人心理评估报告》，做出是否起诉的决定。对开展心理测量、进行心理矫治的未成年人，应当综合参考《未成年人心理调查报告》、《未成年人心理评估报告》，做出判定意见；未进行心理测量、心理矫治的未成年人，应当参考《未成年人心理调查报告》，做出决定。在附条件不起诉考察期内，检察机关可以委托心理咨询师对未成年人进行帮扶、教育、监督、考察，负责全程跟踪被附条件不起诉未成年人的心理状况，配合社会观护员，对未成年人日常工作生活中产生的心理问题进行解答，安抚其焦虑情绪，对产生心理问题的未成年人开展心理矫治工作。心理咨询师每周向检察机关以书面或电话的形式报告未成年人心理状况，对突发情况及时报告，检察机关负责监督心理咨询师的监督工作。在考察期届满后，心理咨询师出具《未成年人附条件不起诉考察期心理评估报告》。检察机关对此做出《附条件不起诉决定时的心理评估报告》，作为是否做出不起诉决定的重要参考。

（二）建立第三方出庭机制

针对检察机关做出起诉决定的案件，充分运用心理帮扶结果，建立心理咨询师为第三方出席法庭机制，客观展示未成年人心理变化轨迹、社会危害性，为科学量刑提供参考依据。关于检察机关是否向法庭移送《未成年人不良心理评估报告》，在理论界和实务界一直存有争议。从未成年人"刑事法"的基本方针政策考虑，基于少年司法的改造理论和保护少年的目的出发，根据社会建构论，[①]笔者认为，检察机关应以"向善的建构"原则运用心理调查、心理评估报告的结论，并以涉罪未成年人具有的向善的人格作为轻刑的依据，而其向恶的人格不能作为重刑的依据，使未成年犯罪人的人格向善的方向建构。因此，检察机关向法院移送的报告应当做为法院从轻、减轻未成年犯罪人刑事处罚的参考资格，而不是加重处罚的证明材料。在庭审时，经法院同意，心理咨询师可以第三方身份出庭法庭，并由其宣读心理调查报告、心理评估报告，向法庭客观全面地展示涉罪未成年人的性格特征、成长经历、家庭关系及心理状况，就未成年人心理测量、心理疏导情况进行说明，对心理评估结果进行专业知识讲解，并就心理评估报告、社会调查报告内容接受检察人员、辩护人、审判人员等的询问。

总之，检察机关应当充分发挥自身的司法职能，在实践中逐步健全未成年人刑事案件中的心理干预机制，更好地帮助涉

[①] 社会建构论是现代西方心理学中一种新的思想潮流，它反对经验实证主义在解释心理现象时所持有的反映论观点，认为心理活动现象是社会建构的产物，主张知识是建构的，是处于特定文化历史中的人们互动和协商的结果。

罪未成年人，使其能够理性地认识自己的言行，形成向善的人格心理。

（此文发表于《社会科学战线》2017年第4期第278—282页）

论宽严相济刑事政策与老年人权益保护

摘要 宽严相济刑事政策为部分特殊人群提供了特殊保障，包括身心发育未成熟的未成年人和生理上存在缺陷的盲、聋、哑人等。但是，作为弱势群体的老年人同样需要宽严相济的刑事政策给予特别关爱，以真正实现以人为本，共建和谐社会。

关键词 宽严相济；刑事政策；老年人权益

中图分类号：D9　　**文献标识码**：A　　**文章编号**：1007-905X（2009）01-0109-03

刑事政策，特别是刑事政策思想，古已有之。从有了国家与法，有了犯罪，人们就对犯罪现象设定抗制之道，提出多种措施与方略。实质上，这些措施和方略都属于刑事政策或刑事政策思想[1]。惩办与宽大相结合的刑事政策是我国最基本的刑事政策，其基本要求是在处理犯罪时应针对犯罪分子及其犯罪行为的不同情况做到区别对待，宽严相济，惩办少数，教育多数。宽严相济的刑事政策是惩办与宽大相结合政策的核心，是在建设和谐社会的背景下提出的，体现了我国在防控犯罪领域进入了一个新的历史时期。宽严相济刑事政策不仅是一个刑法问题，

---

[1] 参见杨春洗等：《刑事政策论》，第2页，北京大学出版社，1994年版。

而且也是一个刑事诉讼法问题。作为一项刑事司法政策，它是在继承人类法治文明成果的基础上，自由、民主、人权与法治等各种价值观念的有机统一，其核心是追求公平正义[①]。其具体含义是指，对于犯罪的惩治应该根据具体情况，区别对待，当宽则宽，当严则严，宽严结合，以求得最佳的法律和社会效果。

2006年最高人民法院和最高人民检察院的工作报告均明确提出我国今后将实行宽严相济的刑事政策，该政策包含两部分内容：一是对严重刑事犯罪继续适用严厉的刑事政策；二是对主观恶性小、犯罪情节轻微的未成年人，初犯、偶犯和过失犯等轻罪适用轻缓的刑事政策。但是，其中却没有提到"老年人"权益保护的问题，没有给予"老年人"特殊的关爱。

一、对老年人犯罪应当体现宽严相济刑事政策的原因

由于老年人是社会弱势群体，其有特殊的生理、心理特征，以及相对弱势的身体状况，兼之我国自古就有犯罪老年人受到特殊保护的法律传统，所以，笔者认为，对老年人犯罪应实行宽缓的刑事司法政策。

（一）基于老年人的特殊生理特征考虑

老年人走过较长的人生沧桑岁月，青春已逝，怅对夕阳，动作迟缓，反应迟钝，感觉功能弱化或受到损害。美国学者戴维·波普诺指出：到65岁时，有50%以上的男人和30%以上的女人都有使他们感到交往困难的听力减退问题。同时，心理

---

① 参见贺恒扬：《论宽严相济刑事司法政策》，载《河南社会科学》，2008年第3期，第59页。

运动肌反应,即感觉刺激和生理上的反应之间所存在的时间差,也随着年龄的增长而变长,老年人需要更长时间的身体刺激才能做出反应。在老化过程中,智力功能的许多方面也都受到损害,老年人学习新事物所花的时间比年轻人要长得多,而且从记忆中追溯起事实所需要的时间也随着年龄的增长而增加(但对久远过去的记忆似乎不受老化过程的影响,另外,女性比男性、勤于动脑的人比其他同龄人智力功能的衰退要慢)。老年人有许多精神失调的表现,如健忘、精神不集中、智力丧失以及病态情感反应等,随着年龄继续增长,精神失调的现象还可能愈加严重。随着年龄老化,身体健康也往往有恶化的趋势,年轻人生病一般表现为"急性症状",有着明显的发病期、转折点和恢复期,而老年人常常受慢性病的困扰,疾病发展很慢,没有明显的转折点①。这说明老年人相对于中青年人在刑事诉讼及刑罚执行过程中,处于相对弱势,对此应予以考虑和关注。

(二)中国保护老年人权益的法律传统

中国古代以礼教治天下,素有敬老传统。刑法的目的在于"维持礼教于勿替",如《尚书》所谓"明于五刑,以弼五教"。对老年犯实行宽缓刑事政策,在我国古代法律上有着鲜明的表现,其中既有实体方面的规定,也有程序方面的规定。

在汉代,孝景帝曾经下诏:"高年老长,人所尊敬也……年八十以上……当鞠系者,颂系之。"在唐代,年七十以上、十五以下,及废疾犯流罪以下,听赎;八十以上、十岁以下及笃疾犯反逆杀人应死者,上请;盗及伤人,亦收赎;九十以上、七

---

① 参见[美]戴维·波普诺:《社会学》,中国人民公安大学出版社,1999年版。

岁以下，虽有死罪，不加刑。在明代，凡年七十以上、十五以下，及废疾犯流以下，收赎；八十以上、十岁以下及笃疾，盗及伤人者，亦收赎。凡犯罪时未老疾者，事发时老疾者，依老疾论。若在徒年限内老疾，亦如之。按照赎例规定，老幼废疾妇人等犯罪收赎，每笞一十应钞六百文，折收银七厘五毫[①]。在我国历史上的宋、清等朝代均有类似的规定。从此可以看出，我国古代法典对弱势群体有着特殊保障，我国现行法律与此相比，对于年幼者的保护虽有若干规定，尚觉"逊色"；而我国对于老年人的保护，现在的法律与过去的法律相比，不能不说存在这方面的"缺陷"。

（三）敬老传统的功能价值

在当代社会道德体系中，敬老传统对于维护文化传统和塑造社会风气有重要的价值意义。敬老通常被视为中华民族的传统美德，这种美德在当代社会也是被广泛赞誉的。法律建立在深厚的社会文化基础之上，具有维护社会善良风俗的功能，它提倡什么和拒斥什么对社会风气有着较强的塑造作用。所以，在道德中提倡的范畴，在刑事法律上也应当予以体现。

二、老年人犯罪适用宽严相济刑事政策的主要内容

人到老年，感觉功能、智力功能、反应能力和身体健康状况已不能与中青年相比。高龄老人往往不能适应剑拔弩张的诉讼活动。在刑罚执行和劳动教育改造中，老年犯由于生理和心

---

① 参见张建伟：《刑事司法：多元价值与制度配置》，第123页，人民法院出版社，2003年版。

理等方面的特殊性,与中青年犯相比,其减刑、假释明显处于劣势地位。所以,给予其一定的特殊程序保障,合乎人道,实属必要。《文献通考·户口考》说:"晋以六十六岁以上为老,隋以六十为老,唐以五十五岁为老。"这样看来,老的概念曾经在55岁到70岁之间游移不定过。汉朝以后,只有做官的人有特权比老百姓迟老10年①。基于老年人的生物学特征,笔者认为,在刑事诉讼中,适用宽缓刑事司法政策的老年人可以限为70周岁以上,对于65周岁以上未满70周岁的老年人,是否适用,由各司法机关根据其具体情况来决定。对于老年人适用宽缓的刑事政策,主要包括以下内容。

(一)慎用强制措施和特殊讯问制度

"少捕"尽管是我国多年来的刑事政策,但在司法实践中,由于人权保障观念的缺乏、以侦查为主的指导思想的影响,逮捕成了一种最常见的强制措施。我们的强制措施适用最为普遍的,也是问题最大的,就是羁押措施(拘留、逮捕)。羁押的适用在现实中具有普遍性,其存在的问题又是最多的,具体有羁押的任意化、比例性原则的违反、羁押适用的非司法化、羁押救济的虚无化等②。在我国,关押绝对是原则,而取保则属例外,这与国外未决犯的"保释是原则、羁押属例外"正好相反。鉴于老年人的特殊生理原因,笔者认为,在对待老年人犯罪的案件中,要慎用强制措施,对于危害较小的偶尔犯罪或者犯罪

---

① 参见施蛰存著,陈子善、徐如麒编选:《施蛰存七十年文选》,上海文艺出版社,1996年版。引自:http://wwwmypcera.com/book/new/qing/shizhecun/103.htm。

② 参见陈卫东:《保释制度与取保候审》,第666页,中国检察出版社,2003年版。

较重但犯罪后确有悔罪表现且有较好监护条件、不捕不会发生社会危害的老年人,应当坚决不捕,不采用强制措施。对已经逮捕的老年犯罪嫌疑人,应推行羁押复查制度,审查"有逮捕必要"条件是否已经发生改变,对于逮捕的必要性已经丧失的,应当改变强制措施。同时,对老年人讯(询)问时,应当提供一定的法律援助,通知其委托的律师或代理人在场。

(二)树立恢复性司法理念,实行刑事和解和不起诉制度

恢复性司法是对刑事犯罪通过在犯罪方和被害方之间建立一种对话关系,使犯罪人主动承担责任消除双方冲突,从深层次化解矛盾,并通过社区等有关方面的参与,修复受损社会关系的一种替代性司法活动[①]。在老年人犯罪案件中运用刑事和解,是指采用调解方式对老年人刑事案件进行结案,在正式的司法程序以外处理老年人刑事案件的方式。相对于经过正式的司法程序,刑事和解是一种处理轻微犯罪案件的较为经济可行并能为双方当事人所接受的结案方式,体现了恢复性司法的理念。通过刑事和解,被害人获得加害人的赔礼道歉与损失赔偿,以此作为对加害人谅解的一种条件,不仅使纠纷得以解决、矛盾得以化解,而且可以避免刑事处罚可能给老年人所带来的负面影响,促进和谐社会的构建。在不起诉制度中应加大落实宽缓刑事政策的力度,依法扩大对老年人案件适用不起诉的范围。对犯罪情节轻微、依法不需要判处刑罚或可免除刑罚的,应做不起诉处理。

[①] 参见范俊:《宽严相济刑事政策在检察诉讼环节的适用》,载《中国检察官》,2007年第1期,第27页。

（三）实行指定辩护人制度

指定辩护又称"国选辩护"，一般是指刑事被告人不能自行委托律师或者其他有资格的人作为辩护人时，由国家为其提供辩护人。被告人"不能自行委托"是指由于贫困及其他原因（例如极其荒淫无耻或不得人心）自己不能委托辩护人。对于这种情况，国家应选任有资格的辩护人为其辩护，国家提供的辩护人称为"国选辩护人"[①]。在我国，指定辩护指的是对于没有委托辩护人的被告人，法院遇有法律规定的某些特殊情形，为被告人指定承担法律援助义务的律师担任辩护人为其辩护。我国《刑事诉讼法》第三十四条及《最高人民法院关于执行〈中华人民共和国刑事诉讼法〉若干问题的解释》第三十六、三十七条对应当或者可以指定辩护的情形作了具体规定。笔者认为，法院应当为之指定辩护人的范围，除盲、聋、哑或未成年人或可能被判处死刑而没有委托辩护人的以外，还应当补充一类人，那就是老年人。在我国未全面推行强制辩护制度以前，对于70周岁以上的老年被告人，没有委托辩护人的，人民法院应当为其指定承担法律援助义务的律师为其进行辩护；对于65周岁以上未满70周岁的老年被告人，没有委托辩护人的，人民法院可以为其指定承担法律援助义务的律师为其进行辩护。

（四）完善现行关押杂居制，实行单独关押制度

"杂居制为使若干受刑人杂居在一房之拘禁方法，此形式之拘禁得谓最古老而简单的拘禁方法，但现代自由刑之杂居制，

[①] 参见[日]宫泽俊义：《日本国宪法精解》，[日]芦布信喜补订，董瑶舆译，第278-279页，中国民主法治出版社，1990年版。

已非漫无限制的终日杂居,而是附带若干限制,借以避免杂居制容易引起的感染恶性的缺点。"①我国现行的罪犯监禁基本上属于杂居制,但远未达到现代杂居制的要求,需要予以改进。现代杂居制以对罪犯的正确分类为前提。科学的罪犯分类是对罪犯实行宽严相济政策的基础。根据《联合国囚犯待遇最低限度标准规则》,分类的目的主要有两个方面:一是"将由于犯罪记录或恶劣个性,可能对人发生不良影响的囚犯,同其他囚犯隔离"。二是"将囚犯分类,以便利对他们所实施的待遇,使他们恢复正常社会生活"②。在我国,有些学者已提出犯罪性质轻微的罪犯不应与犯罪性质严重的罪犯杂居在一起、初犯与偶犯不应杂居的观点③。笔者认为,老年犯不应与中青年犯杂居在一起。由于老年人会有一些特殊的需要,应在生活上给予单独的照顾和关爱。老年犯所需要的饮食、健康、文化、劳动等方面的生活权利与中青年犯有所不同,应根据老年犯的特征,在活动范围、通信、会见、收受物品、离所探亲、考核奖惩等方面给予不同的处遇。在目前成立老年监狱条件还不成熟的情况下,建议老年犯应关押在同一个监室,以便管理和照顾。

（五）在执行监禁刑时,宽缓适用减刑、假释、暂予监外执行制度

在西方国家,减刑、假释有其严格的规定和保障措施。例如,在法国为了保证减刑的质量,规定了减刑撤销制度。法国

---

① 参见张甘妹:《刑事政策》,第262-264页,三民书局（中国台北）,1979年版。
② 参见郭建安:《联合国监狱管理规范概述》,第204页,法律出版社,2001年版。
③ 参见刘守芬、李瑞生:《论宽严相济刑事政策与自由刑执行的完善》,载《南昌大学学报》（人文社会科学版）,2007年第1期,第12页。

《刑事诉讼法》第 721 条规定：在给予减刑的年度时，被关押的罪犯具有不良行为，在征求了刑罚实施委员会的意见后，刑罚执行官可以全部或部分恢复减掉的刑期。对于假释的适用，条件之一是被判刑人提前出狱之后，受到各方面关注，有某种保证并受某种监视，这样有利于被判刑人回归社会并重新参加社会生活。从国外情况来看，有相当一部分服刑人员是通过假释出狱的。但是，从我国目前的司法实践来看，假释的适用率偏低，其效果也不够理想。这有多方面的原因，其中行刑效益不高、累犯率高、社会治安情况差等现实问题影响到对假释适用的正确认识。笔者认为，我国现在应提高假释的适用率，以提高行刑的社会化程度。在老年人犯罪案件中，由于老年犯具有动作迟缓、反应迟钝，而且大多体弱多病的特点，他们在狱内参加生产劳动教育及监狱积分考核中，明显处于劣势，况且在其出狱后，由于年岁已高，身体状况一般不致再危害社会，所以，对老年人犯罪，应宽缓适用减刑、假释、暂予监外执行制度，以体现对弱势群体权益的特殊保护。具体体现为在减刑中其减刑的幅度可以在法律允许的范围内放宽，减刑的起始、间隔时间可以适当缩短，符合假释条件的可以适当放宽。对于假释，也可以采取假释保证金或保证人的方式，扩大假释的适用率，真正实现假释制度的功能。

（六）积极推行社区服务矫正制度

社区矫正是与监禁矫正相对的行刑方式，是指将符合社区矫正条件的罪犯置于社区内，由专门的国家机关在相关社会团体和民间组织以及社会志愿者的协助下，在判决、裁定或者决定确定的期限内，矫正其犯罪心理和行为恶习，并促进其顺利回归社会的非监禁刑罚执行活动。社区矫正作为一种新型的刑罚执行方式，重视利用社会力量对罪犯进行改造，克服了监禁刑的"缺点"，使罪犯不脱离社会，有开放性、自由性的特点，体现了刑罚宽容轻缓的一面。国外的实践证明，社区矫正不仅有利于提高对罪犯的教育改造质量，促进社会治安秩序的良性循环，而且有利于合理配置行刑资源，减轻国家的行刑成本。社区矫正肇始于英美法系，在英国，除缓刑、假释等传统替代刑和非监禁措施以外，社区矫正本身亦在英国刑罚体系中占有一席之地，属于中等强度的刑种，适用于实施了具有中等危害程度的犯罪行为的罪犯，普遍适用于各级法院[①]。社区服务矫正制度在不同的国家有不同的内容，如英国1972年的《刑事审判法》创设了社区服务令制度。服刑罪犯所从事的工作种类很多，例如，有普通医院和精神病医院的一般劳务、社会福利机构的服务、道路清扫、修缮公用房屋、从事公共工程建设等。2003年7月最高人民法院、最高人民检察院、公安部、司法部联合下发《关于开展社区矫正试点工作的通知》，明确规定社区矫正的适用范围和主要任务，近几年在我国试行的社区矫正主要是针对被判处管制、缓刑的罪犯以及被假释、保外就医和监视居住的犯罪人。作为与监禁刑相对的全新的行刑方式，社区矫正不仅体现了"轻缓"的刑事政策思想，而且是预防和减少重新犯罪、维护社会长治久安的有效良方。笔者建议应从立法上解决老年人刑罚执行的问题，如对于被判处一年以下有期徒刑或拘役的老年人，采用类似英国的社区服务令的内容，纳入社区

---

① 参见王顺安：《社区矫正研究》，第26页，山东人民出版社，2008年版。

矫正的范围。

总之,在贯彻宽严相济的刑事政策过程中,应当具有人本主义精神。除了大力吸收国际司法准则和外国司法治度中合乎民主、人道和文明的因素外,对于我国传统法律文化中的精华,也应一并加以吸纳,使我国刑事诉讼法既具有现代精神,又具有一定的本国文化色彩。给予老年人以特殊程序的保障,能够体现这一立法理念,彰显这一刑事司法政策。

(此文发表于《河南社会科学》2009年第1期第109–111页)

论审判范围与起诉范围的同一性

所谓审判范围与起诉范围的同一性,即起诉对象与审判对象的同一性,也就是说,在刑事审判过程中,法院审判的对象必须与检察院起诉指控的对象保持同一,法院只能在检察院起诉指控的对象范围内进行审判,对于检察院未指控的被告人及其犯罪行为,法院无权进行审理和脱离检察院起诉指控的被告人或其犯罪行为而另行审理和判决。从世界各主要国家的立法经验来看,许多国家均在刑事诉讼中明确规定法院的审判对象和范围以检察院起诉指控的被告人及其犯罪事实为限。例如,《德国刑事诉讼法典》第155条第一款明确规定:"法院的调查与裁判,只能延伸到起诉书中写明的行为和以诉讼指控的人员。"[①]《日本刑事诉讼法典》第249条也规定:"公诉,对检察官指定的被告人以外的人,不发生效力。"[②]这说明审判法院的审理范围不得逾越控诉或起诉所划定的对象。从实践效果来看,由刑事诉讼法对法院的审判对象做出明确规定,有效地约束和限制了刑事审判权的膨胀和扩张,对保障被告人人权非常有利。

---

① 《德国刑事诉讼法典》,李昌珂译,第107页,中国政法大学出版社,1995年版。
② 《日本刑事诉讼法典》,宋英辉译,第58页,中国政法大学出版社,2000年版。

一、审判范围与起诉范围同一性的基本内容

在刑事诉讼中,起诉的对象是指起诉权所针对的由特定被告人及其特定犯罪事实构成的案件。案件作为刑事诉讼法上的概念,由人和事两部分组成;起诉范围与审判范围的同一性,也即案件的同一性,是指在同一诉讼的不同诉讼阶段或者在不同的诉讼中,诉讼标的是同一案件事实,其包括人的同一和事的同一两个方面的内容。换句话说,判断案件同一的标准是:被告人同一和犯罪事实同一。

(一)被告人同一

"被告是否同一,应以起诉状所指为被告之人即其刑罚权对象是否同一为准,故与起诉书状所载被告姓名是否同一无关;即实际上犯人为谁,亦非区别案件是否同一之标准。"①这里的被告人是指起诉书中请求科以刑罚权之对象。被告人同一分为两种情形:一是在同一诉讼过程的不同发展阶段,被告人始终保持不变。被告人变更,案件也随之变更。"检察官于起诉时,必须指明被告,同时,起诉之效力不及于检察官所指被告以外之人。因此,于起诉以后,如被告有变动,即属不同之案件;绝无被告之变动,而案件仍属同一之理。"②二是在不同之诉中,被告人是一致的。在司法实践中,判断被告人是否同一,既不能仅仅依据被告人姓名这一特征来判断,也不能以实际的犯罪人

---

① 黄东熊、吴景芳:《刑事诉讼法论》,第270页,三民书局(中国台北),2002年版。

② 黄东熊、吴景芳:《刑事诉讼法论》,第270页,三民书局(中国台北),2002年版。

为准。因为，被告人同一，与起诉书记载被告人姓名是否同一没有关系，与实际上犯罪人为何人也没有关系。因为，被告人仅仅为受到指控的人，与实际的犯罪人很可能存在不一致的情况。在整个诉讼过程中，只存在被告人，其是否为真正的犯罪人，由法院审判后确定。例如，法院对于被控以杀人的被告人，因罪证不足，依法宣告无罪，判决一经确定，该案即告终结。至于真正的杀人凶手是谁，属于另外一个问题，不在本案的审判范围之内。关于人的同一性，较为简单，但物的同一性就相对较为复杂。

（二）犯罪事实同一

犯罪事实为刑罚权之客观的对象。被告人同一，而犯罪事实不同一，其案件亦不同一。犯罪事实之个数，应以刑罚权对象之个数为准，所以犯罪事实是否同一，应以刑罚权对象之客观的事实是否同一为准，如其客观的事实同一，纵然为数诉之标的，仍不失为同一案件。对于事实的同一的判断标准，目前国内外法学理论界主要存在以下两种学说。

（1）基本的事实关系同一说。其以社会事实关系是否相同为准，若是相同，纵使犯罪之日时、处所、方法、被害物体、行为人人数、犯罪形态或被害法益不同，或者追诉之程序（自诉与公诉）、罪名不同，亦不影响犯罪事实同一性的认定。所以，对于曾经判决之案件，重行提起自诉，而事实之内容则完全一致，仍不失为案件的同一性。可见，基本事实同一说是基于职权主义的想法，而认为检察官之起诉是仅提供审判之题材而已，至于被告之行为究竟构成何罪，则应由法院来判断。此学说明显存在的缺陷就是不利于被告人合法权益的保护。"如谓起诉事实,系指社会的自然事实之义。其社会的自然事实既各同一,法院即得依其职权自由认定事实,适用法律,于检察官(或自诉人)固称便利,于保护被告之利益,使其得充分行使防御权,则不无缺憾。且法院行使职权之范围亦毫无限制,至违背不告不理之原则。"①

(2)法律事实关系同一说。由于基本的事实关系同一说在司法实践中出现很多的弊端,于是出现了法律事实关系同一说。也就是说,事实构成要件或者对其所适用的罪名性质相同或者相似,则事实具有同一性。一方面,就起诉之具体行为事实的法律评价而言,法官依职权可以自由认定,不受起诉书所载法条的限制;另一方面,就起诉之具体行为事实的内容来看,由不告不理原则所决定,法官却不得任意缩小与扩张。

事实的同一往往会涉及法律的同一,因为对于同一犯罪事实的法律判断应当是一致的,故而法律上同一也是一项判断案件是否同一的标准。所谓法律上同一,是指属于实体法上规定的裁判一罪或实质一罪的数个事实,在不同法院或同一法院被分别提起了诉讼,从事实的层面比较,是"不同"的案件,但对于上述事实仅有一个刑罚权的存在,属于单一案件,因而具有同一性。换言之,针对我国刑法罪数中实质上或裁判上的一罪,虽然其基本事实不相同,但在实体法上作为一罪,刑罚权仅属于一个,其在法律上的事实关系亦属于一个,具有不可分性,虽就一部分起诉,而效力及于全部,亦不失为同一案件。所以说,

---

① 陈朴生:《刑事诉讼法实务》,第95页,海天印刷有限公司(中国台北),1981年版。

案件的同一性，不能仅以事实比较为限，犯罪之个数也在比较之列。

二、审判范围与起诉范围同一性的效力分析

（一）产生一事不再理的效力

对于同一被告人、同一犯罪事实的同一案件，国家仅有一个刑罚权，不容重复起诉、裁判，称为一事不再理原则，此乃案件同一性最主要的效力。[1] 对于已经起诉的同一案件，应当禁止重复起诉。要禁止重复起诉，需要首先确定前后案件是否具有同一性。对于已经提起公诉或自诉的同一案件，在判决确定前重复起诉的，一是对于同一法院，后起诉者法院不应受理，因为一事不再理为刑事诉讼法上一大原则，对同一被告人，同一个犯罪事实，只有一个刑罚权，不容重复裁判；二是对于不同的法院，不得进行审判的法院应做出裁决，不予受理。

（二）确定是否起诉及起诉效力所及

判断案件是否具有同一性，可以确定某一事实是否经过起诉以及是否为起诉效力所及，即该事实是否成为诉讼对象。如果某一事实已经起诉或者为起诉效力所及，则该事实就是诉讼对象，法院有权对其施以审判。"盖起诉事实于审判过程中因新事实之出现，而致产生原来起诉事实是否涵盖此新事实之问题。"[2]

---

[1] 林钰雄：《刑事诉讼法》（上册），第205页，中国人民大学出版社，2005年版。
[2] 黄东熊、吴景芳：《刑事诉讼法论》，第97页，三民书局（中国台北），2002年版。

（三）变更起诉法条

在采取职权主义诉讼模式的国家，在同一事实的前提下，法官有变更检察官起诉的法条的权力。而英美法系采用诉因制度，法官不能变更起诉法条。所谓变更起诉法条，是指法院于检察官起诉的同一犯罪事实的范围之内，变更检察官所引应适用的法条。例如，检察官起诉的犯罪事实，乃甲触摸乙胸部，该当强制猥亵罪名，法院审理后发现甲触摸乙胸部，是强制乙性交的前阶行为，实则该当强制性交未遂罪名，此时，由于法院本于职权适用法律，不受检察官法律见解的拘束，因此只要不变更起诉犯罪事实的同一性，法院自得变更起诉法条。①

三、审判范围与起诉范围同一性与我国刑事诉讼

我国 1996 年修订的刑事诉讼法虽然大致体现了审判范围与起诉范围同一性的基本精神，但没有就同一性问题在法律条文中明确做出规定。在司法实践中虽然也禁止重复起诉，采行一事不再理原则，但诉讼理论与司法实践对同一性的问题也是完全陌生的，当前法学界中一般对此也没有过多的阐述，这令人颇感遗憾。同一性的问题非常重要，如今要强调不告不理原则、禁止双重危险原则等，必须重视对审判范围与起诉范围同一性的研究、立法与实践，因为在刑事诉讼中，同一性问题是不告不理原则、禁止双重危险原则的基本内容，对同一性问题的研究，是我们在探讨如何进一步完善不告不理原则、禁止双重危险原则的有关立法以及如何更好地在司法实践中推行这些原则

---

① 林钰雄：《刑事诉讼法》（上册），第 206 页，中国人民大学出版社，2005 年版。

所要面临的问题，也是一个无法回避的问题。可以说，离开对一项原则基本内容的研究而谈对这一原则的严格把握无异于缘木求鱼，同样，缺乏对这一原则基本内容的深刻分析而要求它在整个社会中得到认同和普遍遵循，也无异于是一种空想。

（一）我国判断审判范围与起诉范围同一性应当采用的标准

通过以上对审判范围与起诉范围同一性的基本内容与效力的分析，笔者主张审判范围与起诉范围的同一性应当同时具备被告人同一及犯罪事实同一两个要素。至于被告人同一的判断标准比较简单，已没有太大争议，笔者在此主要论述我国的刑事诉讼改革中在事实同一上应采用怎样的标准。

如何认定犯罪事实同一的问题，目前从各国立法情况来看，主要有"社会事实标准"和"法律事实标准"两种。第一种是德国、法国所采用的"社会事实标准"，也叫"自然事实标准"。其特点是：判断指控的事实是否同一，只需以其社会事实关系或自然事实关系是否同一为准，而不考虑对法律评价的因素。如果从社会事实关系或自然事实关系上看，两个或多个指控事实是一致的，那么，它们之间具有同一性，否则不具有同一性。由此可见，这种标准极为宽松和灵活，对于法院而言，其有权在此范围内，自由地调查案件事实并做出裁决。这样，不仅有利于惩罚犯罪，同时也提高了诉讼效率。但是，也导致了法院的调查权过于宽泛，在实际的司法运作中，法院的审判范围受检察院起诉范围的约束和限制很小，也给被告人的辩护和防御带来极大的困难和不便。第二种是日本和我国台湾地区现在采用的"法律标准"。其特点是：判断指控犯罪事实是否同一，必须以该事实中所包含之法律性因素或规范性内容是否一致来定，如果一致，那么，它们就具有同一性；反之，则不视为具有同一性。由于该标准的核心是法律性因素，可见，这种标准中包含法律的或规范的因素，对法院的职权有了一定的限制。在司法实务界，多持基本事实同一说的观点。一方面，检察官举证幅度弹性较大，不仅在收集、整理证据资料方面拥有较大的灵活性，而且被告获得有罪判决的可能性较大，这对于控诉机关来说可能更容易达到其控诉的目的；另一方面，法官拥有较广泛的调查取证权，这样误判概率就有可能降低，同时还拥有变更适用法条的权力，一次审判解决案件，有利于审判迅速地进行，不仅有利于追究和惩罚犯罪，也提高了诉讼经济价值。

笔者持"法律事实标准"，因为我们在衡量诉讼法理论之利弊得失时，不能仅考虑诉讼效率和经济问题。或许我们更应该关注控辩平等，更应该关注如何保护处于"弱势"地位的被告人的辩护权与防御权，进而能使被告人尽防御之能，以使其悦服于审判之结果，以彰显司法的程序公正和实体公正，才是考量一个制度真正优劣的标准。尤其是在我国目前法官的业务素质还"不是很高"、执法环境还"不尽如人意"的现实情况下，更应该采用法律事实的标准来判断。其实，被告人在被追诉时，最关心的是如何能够获得无罪或者罪轻的判决结果。若起诉效力的范围越广，任由法官广泛地解释犯罪事实的同一性并同时拥有广泛的调查取证权，被告人之防御权越难实现，被告人之有罪判决的危险性和可能性也就越大。

(二)我国刑事诉讼法与同一性相关的立法实践问题及改革建议

审判范围与起诉范围的同一性是当今世界各国普遍采用的调整控诉与审判关系的一项基本规则。虽然我国1996年修改的《中华人民共和国刑事诉讼法》大致体现了同一性的基本精神，但由于在法律条文中并没有明文规定审判范围与起诉范围同一，而且在一些具体的程序设计上过分强调法官的主动性和积极性，以至于在刑事诉讼立法和司法实践中，存在一些"违背"审判范围与起诉范围同一性的现象，如二审法院超上诉或抗诉范围进行全面审查、法院自行变更起诉罪名权等。笔者在此主要通过讨论我国刑事诉讼与同一性相关的立法实践问题，从而提出解决这些问题的建议。

1. 关于法官的庭外调查权问题

法官的庭外调查权是指在法庭审理过程中，合议庭对证据有疑问时，在休庭后对证据进行的调查核实。法官庭外调查权是法官履行其案件事实查证责任的一种较为特殊的方式，是其审判职权的积极运用。[1] 法官的庭外调查权是职权主义诉讼模式的一个重要特征。法官有责任运用职权查明案件的实体真实，其如果认为某一证据对于调查事实真相有必要，而又没有被控辩双方提出，他有权自行提出和调查。尽管职权主义诉讼模式的国家保留了庭外调查权，但一般都在程序上进行了严格的限制。例如，庭外调查一般采取开庭审判的形式，控辩双方均在

---

[1] 龙宗智：《刑事庭审制度研究》（第1版），第118页，中国政法大学出版社，2001年版。

场，并有权对证人、鉴定人进行询问和质证等。① 在当事人主义诉讼模式下，法官不享有主动调查权，只保持消极仲裁者的地位。

1996年修改后的《中华人民共和国刑事诉讼法》第一百五十八条规定："法庭审理过程中，合议庭对证据有疑问的，可以宣布休庭，对证据进行调查核实。人民法院调查核实证据，可以进行勘验、检查、扣押、鉴定和查询、冻结。"《最高人民法院关于执行〈中华人民共和国刑事诉讼法〉若干问题的解释》第一百五十三条、第一百五十四条也作了相应的规定。法官庭外调查权的最大特点是法官的主动性，依职权主动调查取证。对于法官拥有庭外调查权的合法性与否，我国学者进行了激烈的讨论。有的学者认为，法官庭外证据调查权的存在是合理的。② 笔者对此观点难以赞同。因为，法官的庭外证据调查权最大的特点是法官的主动性，即法官不是基于控辩双方的请求或建议，而是依职权主动调查取证，在司法实践中法官的庭外调查权已超出审查、核实证据范围的程度，超出了起诉的范围，破坏了审判范围与起诉范围的同一性，违背了不告不理原则。

当然，一项制度的废除，同时还需要相关新制度的确立。由于在刑事诉讼中控辩双方的举证能力存在一定的差距，双方的诉讼资源严重不平衡，所以在取消法官庭外调查权的同时，还要建立健全相关的配套措施。例如，设立证据展示制度，以法律的形式明确规定检察机关即控方和辩护方证据展示的义务和范围、对违反法定义务的制裁、法院在证据展示中的地位和

---

① 陈瑞华：《刑事审判原理论》，第247页，北京大学出版社，1997年版。
② 中国政法大学2006级郭彩霞硕士学位论文，打印稿，第17页。

作用、证据展示的时间和地点等一整套完整的诉讼程序，以确认对立当事人之间的争议焦点，得到与案件有关且为诉讼准备所必要的证据信息等。同时，赋予律师充分的调查取证权，加强辩护方的举证能力。

2. 关于公诉变更问题

从刑事诉讼的原理来看，检察机关和自诉人承担着控诉职能，为了保证控诉职能的实现，作为公诉机关的检察院有责任也有义务保证起诉的正确性，做到犯罪事实清楚、证据确凿充分。但是，其一旦发现控诉的被告人或犯罪事实有误，必须对起诉对象和范围进行更改，这就需要进行公诉变更。所以，各国在保持起诉事实与审判事实同一的原则下，赋予公诉方变更控诉权。从内容上来看，刑事控诉变更主要包括三个方面的基本内容：一是撤回起诉制度，指公诉机关在提起公诉后，发现本不应起诉或不必起诉时，可以撤回已经提起的公诉；撤回公诉可以是部分撤回，也可以是全案撤回。二是追加起诉制度，指公诉机关提起公诉后，发现遗漏了同案被告人或罪行时，可以在原来起诉的基础上追加提起一个公诉，追加起诉将导致原来起诉范围的扩大。三是变更起诉制度，指公诉机关提起公诉后，发现起诉指控的被告人或犯罪事实与实际情况不符时，可以变更被告人或犯罪事实，从而变更起诉的对象。

我国现行的刑事诉讼法及解释对检察官变更控诉问题做出一些规定，如《最高人民法院关于执行〈中华人民共和国刑事诉讼法〉若干问题的解释》第一百七十八条规定："人民法院在审理中发现新的事实，可能影响定罪的，应当建议人民检察院补充或者变更起诉；人民检察院不同意的，人民法院应当就起诉指控的犯罪事实，依照本解释第一百七十六条的有关规定依法做出裁决。"《人民检察院刑事诉讼规则》第三百五十一条、第三百五十二条、第三百五十三条也规定我国变更起诉的内容。通过以上规定可以看出如下问题：一是公诉人变更控诉需要给被告人辩护准备的，可以建议延期审理，而被告人却没有建议延期审理的权利，这样明显侵害了被告人的防御权。二是没有对变更控诉的时间、内容等做出一定的限制。三是检察官没有变更控诉，而法院主动审理怎么办？四是起诉撤回后，因一事不再理原则，要有什么样的救济途径？

  为此，基于审判范围与起诉范围的同一性要求，笔者建议：一是在我国的刑事诉讼法中要明确法院建议检察院变更控诉的时间和约束力，一般应在合议庭评议前做出。二是为了更好地保护被告人的辩护权，在庭审过程中，如果检察院所指控的罪名需要变更时，由合议庭通知被告，留给被告充分的辩护时间。三是构建公诉行为无效制度。当法官超越其职权范围，自行决定扩大审判范围和变更审判对象时，认定法官的诉讼行为为违法并宣告无效。但是，一旦检察官对扩大审判范围和变更审判对象的诉讼行为予以追认，则法官行为中的"瑕疵"就得到补正，其扩大审判范围和变更审判对象的行为自然就具有了法律效力。四是完善撤诉的救济途径。撤诉与不起诉具有同样的法律效力，由于一事不再理原则的限制，必须完善撤诉的救济途径。起诉经撤回后，如果有发现新事实或新证据者，或者法律规定可为再审原因的情形之一者可对于同一案件再行起诉；撤诉后，并无再审原因规定情形者，对于同一案件再行起诉者，法院可以不予受理；检察官撤回起诉后，不得以其他告诉人为原告又行告诉，再行起诉至法院，如果再行起诉，除非具有法定情形者外，应当告知不予受理。

3. 关于法官罪名变更权问题

关于是否可以变更起诉罪名，大陆职权主义诉讼与英美当事人主义诉讼模式有根本的分歧：大陆职权主义诉讼认为，所谓"罪行"就是检察院起诉指控的犯罪事实，此起诉事实，"只指可以构成犯罪之事实，亦毋庸具体地叙述其有何种特别构成要件"①。因此，只有公诉事实才是刑事审判对象，所以法官有罪名变更权。而英美当事人主义认为，"罪行"是指检察院起诉指控的事实及其法律评价，即罪名，因此罪行和罪名均为刑事审判对象，法官没有罪名变更权。

我国刑事诉讼法没有关于审判对象和法官罪名变更权的只言片语，而仅仅在司法解释中有所体现。②至于我国目前法官是否有变更罪名权，有两种针锋相对的观点：一种观点认为法院不是"量刑工具"，法院有权变更起诉指控的罪名；③另一种观点认为法院无权变更起诉指控的罪名，法院变更指控罪名是不诉

---

① 陈朴生：《刑事证据法》，第29页，三民书局（中国台北），1979年版。
② 根据《最高人民法院关于执行〈中华人民共和国刑事诉讼法〉若干问题的解释》第一百七十八条规定："人民法院在审理中发现新的事实，可能影响定罪的，应当建议人民检察院补充或者变更起诉；人民检察院不同意的，人民法院应当就起诉指控的犯罪事实，依照本解释第一百七十六条的有关规定依法做出裁判。"从这里可以看出，我国是将起诉书之外的犯罪事实，按照是否影响定罪分为两类，对于影响定罪的，法院必须得到检察院补充或变更起诉的同意后，才能对此进行审理；否则法院是不可审理的。而对于不影响定罪的，法院是否可以直接加以审理，法律并未明确规定，但在司法实践中法院一般都是直接加以审判的。
③ 罗书平：《法院不是"量刑工具"——也谈法院能否改变指控罪名》，载《中国律师》，1999年第8期。

而审，无辩而判。①法院能否变更指控罪名？我国最高人民法院有关司法解释已经明确指出法院有权也有义务变更起诉指控的罪名。②司法实践中，各级人民法院正是据此行使着变更指控罪名的权力。

笔者认为，我国应当借鉴诉因制度的合理因素，在刑事诉讼法中明确规定法院的审判范围，检察院起诉指控的罪名通过立法的形式，成为法院审判的对象。将罪名纳入刑事审判对象的范围，法院审判的对象必须与检察院起诉指控的对象保持同一，法院只能在检察院起诉指控的对象范围内进行审判，对于检察院未指控的被告人及其罪行，法院无权进行审理和判决。理由是：采用这样的制度更具有合理性和先进性，同时还能与我国现行法律体系的深度、与刑事诉讼改革的方向相契合。1996年新的刑事诉讼法出台已使我国刑事诉讼模式发生结构性转型，原来的强职权主义诉讼模式已为新的带有当事人主义诉讼模式特征的控辩式所取代。新的控辩模式有一个明显的特征，就是审判结构趋向于当事人化，注重当事人之间的对抗，法官的职权因素相应地减少。从这方面来考量，必须"抛弃"原有的制度，采用带有当事人主义特征的诉因制度，在法律中明确

---

① 张步文、杨加明：《不诉而审，无辩而判——"虹桥"案审判中的败笔之作》，载《中国律师》，1999年第6期。

② 1998年9月2日《最高人民法院关于执行〈中华人民共和国刑事诉讼法〉若干问题的解释》第一百七十六条第一款第二项规定："起诉指控的事实清楚，证据确实、充分，指控的罪名与人民法院审理认定的罪名不一致的，应当做出有罪判决。"第二百五十七条规定："第二审人民法院审理被告人或者其法定代理人、辩护人、近亲属提出上诉的案件，不得加重被告人的刑罚，并应当执行下列具体规定：……对原判认定事实清楚、证据充分，只是认定的罪名不当的，在不加重原判刑罚的情况下，可以改变罪名。"

规定罪名为法律审判对象的制度,这样才不会与现行的审判模式相冲突,才能维护现行刑事诉讼机制的正常运转。

(此文发表于《刑事司法论坛》第 2 辑第 62-72 页)

关于构建新型检律关系的思考

检察官与律师作为我国刑事司法活动中的重要角色，二者的职责与分工虽不同，但都是法治工作队伍的重要成员，都是社会主义法治国家建设的关键力量。传统的检察官与律师关系片面强调检察机关的公诉职能，强调检察官与律师之间的对抗与交锋，忽视了二者在价值目标、行为操守、职业归属等方面存在的共性和契合点，从而也衍生出检律关系缺乏规范、僵化紧张等困境。笔者通过对河南检察机关在保障律师执业权利方面经验做法及存在问题的调研，分别从检察官和律师的角度对如何构建新型检律关系进行思考并形成观点，以期对构建系统、全面、多维的互动与协作的检律关系提供有益参考。

一、检察官和律师同属于法律职业共同体

党的十八大报告做出"全面推进依法治国"的重大决策和战略部署；十八届四中全会做出《中共中央关于全面推进依法治国若干重大问题的决定》，提出了建设中国特色社会主义法治体系、建设社会主义法治国家的总目标，并提出"要着力建设一支忠于党、忠于国家、忠于人民、忠于法律的社会主义法治工作队伍，为加快建设社会主义法治国家提供强有力的组织和

人才保障"。中央政法委领导 2015 年 8 月在全国律师工作会议上要求,各级政法机关要推动形成司法人员和律师构建彼此尊重、平等相待、相互支持、相互监督,正当交往、良性互动的新型关系,促进社会主义法治文明进步。我国著名法学家江平教授指出,作为法律最为忠实的实践者,中国律师是国家法治完善的重要力量。他说:"律师不仅是法治王冠上的一颗宝石,也是民主王冠上的一颗宝石。律师作为一个群体,理应在中国法治的舞台上、在中国民主的舞台上扮演更为主动的角色!"

从法学理论界到司法实务界,都提到一个法律职业共同体的概念,那么什么是法律职业共同体?法律职业共同体的概念源于美国科学史和科学哲学家托马斯·库恩关于"科学共同体"定义的提出。在西方,法学家和社会学家极为重视对法律职业及其共同体现象的研究。德国著名学者马克斯·韦伯将法律职业认为是一个"法律职业共同体",他认为,法律职业共同体是基于职业的特定内涵和特定要求而逐步形成的,法律职业共同体的特征具有同质性和职业道德的传承性,它虽然附带以法律职业谋生,但仍不失其公共服务的精神。

法律职业共同体的形成与发展是一个法治国家赖以存在的基础。法律只有成为一门稳定的专业化的知识体系,只有具备与众不同的思维逻辑和法律技艺,才能掌握在法律共同体的手中。国内对法律职业共同体的研究开始于 20 世纪 90 年代,目前,我国法学理论界和司法实务界对法律职业共同体基本达成共识。所谓法律职业共同体,是以法官、检察官、律师、法学家为核心的法律职业人员所组成的特殊的社会群体,它是以特定的语言、独特的思维方式、共同的知识背景和实践传统,以追求社会正义的实现为价值目标,以法治为精神信仰,拥有一种自我约束、自我评价、自我管理的运作机制的职业群体。

法治社会的一大特点是个体权利的凸显和公权力的受限。律师职业的个体性和民间性,使律师职业更多接触到社会生活的各个个体。相对于检察官而言,律师在处理法律事务中有着相对客观的优势,在联系群众、服务群众方面有着天然优势,在社会上普遍受到尊重,他们更容易走进社会个体成员的内心世界,通过履行辩护、代理职责,使受到侵害的权利得到依法保护和救助,违法犯罪活动得到依法制裁和惩罚,犯罪嫌疑人的合法权益得到保障。他们既熟悉现行法律法规、司法程序、司法实践,又广泛扎根于社会生活,自治的律师职业相对独立于国家公权力之外,可以对国家的司法权和行政权实行有效的监督和约束。因此,这一切使律师制度成为中国特色社会主义司法制度的重要组成部分。

我国的检察官和律师同属于法律职业共同体。虽然检察官和律师的职责任务、诉讼角色各不相同,在诉讼活动中双方的诉讼主张存在差异甚至有时截然相反,但从职能定位、价值目标、履职要求、职业特点看,在本质上和基本要求上都是共同的、一致的,在承担的社会责任和法律责任上也是一致的。在职能定位上,检察官和律师同为法治工作者,都是全面依法治国、建设社会主义法治国家的重要力量。在价值目标上,律师为案件当事人提供法律服务,其权利是当事人诉讼权利的延伸,他们和检察官都以维护司法公正和法律尊严为己任,都必须维护当事人合法权益、维护法律正确实施,因此,他们在维护社会公平正义、保障人权、防范冤假错案价值目标上与检察官是相同的。在履职要求上，检察官和律师都必须坚持正确的政治方向，都必须坚持以事实为根据、以法律为准绳，都必须自觉接受社会各方面和当事人的监督，都必须规范司法行为和执业行为，坚守职业操守。

由此可见，检察官与律师之间是对立统一、相互依存、彼此促进的良性互动关系，二者都秉持共同的职业信仰，都需要具备相同的职业素养和职业技能，在执法公信力的体现和提高上也是一个命运共同体。

二、河南检察机关在保障律师执业权利方面所做的工作

保障律师执业权利，是促进司法活动顺利进行、保障司法精准性、公正性必然要求，是社会主义法治文明进步的重要标志和体现。近年来，从最高人民检察院到河南省地方各级人民检察院均高度重视保障律师执业权利工作。2004年、2006年、2014年，最高人民检察院先后三次专门就依法保障律师执业权利颁布规范性文件，尤其是2014年下发的《最高人民检察院关于依法保障律师执业权利的规定》，要求检察机关依法保障律师在刑事诉讼中的会见权、阅卷权和申请收集、调取证据权，并对依法保障律师各项执业权利、建立健全对侵犯律师执业权利的救济机制、对检察官阻碍律师依法执业的行为予以追责等有关方面做出规定。最近，最高人民法院、最高人民检察院、公安部、国家安全部、司法部（以下简称"两高三部"）又共同制定了《关于依法保障律师执业权利的规定》，进一步提出明确要求。河南省检察机关严格落实最高检察院规定，牢固树立法律职业共同体理念，坚持以问题为导向，完善工作机制，搭建综

合平台,做了大量的富有成效的工作。

(一)实行归口接待专门化,有效破解"门难进"的问题

针对以往接待律师存在多头部门不规范的问题,全省检察机关对接待方面的各项保障措施进行了完善和改进,为律师接待搭建了平台。

1. 集中一个"窗口"接待

全省各级检察机关均成立了案件管理部门,并在案管接待大厅设置了集"律师接待、阅卷、会见承办人"等多项功能为一体的律师工作室,对律师申请事项统一管理、回复,律师凭执业证或身份证即可受理,开辟了律师接待的"绿色通道"。例如,郑州市中原区检察院建立了身份识别系统,律师用身份证在接待室的识别器刷卡后,检察官随即核对,几分钟就可以处理律师申请事项。

2. 实行"一站式"服务

明确专人专岗,专门负责律师接待,确保律师来访随时接待。建立网上举报、检务公开、案件查询、起诉文书查询、行贿档案查询、未成年人保护、辩护人预约和法律宣讲等八个板块的网上一站式大厅,工作时间可与检察官在线互动交流,节假日也可以预约办理业务。同时,购置配备有扫描仪、复印机、阅卷电脑等设备,办案流程图上墙,程序性查询印制成册,网上网下最大限度地方便律师查询、阅卷、会见承办人。

3. 申请事项"一揽子"解决

依托统一业务应用系统,建立《辩护人、诉讼代理人递交

材料接收、移送登记表》台账,对律师来访、申请事项等进行统一登记备案,统一处理,统一解决,能及时办理的当天办理,不能及时办理的说明情况限期办理,申请事项解决到位、落实到位,避免律师多跑路、跑冤枉路。

(二)内部监督制度化,有效破解"面难见"的问题

针对一些检察官以"特别重大贿赂案件侦查期间辩护律师会见应当经侦查机关许可"为由,随意解释和扩大重大贿赂犯罪案件的范围而不安排律师会见的问题,全省检察机关从加强内部监督入手,建立完善制度,增强刚性约束。

1. 实行案件评查机制,规范司法行为

全省检察院针对主要办案环节集中开展案件质量评查,对发现的保障当事人诉讼权利和律师执业权利不到位等20个方面的问题,在全省检察长会议上集中点评通报,做到见人见事见案件;针对与律师座谈了解掌握的14起案件,省检察院派出4个工作组,逐案逐卷认真复查,对存在的办案不规范问题督促整改,并及时向有关单位和律师做出反馈。

2. 实行跟踪监督机制,适时提醒督促

例如,焦作市检察机关对律师会见犯罪嫌疑人的申请,由案管部门以《案管业务通知单》形式提醒办案部门,对是否安排会见情况,要求办案部门3日内反馈,对符合会见条件的及时予以答复、安排会见。

3. 实行救济保障机制,倒逼责任落实

设立举报箱、检察长信箱,征集阻止或者妨碍律师依法会

见犯罪嫌疑人，人为设置障碍，干扰、影响律师会见方面的申诉、控告，调查核实后予以全省通报。

（三）主动服务人性化，有效破解"卷难阅"的问题

针对一些律师反映的"阅卷难"问题，全省检察机关加大信息化平台建设力度，为律师查阅卷宗提供人性化服务。

1. 严格落实相关规定

省检察院对阅卷工作做出统一规定，要求各级检察院自案件审查起诉之日起，对辩护律师提出阅卷申请的，应当及时安排。无法当时安排的，应当向辩护律师说明并安排其在3个工作日内阅卷。律师复制案卷材料的，只收取必要的工本费。

2. 搭建多维度预约平台

积极推广案件信息公开网预防功能，开通官方网站、QQ、微信、微博，向律师事务所、法律援助中心发放联系名片等，搭建方便律师预约申请的全方位平台。

3. 探索电子阅卷新形式

省检察院积极拓展统一业务应用系统，结合档案管理工作，自主开发了检察机关网络版电子阅卷系统，具备在线归档、网上借阅、在线检索、电子书生成、条码管理、在线编研等多种功能，律师可进行电子阅卷并复制相关卷宗，大幅降低阅卷成本，提高阅卷效率。目前，已基本实现全省联网。例如，郑州市中原区院建立了电子阅卷系统，只要上传简单身份信息，便可完成阅卷等预约事项，目前已有240余名律师获得电子阅卷服务。

（四）沟通联系常态化，有效破解"话难说"的问题

针对一些检察官不愿意、不真诚、不善于听取律师意见，不主动与律师沟通，检律关系不和谐等问题，全省检察机关采取"请进来"和"走出去"相结合的途径，主动与律师沟通交流，打造新型检律关系。

1. 重大活动邀请律师参加

省检察院在举办全省优秀公诉人、优秀侦查监督检察官评比以及精品案件评选等重大活动时，邀请律师担任评委；在规范司法行为专项活动中，邀请律师参与案件评查；不定期组织检察官与律师论辩对抗赛等活动，拉近了检察官和律师之间的距离；探索建立律师参与化解和代理涉法涉诉信访案件工作机制，引导当事人通过正常渠道反映诉求、依法解决矛盾纠纷，共同维护司法权威。

2. 建立检察机关与律师常态化的沟通交流机制

最高检察院定期召开律师界代表座谈会，认真听取对加强和改进检察工作、保障律师执业权利的意见建议。2014年12月，在最高检察院举行检察开放日活动期间，邀请来自全国各地的32位律师协会负责人参观并座谈。这是最高检察院首次邀请律师参加检察开放日活动，既让律师亲身感受和体验检察工作，增进对检察工作的了解，又通过座谈互动交流，听取他们的意见和建议，进一步提升检察工作水平。河南省检察机关主动加强与司法行政部门和律师协会的联系，建立健全业务交流、资源共享等长效机制，促进业务知识互补，水平共同提高，工作携手并进。同时，还针对少数律师思想上有顾虑、不愿在座谈会

上公开谈论的，采取个别约见的形式，听取意见，解决问题。

3. 主动听取律师界人大代表、政协委员的意见建议

目前河南省有 318 名律师担任各级人大代表、政协委员，每年的各级人大、政协会议后，省检察院收集整理全省各级的律师代表对检察工作提出的意见和建议，逐条落实和整改，并将整改意见予以反馈。同时，还有不少的基层院探索建立律师满意度评价、律师接待回访反馈、律师控告及时调查"三项制度"，细化落实保障律师执业权利的规定。

三、河南检察机关在保障律师执业权利方面存在的问题

虽然刑事诉讼法明确了控辩双方平等的法律地位，彰显了程序正义的核心价值，但受传统司法理念、模式、方法等影响，河南检察机关个别单位、一些干警在保障律师执业权利方面还存在一些问题和不足。

（一）个别案件还存在律师会见难问题

最高检察院颁布的《人民检察院刑事诉讼规则》对律师在侦查阶段的会见权作了详细规定，对于一般职务犯罪案件，在侦查期间辩护律师持律师执业证、律师事务所证明和委托书或者法律援助公函的，看守所应当安排会见。对于特别重大贿赂犯罪案件，具体指涉嫌贿赂犯罪数额在 50 万以上，犯罪情节恶劣的，有重大社会影响的，涉及国家利益的，在侦查期间辩护律师会见犯罪嫌疑人的，应当经过检察机关许可。对于特别重大贿赂犯罪案件，在有碍侦查的情形消失后，应当通知看守所或者执行监视居住的公安机关和辩护律师，辩护律师可以不经

许可会见犯罪嫌疑人。并且，对于这类案件，检察机关在侦查终结前应当许可辩护律师会见犯罪嫌疑人。但是在司法实践中，确实有一些律师反映特别重大贿赂案件会见难问题，个别检察官随意解释和扩大理解特别重大贿赂犯罪案件的范围，以"特别重大贿赂案件侦查期间辩护律师会见应当经侦查机关许可"为由，不安排律师会见，或者不及时安排会见，这些都是不规范司法的表现。

（二）检察机关侦查的个别职务犯罪案件还存在着律师阅卷难问题

修改后的刑事诉讼法第三十八条规定，辩护律师自人民检察院对案件审查起诉之日起，可以查阅、摘抄、复制本案的案卷材料。《人民检察院刑事诉讼规则（试行）》明确规定："案卷材料包括诉讼文书和证据材料。"同时进一步规定了辩护人阅卷的保障措施，由案件管理部门负责及时安排辩护人阅卷，无法及时安排的，应说明原因，并要求自即日起三个工作日内安排律师阅卷，并且规定人民检察院审查案件应当听取辩护人、诉讼代理人的意见并记录在案或者附卷。但是在职务犯罪案件中，个别律师反映仍存在"阅卷难"问题。

（三）司法实践中确实还存在着律师调查取证难问题

修改后的刑事诉讼法第三十九条规定，辩护人有权申请人民检察院调取未提交的有关犯罪嫌疑人、被告人无罪、罪轻的证据材料；第四十条规定，辩护人收集的有关犯罪嫌疑人不在犯罪现场、未达到刑事责任年龄、属于依法不负刑事责任的精神病人的证据，应当及时告知公安机关、人民检察院。同时规定，辩护律师自案件移送审查起诉之日起，可以向犯罪嫌疑人、被告人核实有关证据。立法虽然赋予了辩护律师申请人民检察院收集、调取证据的权利，但由于法律对于许可与否，没有做出明确的条件限制，所以在司法实践中存在个别检察官可以视案件需要来做相应的处理，有可能导致辩护律师的调查取证权难以得到实现。

（四）个别检察官不认真听取辩护律师意见

根据法律规定，辩护律师在侦查阶段可以向侦查机关提出辩护意见，在案件侦查终结前，辩护律师提出意见，侦查机关应当听取并记录在案或者附卷；人民检察院审查批准逮捕，可以询问证人等诉讼参与人，听取辩护律师的意见，辩护律师提出要求的，应当听取辩护律师的意见；审查起诉时应当听取辩护律师的意见。但是，在司法实践中，仍有个别检察官不认真听取辩护律师的意见，主要表现在：一是在审查逮捕、审查起诉环节对律师提出无罪、罪轻、无逮捕必要或不需要追究刑事责任，侦查中可能存在刑讯逼供等违法情况，以及证据真实性、合法性存在问题等，个别检察官审查核实不认真、不及时，在相关文书中对律师的辩护意见没有体现，或体现不充分。二是在法庭辩论时，公诉人存在证据优势的心理和语言强势的现象，不能切实做到以理服人。三是不愿放弃纠问式审判方式中检察机关的相对主导地位，不尊重律师，存在特权思想，把控辩双方地位对立化，对律师不友善、不礼貌、不尊重，对律师执业不支持不配合，态度生硬，行为粗暴，甚至有激烈冲突的现象发生。

同时，还有个别检察机关做出移送审查起诉、退回补充侦查、提起公诉等重大程序性决定的，以及人民检察院将直接受理立案侦查案件报请上一级人民检察院审查决定逮捕的，存在没有依法及时告知辩护律师的现象。

四、律师在法治中国建设中发挥的重要作用

我国律师制度是中国特色社会主义司法制度的重要组成部分，我国律师是中国特色社会主义法律工作者，是社会主义法治建设的一支重要力量。1980年8月，《中华人民共和国律师暂行条例》在全国人大常委会审议通过，中国律师制度得到恢复重建。35年来，中国律师事业与改革开放同步，见证着中国走向繁荣昌盛的历史进程。截至2014年底，中国律师事务所已达2万多家，律师27万余名，年均办理诉讼案件280多万件，承办法律援助36万余件，提供公益法律服务超230万件次。河南是全国律师大省，近几年，全省律师队伍更是有了突飞猛进的发展。在2009年时全省律师还不到7000人，截止2014年底，全省共有14000多名律师，有千余家律师事务所，其中法律援助律师近400人。广大的律师从最初的只是代理诉讼案件，到参与政府、企业重大决策的咨询和经营论证，以及为重大信访事件的化解献计献策，再到律师参政议政、参与立法，律师的执业对于开展法治宣传教育、化解社会矛盾、促进社会和谐稳定、维护法律正确实施和社会的公平正义发挥着积极的作用，为法治中国建设做出了积极贡献。

（一）推动公平正义，护航法治建设

公平正义的法治社会，必定拥有人人尊法尚法的法治氛围；司法公信力的树立必定建立在一个个具体的司法实践之中。目

前，我国民众对法律的信仰、对法律的尊重还没有达到一个理想的状态，法治的权威还没有完全深入人心。从某种意义上来讲，我们对法律的尊重与对律师的尊重应是同步的、一致的。但是，现在还有司法不公的现象存在，这对法治中国的建设产生了一定的负面影响。为了更好推动社会公平正义，可以说律师发挥了很大的作用，比如，呼格吉勒图案件再审代理律师苗立向最高人民法院书面建议尽快提审或者委托异地法院再审此案。2014年12月15日，内蒙古自治区高级法院做出再审判决，宣告蒙冤19年的原审被告人呼格吉勒图无罪。

（二）服务国家战略，助力经济发展

近年来，广大律师把党的决策部署、政府工作的重点、人民群众关注的热点难点问题作为法律服务的切入点和突破口，积极为国家经济平稳较快发展提供优质高效的法律服务。尤其是在2013年我国提出的"一带一路"战略后，全国各地律师积极行动起来，有的在沿线国家开设分支机构，有的成立"一带一路战略关注组"，还有的致力于沿线国家地区的法律合作，为战略的实施保驾护航。在推动法治政府建设方面，全国共有23000多名律师担任各级政府的法律顾面，逐步建立了一支年富力强、综合素质好、专业化程度高的法治政府建设律师队伍，基本形成了省、市、县三级政府法律顾问工作的架构，确立了较为稳定的服务模式和服务领域。

（三）强化法律援助，创新社会治理

"推进覆盖城乡居民的公共法律服务体系建设，完善法律援助制度，健全司法救助体系。"十八届四中全会的论述为进一步深化律师在全面依法治国的作用指明了前景。2003年,《法律援助条例》颁布实施,法律援助覆盖面迅速扩大,许多农民工欠薪、残疾人就业、老年人养老问题借助法律援助得以成功解决。公平的社会离不开均等的公共服务。2009年起,司法部、全国律协等部门启动"1+1"法律援助志愿者和"同心•律师服务团"行动,选派优秀律师到律师资源严重不足的地区提供服务。截至2014年6月初,全国174个县无律师问题已全部解决。

(四)积极参与司法工作,助推司法公正

司法公正是社会公正的最后一道防线,而司法者与律师之间的相互关系对司法公正乃至社会公正有着非常重大的影响。当今时代,随着法制健全和公众对司法公正的要求,司法工作正处在社会矛盾和重大纷争难题的"风口浪尖"上。司法工作者要树立司法形象,提升人民群众对司法公信的满意度,除了加强自身建设外,还要自觉接受外界的监督,促进司法工作的健康发展。在各种外部监督中,律师监督是最直接和有效的监督。律师既是法律工作者,又是代理人,直接参与案件的诉讼过程,从案件证据的调查采信到事实认定和法律适用,从程序运用到实体判决都亲身参与,对司法人员分析处理问题的能力、法律适用水平都比较熟悉,对司法人员在诉讼过程中违反规定的行为,律师可以随时进行监督。可以说,律师在确保当事人合法权益不受非法侵犯、确保国家法律正确实施、实现司法公正和社会正义方面发挥了重要的作用。

(五)充分发挥监督职能,促进检察工作规范发展

检察官与律师存在着职业上的天然联系,律师作为专业的

法律工作者，对检察机关提出的意见建议往往更专业、更有针对性。近年来，广大律师为河南省各级检察机关提出了很多有针对性的建议和意见，如健全刑事辩护制度、未成年人的司法改革、民事行政监督方面的公益诉讼、检务公开等，对促进检察工作规范发展起到了积极的推动作用。

律师业是一个国家法治程度的缩影，衡量着社会的文明进步。邓小平同志在20世纪80年代说中国要有30万律师才行。以现在的发展形势来看，律师队伍还要大大增加，才能不断满足法治社会对律师的需求。在全面推进依法治国的重大战略下，作为社会主义法治建设重要力量的律师队伍，将为实现公平正义的法治中国、实现中华民族伟大复兴的中国梦发挥更大作用。

五、共同构建良性互动的新型检律关系

推进法治中国建设，是法律职业共同体的共同责任和使命。检察官和律师作为法治中国建设的重要推动者、实践者，既要立足本职，发挥各自优势，又要以构建新型检律关系为契机，寻找结合点，加强沟通协作，运用法治思维和法治方式，推动社会发展中的一些矛盾和问题得到合法有效的解决。

（一）转变理念，做到相互尊重、平等相待

检察官要牢固树立法律职业共同体的理念，与广大律师一起，在诉讼中坚持客观公正立场，严格依法履行职责，相互理解和包容，相互尊重对方权利，相互尊重对方的诉讼行为。

1. 秉持客观公正理念

要认真听取律师的意见，让耐心倾听成为一种习惯和品质。

在审查逮捕、审查起诉阶段，对律师提出的犯罪嫌疑人、被告人无罪、罪轻、无逮捕必要或不需要追究刑事责任，证据真实性、合法性存在问题等意见的，认真审查核实，及时依法处理，对合理意见予以采纳。在法庭审理阶段，辩护人就案件事实认定和法律适用的正常发问、质证和发表辩护意见，出庭人员不能随意打断，更不能意气用事、咄咄逼人，甚至出言伤人，切实做到"交锋而不交恶，对抗而不对立"。

2. 秉持法律职业共同体的理念

在司法实践中，有个别检察官认为律师认真负责的态度是给检察机关找麻烦，是一种挑刺行为。这种错误认识必须扭转。律师依法在案件细节上较真、在诉讼程序上挑毛病、在起诉书字里行间发现漏洞，有助于提高司法的精准性、公正性，防止司法专断。同时，我们还应该看到敬畏法律、尊重司法者、乐于积极推动法治建设是当代律师队伍的主流，不能因律师队伍存在不同声音，就产生偏见，否定律师队伍的主流。

3. 秉持对执法公信力的自信

经过多年来持续不断的素质能力建设，检察机关有信心在律师的参与和监督下把案件办好。经过近年来检察机关反复抓执法规范化建设，在思想观念、制度机制、行为规范等方面都得到明显的改善，实践中更加注重保障人权，更加注重程序公正，更加注重法律效果和社会效果，这与律师的意愿是相通的，检察机关应当有信心在这方面全面接受律师的监督制约。经过多年的思想政治教育，检察机关在思想上、管理上、制度上都逐步建立了抵制执法不公不廉问题的"防火墙"，有信心与律师规范交往、正常交流、"和而不同"、依法履职。这些都能够更加有效地促进提升办案水平和执法公信力。律师也要能够自觉尊重检察官，尊重他们的辛勤劳动，看到检察官为公正司法所做的努力，通过合理合法的渠道反映诉求、解决问题，切实做到彼此尊重、平等相待。

（二）健全机制，做到互相支持、相互监督

保障律师执业权利，最重要的是把法律已规定的律师执业权利落实到位，当务之急，是建立健全配套的工作制度机制，明确、落实相关单位和工作人员的责任。

1. 严格落实谁办案谁负责的终身责任制和错案责任倒查制

最高检察院于2015年9月下发了《关于完善人民检察院司法责任制的若干意见》，对健全司法办案组织及运行机制、明确检察官职责权限、严格司法责任认定和追究等有关问题作了明确规定。检察官应对其履行检察职责的行为承担司法责任，在职责范围内对办案质量终身负责。对当事人举报投诉检察官违法办案，律师申诉、控告检察官阻碍其依法行使诉讼权利，或有迹象表明检察官违法办案的，应将相关情况记录在案。这些制度和规定形成了一种倒逼检察官保障律师执业权利的态势。

2. 构建开放动态透明便民的阳光司法机制

要进一步深化以案件信息为核心的检务公开，构建案件程序性信息查询、法律文书公开、辩护与代理预约、重要案件信息公开等四大平台，进一步深化针对律师的检务公开，加强律师接待窗口建设，畅通律师接待渠道，规范律师接待流程，健全主动公开和依法申请公开制度，方便律师参与诉讼。

3. 完善与各级司法行政部门、律师协会和律师的沟通联系机制

要形成常态化的业务沟通交流机制，认真落实听取辩护律师意见制度，在平等对话、充分交流的基础上准确分析案情，补强薄弱环节，全面客观收集证据，正确适用法律，及时发现和纠正办案中的偏差和错误，促进业务工作交流和业务知识互补。要建立工作会议协调制度，注重运用微博、微信等新媒体平台互通情况、加强交流，就法律问题或典型案件事例进行研讨，及时会商解决存在的问题，既保障律师的知情权、监督权，又实现检律双方互学共长、共同提高。要探索建立检察官与律师交叉培训制度，完善从律师群体中公开选拔检察官制度，进一步拓宽律师与检察官职业之间的交流渠道。要探索建立专业咨询制度，探索聘请律师担任检察机关专家咨询委员会委员，为检察机关提供专业性法律意见以及必要的办案协助。

4. 完善律师居间调解机制

在案件办理中，律师要充分发挥自己的职业优势。一方面做好当事人双方的赔偿调解工作。加强与刑事被害人、民事行政诉讼监督案件当事人代理律师的沟通交流，共同做好释法说理、答疑解惑，引导当事人通过正常渠道反映诉求和依法解决矛盾纠纷，共同促进矛盾化解，息诉罢访。另一方面积极参与代理申诉工作。党的十八届四中全会作出的《中共中央关于全面推进依法治国若干重大问题的决定》明确提出："对不服司法机关生效裁判、决定的申诉，逐步实行由律师代理制度。"中央

政法委下发的《关于建立律师参与化解和代理涉法涉诉信访案件制度的意见（试行）》，列明了律师参与化解和代理涉法涉诉信访案件的四种运行模式，主要有坐班值守型、专案专人服务型、专家评查型和代理型；同时对经费保障问题作了规定，经费保障途径可以纳入财政预算，也可以建立专项资金，还可以列入政府购买服务目录，对参与值班接访、法律咨询、疏导化解工作的律师给予经费补贴，经过努力使复杂案件息诉罢访的给予适当奖励。

（三）规范行为，做到正当交往、良性互动

检察官与律师从事的都是法律职业，日常工作中的接触是大量的、必须的，也是不可避免的。但是，检察官与律师交流联系，要严格遵守法律规定，不能接受辩护律师的吃请钱物，不能搞利益输送，损害司法公信力。从实践来看，绝大多数检察官与律师都能够严守自己的行为边界，坚持正当交往，但也有个别检察官与律师存在不正当交往甚至相互勾结、违法交易等问题，影响了法律职业者的形象，严重损害司法公信力。最高检察院下发的《最高人民检察院关于规范检察人员和律师接触、交往行为的规定》，"两高三部"联合下发的《关于进一步规范司法人员与当事人、律师、特殊关系人、中介组织接触交往行为的若干规定》，对规范司法人员与当事人、律师、特殊关系人、中介组织接触交往的行为进行了具体的规定。要求司法人员对于因工作需要，需要接触当事人、律师、特殊关系人、中介组织的，必须按照有关要求，或依规定办理审批手续并获批准后进行；对于在办案过程中因不明情况或其他原因在非工作时间或非工作场所接触当事人、律师、特殊关系人、中介组织的，应当在三日内向本单位纪检监察机构报告情况。同时，各级检察机关纪检监察机构还要将检察官执行情况记入个人廉政档案，组织人事部门要将其作为检察官年度考核和晋级晋升的重要依据。"两高三部"的相关规定，规范了检察官与律师接触、交往行为，通过构筑检察官与律师之间必要的"隔离带"、"防火墙"，防止不当交往和影响司法公正的情形发生。此外，检察机关应严肃查处检察官向律师泄露案情、接受律师请托或收受其财物等违法违纪行为，以廉洁司法确保公正司法。律师也要规范与司法人员的接触交往行为，坚守律师职业操守，切实做到与司法人员正当交往、良性互动。

（四）加强法律监督，切实保障律师执业权利

检察机关的法律监督地位是宪法规定的，其法律监督主要通过对刑事诉讼、民事诉讼和行政诉讼的监督实现。修改后的刑事诉讼法第四十二条规定，辩护人涉嫌犯罪的，应当由办理辩护人所承办案件的侦查机关以外的侦查机关办理，并应当及时通知律师所在的律师事务所或其所属的律师协会；第四十七条规定，辩护人、诉讼代理人认为公安机关、人民检察院、人民法院及其工作人员阻碍其依法行使诉讼权利的，有权向同级或上一级的人民检察院申诉或控告。人民检察院对申诉或控告应当及时进行审查，情况属实的，通知有关机关予以纠正。法律规定检察机关对其他执法司法机关妨碍律师依法执业权利的行为进行法律监督职责，是修改后刑事诉讼法赋予检察机关的重要任务，这对于犯罪嫌疑人、被告人及其辩护人制约、抗衡违法办案行为、维护自身合法权益具有重大意义。2013 年 1 月

至 2015 年 6 月，全国检察机关共受理律师控告办案机关阻碍行使诉讼权利 4109 件，通知有关办案机关纠正 3372 件。检察机关在办案过程中发现有阻碍律师依法行使诉讼权利行为的，应当依法、及时提出纠正意见。同时，检察机关应建立司法人员违法违规及犯罪问题处理机制，畅通律师反映问题和投诉的渠道，对于律师对公安机关、人民法院及其工作人员阻碍其依法行使诉讼权利的行为提出申诉、控告的，进行及时调查核实，依法监督纠正和查办执法司法不公、不严、不廉等问题，并将处理情况及时答复律师。检察官也要提高法律监督能力，忠实履行宪法法律赋予的职责，全面强化诉讼活动的法律监督，特别是要紧紧围绕人民群众反映强烈的执法司法突出问题、律师反映的侵犯执业权利的突出问题，坚持敢于监督、善于监督、依法监督、规范监督，通过实实在在的监督成效，让人民群众在每一个司法案件中都感受到公平正义。

（五）提升检察官素质，强化保障律师执业权利的积极性和主动性

1. 提高政治思想素质

加强社会主义核心价值观和检察职业道德教育，牢固树立对法律的信仰，坚守法律底线和道德底线，增强秉公执法的定力。同时，要严明党的政治纪律、组织纪律等各项纪律，有效防止"破窗效应"，使纪律真正成为带电的"高压线"。

2. 提高执法办案水平

要通过教育培训、实战练兵等手段，以正规化、专业化、职业化为导向，创新实训模式，逐步实现教育培训由知识型向

素能型转变；通过广泛开展形式多样、富有成效的岗位练兵活动以及精品案件、优秀法律文书、优秀检察建议评选等工作，加快培养和引进办理金融、网络、知识产权等领域案件专业人才和更多的检察业务专家和业务尖子。

3. 提升道德素养

作为个人，只要做到"两个不"就行了，一个是不违法，一个是不缺德。这两点说起来容易，做起来很难，不违法是最低要求，是法律标准；不缺德是最高要求，不违反社会道德、公序良俗。做好人要讲道德，做好官更要讲官德，一个不讲道德的人，不可能成为一个忠诚、为民、公正、廉洁的法律工作者。目前，我国正处于进一步深化改革、努力推进"四个战略"、"十二五"规划的战略机遇期，面临经济下行压力，矛盾叠加，利益诉求多元等复杂局面，法律工作者也面临诸多困难和诱惑。越在这种环境下，越要保持定力，注意培养良好的道德意识、道德品质和道德行为，树立正确的义务、荣誉、正义和幸福观念，做到廉洁守法、规范执法。

（六）律师应提升职业道德素质和业务水平，充分发挥实现司法公正的重要制衡作用

习近平总书记在党的十八大之后的第一次中央政法工作会议上提出要"努力让人民群众在每一个司法案件中都能感受到公平正义"，这不仅是对司法机关的要求，也是对律师如何发挥好辩护权、代理权提出的更高要求。律师是司法活动的重要参与者，是实现司法公正的重要制衡力量，律师价值的真正体现，不在于从中获得多少经济利益，而在于使人民群众切实感受到

公平正义就在身边。律师要通过依法参加诉讼活动，把办理的每一起案件都当做维护社会公平正义的具体实践，从实体、程序、时效等各个方面体现公平正义的要求。

1. 律师要有准确的职业定位

随着全社会法治意识的提高，律师执业在维护人权、实现社会正义方面的重要性得到民众的广泛认同，但在一些人的传统思维中对律师仍抱有偏见。例如，有的认为律师就是收人钱财，为人消灾；有的认为律师是钻法律空子，谁给钱就为谁辩护等……这些都是错误的认识和看法。要消除这种偏见，既依赖于民众法律素质的提高，也依赖于律师自身的准确定位。《律师法》将律师职业定位为"为当事人提供法律服务"，"律师应当维护当事人的合法权益，维护法律的正确实施，维护社会公平和正义"。这三个"维护"明确了律师肩负的社会责任，确定了律师职业的社会定位。以事实为根据、以法律为准绳是律师执业必须坚守的法律责任和职业宗旨；维护当事人的合法权益是律师职责要求；维护法律正确实施是律师的社会职责；维护社会公平正义是律师参与诉讼活动的最终目标和价值追求。律师要清楚准确自己的职能定位，以维护社会公平正义为职业价值取向，就会逐步得到社会各界和广大群众的认可，就会在社会树立起良好的职业形象。

2. 恪守职业道德

恪守职业道德是律师的立身之本，是律师行业具有公信力的重要基础。从本质上来讲，律师追求的个人利益、当事人的合法权益以及社会正义这三者之间的关系是统一的。当事人合法权益的实现，是律师追求利益最大化的最佳条件，从结果上来说，也最终实现了社会正义。而作为当事人的代理人、辩护人，为当事人据理力争是分内之事，也是维护公民基本权利和实现社会正义的应有之意和有效途径，但律师维护当事人合法权益要有必要的"界限"，即不能违背法律规定，不能损害国家利益和社会公共利益。律师要注意在维护国家利益、社会公共利益与当事人合法权益上的平衡，妥善处理好三者之间的关系，做到自觉遵守宪法和法律，使办理的每一起案件、处理的每一件法律事务都符合法律的规定和职业道德的要求。

3. 进一步提高思想政治觉悟

当前，我国正处在公共安全事件易发多发期，各种风险因素日益突出，问题复杂性加剧，防控难度加大，可以说，我们进入了一个"风险社会"。同时，随着律师队伍的不断扩大，人员成分趋向愈加复杂，整个律师队伍的思想状况呈现多样化趋势。目前，从全国情况来看，有的律师打着"维权"旗号频繁参与、插手重大敏感案件或社会热点问题，发起参与非法组织和活动；还有的律师采用抱团、串联、煽动签名、发布公开信等方式，利用网络、报刊乃至境外媒体大肆炒作敏感案件，发表歪曲、误导、煽动性言论，向办案机关施压，干扰案件依法办理。这些情况虽然涉及的仅是个别律师，但在社会治理方面已经产生一定的负面影响，也影响了整体律师队伍的形象，给律师事业发展带来了消极和不利的因素。

4. 不断提升自身的业务水平

律师队伍是中国特色社会主义法治建设的重要力量，在律师的有力参与下，有助于减少和避免冤假错案的发生。修改后的刑事诉讼法诉辩对抗更加明显，律师要多学习新的业务知识，增强庭审对抗能力。同时，要发挥自身优势，准确把握好新形势下的各类矛盾和问题的特点，积极为推动社会文明进步和法治社会进步提供正能量。例如，为企业提供法律咨询，帮助企业防范和化解法律风险；积极参与有关机关对环境污染、侵害消费者权益提起的公益诉讼活动；对未成年人、老年人等弱势群体提供高效的法律援助等等。律师应积极主动为更多需要法律帮助的人群提供法律帮助，帮助那些因经济困难、法律知识局限而受困的群体，尤其是对涉罪的未成年人提供法律帮助，为未成年人的健康成长奉献自己的力量。

"徒善不足以为政，徒法不足以自行。"当法律成为国家治理、社会运行的最基本、最主要的方式，把抽象的法律变为具体的生活，由"纸上的法律"生成为生活中的规范，必须需要和依赖一个强大的专业的法律职业共同体。虽然检察官和律师职责任务不同、角色定位不同，但对思想政治素质、业务工作能力、职业道德水准的要求是相同的。检察官和律师同为法治工作者，同受法律教育，同循法律思维，同行法治方式，同以捍卫司法公正和法律尊严为己任，同以事实为依据、以法律为准绳，应相互尊重、平等对待，相互支持、相互监督，正当交往、良性互动，为实现法治中国而做出应有的努力和贡献。

（2020年10月成文）

附条件不起诉研究

我国刑事诉讼法通过确立裁量不起诉制度赋予检察机关一定的裁量权,并希望借助它实现一定的价值目标。检察机关只要在法律允许的范围内,根据法律设定的条件和自身的行为准则,就可以充分行使自由裁量权。但是,立法和实践并不总像人们期待的那么完美无瑕,人们对自由裁量权进一步审视,就会发现,出于对检察机关行使自由裁量权正当性的"担心",我国法律赋予检察院的自由裁量权过小。由于这个原因,法律的设定"窒碍"了起诉便宜主义功效的发挥。因此,我国应拓展不起诉的适用范围,改善检察机关起诉裁量权的格局,在现有的不起诉种类外增设"附条件不起诉"。

一、附条件不起诉的精神实质

(一)附条件不起诉与暂缓不起诉、暂缓起诉的区别

笔者认为,不论是暂缓起诉或者暂缓不起诉,其字面文字意思与实际制度都与附条件不起诉不同。暂缓起诉与暂缓不起诉的表面意思显然是本来要起诉或不起诉,或者最终目标是起诉或不起诉,但由于某种特定事由而暂时搁置,到条件成熟时

再起诉或者不起诉。附条件不起诉与暂缓起诉的主要区别，一是附条件不起诉一般适用于轻罪，暂缓起诉则可以适用于轻罪，也可以适用于重罪；二是附条件不起诉要求当事人在规定的期限内实现规定的条件，暂缓起诉则没有明确的条件，一般也没有执行期限；三是附条件不起诉的法律后果一般是不起诉，暂缓起诉的法律后果一般是起诉；四是附条件不起诉需要被害人参与，且被害人的意愿往往能够"左右"案件是否能够被不起诉，暂缓起诉一般不需要被害人参与，被害人的意愿也"左右"不了案件的处理结果；五是被附条件不起诉人的心理预期要求其好好表现，从而不被刑事追究，被暂缓起诉人则没有明确的心理预期，其表现如何不起决定作用。

（二）附条件不起诉与相对不起诉的区别

附条件不起诉与相对不起诉的区别在于，相对不起诉不附加任何条件，按照现行的法律适用于情节轻微的案件[①]，相对不起诉做出后，除非发现不符合法定条件，一般不得撤销不起诉决定提起公诉；附条件不起诉一般适用于情节较轻的案件，并

---

① 对于我国刑事诉讼法规定的裁量不起诉中"犯罪情节轻微"笔者有不同看法。这是因为"犯罪情节轻微"范围过窄，犯罪情节较轻的，亦应允许人民检察院自由裁量作不起诉决定。《中华人民共和国刑事诉讼法》第一百四十二条第二款规定的"犯罪情节"应理解为"量刑情节"，即对犯罪行为人裁量决定刑罚时，据以处刑轻重或者免除处罚的各种事实情节。量刑情节又可分为四种情形，即情节轻微、情节较轻、情节严重或情节恶劣、情节特别严重或情节特别恶劣。检察机关可以裁量不起诉的案件有两种情形：一为不需要判处刑罚的；二是可以免除刑罚的案件。我国刑法中"免除刑罚"的根据是法定的免除处罚的情节，其犯罪本身可能不是轻微的，如《中华人民共和国刑法》第六十七条指出："犯罪较轻的（不是轻微），可以免除处罚。"（何秉松等：《刑法教科书》，第505页，法治出版社，1997年版）既然可以免除刑罚，当然亦可做不起诉决定。

且在不起诉的同时附加一定条件，当条件得到满足时，诉讼将不再提起；若条件得不到满足，不起诉决定应当被撤销，检察院将会提起公诉。附条件不起诉与相对不起诉在一些案件中具有选择关系，即对于一些案件来说，在考虑是否做出相对不起诉决定时，检察院认为不应当做出不起诉决定，但若附加一定条件可以做出不起诉决定，两者彼此衔接。

由此可以看出，附条件不起诉的实质是指检察机关对某些符合起诉条件的案件及其应当负刑事责任的犯罪嫌疑人，考虑到犯罪嫌疑人的自身状况、公共利益以及刑事政策的需要，设立一定的考验期、设定一定的条件进行考察，期满后根据考察情况对符合条件的犯罪嫌疑人依法做出不起诉决定的一项制度。

二、附条件不起诉立法借鉴

附条件不起诉与日本刑事诉讼中的"缓期起诉"或者"起诉犹豫"近似，特别是与德国采取特定惩罚性措施同时终止刑事诉讼的制度基本相同。在德国、日本、美国、中国台湾等国家和地区的刑事诉讼制度中，均存在与附条件不起诉相似的制度。附条件不起诉的立法建议，正是在起诉便宜主义成为多国刑事诉讼制度发展的潮流的背景下，借鉴日本和德国不起诉制度的基础上提出的。

日本最早实行便宜主义的起诉制度，允许检察官对具备条件的案件进行自由权衡，经裁量认为不必移交法庭审判的，可以做出不起诉。在日本，附条件不起诉称为起诉犹豫制度。《日本刑事诉讼法》第248条规定："检察官根据犯人的性格、年龄及境遇、犯罪的轻重、情节及犯罪后的情况，认为没有必要予以追诉时,可以不提起公诉。"其范围的确定必须遵循以下原则:一是凶恶犯不适用暂缓起诉;二是暂缓起诉必须有利于犯罪预防;三是暂缓起诉要与刑事政策和检察官的司法裁量相统一。为了确保暂缓起诉的质量,日本检察机关依照刑事诉讼法第248条,拟定了犯罪行为人的因素、犯罪的因素、犯罪后的因素三类考虑因素作为适用起诉犹豫的决定性因素。日本学者及从事司法实务的专家认为,由检察官行使裁量权而做出不起诉处分与起诉到法院判处缓刑相比,在保障人权和控制犯罪方面更能发挥较好的作用。①

德国原本实行起诉法定主义,但在20世纪70年代以来,检察机关的职能"经历了巨大的转变","其中心是将检察机关的行为准则由'起诉法定原则'变为'起诉权衡原则'"。在德国,起诉便宜主义的法律表现是《德国刑事诉讼法》第153条规定的微罪不起诉制度,按照这一规定,如果犯罪行为轻微,追究刑事责任对于公共利益没有什么意义,检察机关可以通过多种途径终止诉讼。1993年,统一后的德国把检察机关终止刑事诉讼的权限扩大到中等严重程度的犯罪,检察机关还取得了终止刑事诉讼的高度的自主性并且在相当大的程序上独立于其他的诉讼参与者。《德国刑事诉讼法》第153条规定,如果追究刑事责任对于公共利益没有什么意义或者可以通过规定并执行某些惩罚性措施消除追究刑事责任的必要性时,检察机关有权终止刑事诉讼。检察机关可以采取的惩罚性措施包括:责令为有助于公共设施而交纳罚款,责令从事公益性的工作,责令恢

---

① 〔日〕菊田幸一:《犯罪学》,海沫等译,第221—223页,群众出版社,1989年版。

复原状以及必须尽到赡养义务。①

三、附条件不起诉的立法设计

对于一种新的不起诉种类,应当进行较为周到的立法设计。

(一) 适用主体

关于附条件不起诉的主体范围有三种观点。第一种观点认为,附条件不起诉只能适用于未成年人②,这是一种严格限定的主张;第二种观点认为,附条件不起诉作为刑事诉讼中的一项制度不应该有主体的限制,应该适用于所有人③,这是一种广泛适用的主张;第三种观点认为,附条件不起诉制度主体不局限于未成年人,也不宜范围过大④,这是一种折中说。实践中的试行案件支持了第三种观点。笔者认为,"附条件不起诉"应当适用于"对于犯罪嫌疑人(应当包括检察院自己侦查的职务犯罪案件的犯罪嫌疑人)可能判处三年以下有期徒刑、管制、拘役的案件",做出此一决定之前,检察院应当根据"犯罪嫌疑人的年龄、性格、境况、犯罪性质和情节、犯罪原因以及犯罪后的悔过表现、赔偿情况等"进行权衡,在认为不起诉符合"公共利益"时,可附一定条件做出不起诉决定。

---

① 〔德〕汉斯耶尔格·阿尔布莱希特:《刑事诉讼中的变通政策以及检察官在法庭审理开始前的作用》,见陈光中、江伟等的《诉讼法论丛》(第3卷),第206-210页,法律出版社,1999年版。

② 谢双:《加强对未成年人的保护建立暂缓起诉制度》,载《天府新论》,2006年第12期。

③ 洪道德:《改"免予起诉"为"暂缓起诉"——兼论检察机关不应有刑事实体处分权》,载《法学研究》,1989年第2期。

④ 杨诚、单民等:《中外刑事公诉制度》,第223页,法律出版社,2000年版。

（二）附加条件

附条件不起诉实质是附加一定条件不再起诉，所以，必须对所附条件进行周密而科学的立法设计。

1. 设定考察期

笔者认为，检察机关在做出附条件的不起诉决定时，应参考缓刑考验期限，将该不起诉的考验期限规定为"一年以上、三年以下"较为适宜。对于考验期内不同情况，应当做不同处理：被不起诉人在考验期内故意犯新罪的，检察院应当撤销不起诉决定，连同新罪一并提起公诉；被不起诉人在考验期内没有故意犯新罪或者违反不起诉附加的其他条件的，期间届满，检察院不再就本案提起公诉。在具体的操作上，检察院可以下发"附条件期满，不再起诉"决定书，或不再下发文书，期满即视为放弃起诉。

2. 命令被不起诉人具结并履行特定义务

为了促使被不起诉人悔过自新并赔偿或者补偿被害人的损失，并维护社会秩序、防止被不起诉人继续进行危害社会的行为，检察院做出不起诉决定的同时，应有权命令犯罪嫌疑人遵守一定的规定和履行一定的义务：（1）书面悔过；（2）向被害人道歉；（3）对被害人的损失做出赔偿或者给予被害人补偿；（4）向指定的公益团体支付一定数额的财物；（5）提供一定时间的公益劳动；（6）治愈精神疾患，戒除毒瘾；（7）不得侵扰被害人、证人；（8）禁止出入特定场所。[①] 犯罪嫌疑人违背前款

---

① 张建伟：《刑事诉讼法通义》，第580页，清华大学出版社，2007年版。

命令的，检察院可以视情节轻重给予警告、撤销不起诉决定而提起公诉。被不起诉人在考验期内没有违背前款命令的，若无其他相反规定，检察院不再就本案提起公诉。

3. 必须符合一定标准

刑事诉讼法应当就此做出如下规定："检察院根据犯罪嫌疑人的年龄、性格、境况、犯罪性质和情节、犯罪原因以及犯罪后的悔过表现等，认为不起诉更符合公共利益的"，才能做出附条件的不起诉的决定。当今世界各国，一般都确认自由裁量必须遵循公益原则。例如在英国，公共利益检察原则是英国检察官自由裁量制度的一个基点，是英国刑事诉讼制度的一大特色，即使一个案件证据充分，具备定罪的可能性，也可能因为提起诉讼会违反公共利益而不予起诉。[①] 在英国起诉决定做出以前必须经过两个步骤的审查，一是证据审查（the evidential test），二是公共利益审查（the public interest test）；如果案件通过了证据审查，还需考虑起诉是否符合公共利益，当一个案件中同时存在支持和反对起诉的公共利益时，还需要进行权衡。

（三）确立救济措施

在做出附条件不起诉的决定时，应建立当事人救济措施。

1. 犯罪嫌疑人的权利救济

---

① 参见张国臣：《中国控告申诉检察管理模式研究》，第13页，河南大学出版社，2010年版。

人民检察院在做出附条件不起诉决定前，必须征得犯罪嫌疑人的同意，如果是未成年人，应当征询其法定代理人的意见。有辩护律师的，要听取律师的意见。人民检察院在做出附条件不起诉决定后，应当公开宣布，说明理由、所附条件、考察期限等，告知犯罪嫌疑人权利义务，并征询其意见。犯罪嫌疑人不同意适用附条件不起诉的，人民检察院应当做出起诉或者不起诉的决定。

2. 被害人的权利救济

有被害人的案件，应将上述情况同等告知被害人。被害人不同意附条件不起诉决定的，可以在收到附条件不起诉决定后七日内向上一级人民检察院申诉。此外，应允许被害人参与考察，随时向帮教机关了解犯罪嫌疑人考察情况。

3. 公安机关的权利救济

公安机关移送审查起诉的案件，人民检察院决定附条件不起诉的，应将附条件不起诉决定书送达公安机关。公安机关认为附条件不起诉决定不当的，可以要求复议。如果意见不被接受，可以向上一级人民检察院提请复核。

赋予检察机关一定的自由裁量权，就是为其自主决定、自主行为提供一定的空间，这是充分考虑到诉讼中人的因素并为适应社会和人的实际复杂性而做出的选择。附条件不起诉的效用在于，可以使检察机关根据案件事实、证据、诉讼参与人和社会等各方面的实际情况，采取更适于该具体案件的处理办法，使法律追求的某一或者某些价值得以实现。尽管附条件不起诉较之相对不起诉有诸多优点，但笔者并不主张以附条件不起诉取代相对不起诉。相反，相对不起诉与附条件不起诉应当共生并存、互不排斥。对于那些从各方面考察并不担心适用不起诉后会引起当事人反弹或发生其他不利后果的案件，仍然可以适用相对不起诉加以处理。而对那些直接适用相对不起诉存在某种忧虑，而又不是必须起诉到法院的案件，则可以考虑适用附条件的不起诉。这种共存状态将使检察机关审查起诉自由裁量权的范围得到科学、理性地扩大，从而更加积极、主动、灵活地处理案件，在履行法律赋予检察机关职权的范围内努力化解社会矛盾，实现公平正义。

（此文发表于《河南检察论坛》2010年第5期第19—21页）

附条件不起诉与未成年人权益保护

摘要 附条件不起诉不同于暂缓起诉或者相对不起诉。在当下，我国对未成年嫌疑人实行附条件不起诉制度有其现实需要和理论基础。检察机关在做出附条件不起诉时应实行全面调查制度，确保附条件不起诉制度的实行。

关键词 附条件不起诉；宽严相济；未成年人；权益保护

所谓附条件不起诉，是指检察机关对某些符合起诉条件的案件及应当负刑事责任的犯罪嫌疑人，考虑到犯罪嫌疑人的自身状况、公共利益以及刑事政策的需要，设立一定的考验期、设定一定的条件进行考察，期满后根据考察情况，对符合条件的犯罪嫌疑人依法做出不起诉决定的一项工作机制。近年来，全国检察机关以全面落实"宽严相济"刑事司法政策为契机，对未成年犯罪人采取了一系列特殊的保护政策。在本次修改的刑事诉讼法草案中也对符合一定条件的未成年人犯罪案件适用附条件不起诉做出专门规定。在司法实践中，如何正确理解附条件不起诉制度、如何准确把握未成年人犯罪适用附条件不起诉的标准和条件成为亟需解决的问题。

一、附条件不起诉的实质内容

（一）附条件不起诉不同于暂缓起诉、暂缓不起诉

从本质上讲，暂缓起诉与暂缓不起诉措辞的含义是同一的，因为暂缓起诉蕴涵了暂缓不起诉的意思，但暂缓起诉较之暂缓不起诉更符合汉语使用习惯，本文的暂缓起诉与暂缓不起诉同义。笔者认为，不论是暂缓起诉或者暂缓不起诉，其字面文字意思与实际制度都与附条件不起诉不同。"暂缓起诉的表面意思显然是本来要起诉或不起诉，或者最终目标是起诉或不起诉，但由于某种特定事由而暂时搁置，到条件成熟时再起诉或者不起诉。"[①]附条件不起诉与暂缓起诉的主要区别，一是附条件不起诉一般适用于轻罪，暂缓起诉则可以适用于轻罪，也可以适用于重罪；二是附条件不起诉要求当事人在规定的期限内实现规定的条件，暂缓起诉则没有明确的条件限制，一般也没有执行期限；三是附条件不起诉的法律后果一般是不起诉，暂缓起诉的法律后果一般是起诉；四是附条件不起诉需要被害人参与，且被害人的意愿往往能够"左右"案件是否能够被不起诉，暂缓起诉一般不需要被害人参与，被害人的意愿也"左右"不了案件的处理结果；五是被附条件不起诉人的心理预期要求其好好表现，从而不被刑事追究，被暂缓（不）起诉人则没有明确的心理预期，其表现如何不起决定作用。

（二）附条件不起诉不同于相对不起诉

我国法律目前规定的不起诉分三种类型：绝对不起诉、相

---

① 张建伟：《刑事诉讼法通义》，第578页，清华大学出版社，2007年版。

对不起诉和存疑不起诉。从司法实践看，对绝对不起诉的适用基本没有争议；对存疑不起诉的适用有争议，但主要涉及对事实证据的把握和认定标准以及法律后果的评价问题；而对相对不起诉的适用则争议较大，存在的问题也较多。因此，在弄清附条件的精神实质之前，有必要把附条件不起诉与相对不起诉适用的条件作一区别。二者都属于检察院有起诉权并且在起诉后一般也能获得胜诉的案件，在决定是否起诉的环节，检察院都有自由裁量决定的权利。两者的区别在于，一是相对不起诉不附加任何条件，按照现行的法律适用于情节轻微的案件，相对不起诉做出后，除非发现不符合法定条件，一般不得撤销不起诉决定提起公诉。二是附条件不起诉一般适用于情节较轻的案件，并且在不起诉的同时附加一定条件，当条件得到满足时，诉讼将不再提起；若条件得不到满足，不起诉决定应当被撤销，检察院将会提起公诉。三是附条件不起诉的效力具有不确定性和非终局性的特征，而相对不起诉的效力具有终局性。同时，附条件不起诉与相对不起诉在一些案件中具有选择关系，即对于一些案件来说，在考虑是否做出相对不起诉决定时，检察院认为不应当做出不起诉决定，但若附加一定条件可以做出不起诉决定，两者彼此衔接。由此可以看出，附条件不起诉的实质是指检察机关对某些符合起诉条件的案件及应当负刑事责任的犯罪嫌疑人，考虑到犯罪嫌疑人的自身状况、公共利益以及刑事政策的需要，设立一定的考验期、设定一定的条件进行考察，期满后根据考察情况，对符合条件的犯罪嫌疑人依法做出不起诉决定的一项工作机制。

二、附条件不起诉的现实需要

众所周知,我国现行刑事诉讼法已经建立了不起诉制度。在此情形下,再建立附条件不起诉制度,就必须回答其与现行不起诉制度的关系问题以及建立该项制度的必要性问题。

(一)充分发挥起诉便宜主义功效的现实需要

我国刑事诉讼法通过确立裁量不起诉制度赋予检察机关一定的裁量权,检察机关只要在法律允许的范围内,根据法律设定的条件和自身的行为准则,就可以充分行使自由裁量权。但是,在立法和实践中,出于对检察机关行使自由裁量权正当性的"担心",我国法律赋予检察院的自由裁量权过小。由于这个原因,法律的设定"窒碍"了起诉便宜主义功效的发挥。因此,我国积极拓展不起诉的适用范围,改善检察机关起诉裁量权的格局,在刑事诉讼中明确规定"附条件不起诉"。

(二)解决目前不起诉制度效果不理想问题的现实需要

刑事诉讼法在规定相对不起诉适用时,没有考虑到当事人包括犯罪嫌疑人、被害人的态度和意见,完全由检察机关依照法律规定单方面决定。在司法实践中,往往出现犯罪嫌疑人虽然被不起诉,却不领情,甚至持不起诉决定书要求刑事赔偿的情况。被害人也往往因为物质损害得不到赔偿,为此申诉、上访不断,执法效果大打折扣。为此,建立附条件不起诉制度,在适用附条件不起诉的条件上,征得犯罪嫌疑人和被害人的同意,将促使犯罪嫌疑人对被害人产生期待和感激心理,从而积极争取并在获得不起诉后约束自己的行为,也对平息被害人的报复心理、平衡被害人的失衡心态产生积极影响，还在很大程度上能够减缓、消除办案人员在适用不起诉处理案件时存在的担心、畏难心理。

（三）落实宽严相济刑事政策的现实需要

宽严相济实际上不只是我国的一个刑事政策，也是一个执法理念，与轻轻重重原则相比，宽严相济更全面、更准确，既适用于轻罪，也适用于重罪。要把宽严相济刑事政策上升为法律制度并转化落实，对可能判处三年以下有期徒刑的未成年人可以附条件不起诉，就是宽严相济刑事政策中"宽"的体现。通过一定的工作机制，规定一定的条件和时限，让未成年犯罪嫌疑人真诚悔罪、赔礼道歉，在精神和物质上给被害人以抚慰和补偿；通过和解，抚平被害人心灵上的创伤，赔偿被害人的物质损失；并通过被害人接受犯罪嫌疑人的道歉和赔偿，使犯罪嫌疑人对被害人产生感激，从而积极争取被害人的谅解，履行自己的承诺，改过自新，重新做人。附条件不起诉制度正契合了这种"以当事人为本"的司法理念，为化解矛盾、促进社会和谐打造了平台。

（四）加强对被不起诉未成年人考察监督的现实需要

在刑事诉讼法关于相对不起诉决定的法律效力上，属于"一次性行为"，一旦做出不起诉的决定并向当事人宣布后当即生效。此后不论被不起诉人表现如何，对已做出的不起诉决定并不产生任何影响。在此情形下，检察机关对被不起诉人并无监督制约力，对被不起诉人由谁来进行考察帮教，谁来监督其履行赔偿补偿义务、修复被其破坏的社会关系，被不起诉人若不能悔过自新、再生事端怎么办，法律规定出现了"空当"。正是由于附条件不起诉要附加一定条件才不起诉的法律特性，使其被监督有了明确的目标和空间，从而弥补法律对不起诉监督的缺陷。

（五）轻刑化和非刑罚化国际趋势的现实需要

能不判刑的，尽量不用刑；能用轻刑的，就用轻刑。这一轻刑化和非刑罚化的趋势已是一种国际趋势。附条件不起诉，就是把未成年犯罪嫌疑人尽量非刑罚化，不进行刑罚处罚，使犯有轻罪的人以自己的悔改态度和积极表现重返社会，特别是使其中的偶犯、初犯、过失犯、胁从犯等不至于被贴上"罪犯"的标签，有利于他们洗心革面，不再犯罪。

三、附条件不起诉的理论基础

在德国、日本、美国、中国台湾等国家和地区的刑事诉讼制度中，均存在与附条件不起诉相似的制度。

日本最早实行便宜主义的起诉制度，允许检察官对具备条件的案件进行自由权衡，经裁量认为不必移交法庭审判的，可以做出不起诉的决定。在日本，附条件不起诉称为起诉犹豫制度。《日本刑事诉讼法》第248条规定："检察官根据犯人的性格、年龄及境遇、犯罪的轻重、情节及犯罪后的情况，认为没有必要予以追诉时，可以不提起公诉。"其范围的确定必须遵循以下原则：一是凶恶犯不适用暂缓起诉；二是暂缓起诉必须有利于犯罪预防；三是暂缓起诉要与刑事政策和检察官的司法裁量相统一。为了确保暂缓起诉的质量，日本检察机关依照刑事诉讼法第 248 条，拟定了犯罪行为人的因素、犯罪的因素、犯罪后的因素三类考虑因素作为适用起诉犹豫的决定性因素。日本学者及从事司法实务的专家认为，由检察官行使裁量权而做出不起诉处分与起诉到法院判处缓刑相比，在保障人权和控制犯罪方面更能发挥较好的作用。①

德国原本实行起诉法定主义，但在 20 世纪 70 年代以来，检察机关的职能"经历了巨大的转变"，"其中心是将检察机关的行为准则由'起诉法定原则'变为'起诉权衡原则'"。在德国，起诉便宜主义的法律表现是《德国刑事诉讼法》第 153 条规定的微罪不起诉制度。按照这一规定，如果犯罪行为轻微，追究刑事责任对于公共利益没有什么意义，检察机关可以通过多种途径终止诉讼。1993 年，统一后的德国把检察机关终止刑事诉讼的权限扩大到中等严重程度的犯罪，检察机关还取得了终止刑事诉讼的高度的自主性并且在相当大的程序上独立于其他的诉讼参与者。《德国刑事诉讼法》第 153 条规定，如果追究刑事责任对于公共利益没有什么意义或者可以通过规定并执行某些惩罚性措施消除追究刑事责任的必要性时，检察机关有权终止刑事诉讼。检察机关可以采取的惩罚性措施包括：责令为有助于公共设施而交纳罚款，责令从事公益性的工作，责令恢复原状以及必须尽到赡养义务。② 阿尔布莱希特还指出："起诉权衡原则在青少年刑事诉讼程序中得到了强有力的贯彻。因为

---

① [日]菊田幸一：《犯罪学》，海沫等译，第 221-223 页，群众出版社，1989 年版。
② [德]汉斯耶尔格·阿尔布莱希特：《刑事诉讼中的变通政策以及检察官在法庭审理开始前的作用》，见陈光中、江伟的《诉讼法论丛》（第 3 卷），第 206-210 页，法律出版社，1999 年版。

首先是在青少年的刑事诉讼程序中,所谓的'变通的解决方式'作为一种颇具影响的法律政治思潮得到验证,它旨在对青少年违法者转而适用一种完全适合于青少年的刑事诉讼程序,以期避免法庭审理、法定的惩罚给青少年贴上罪犯的标签。"[1]

四、附条件不起诉的司法操作

对于一种新的不起诉种类,不仅要进行较为周到的立法设计,更要对司法实践中的操作进行细致分析和把握。

(一)建立分层次调查制度

对"可能判处三年以下有期徒刑、管制、拘役"的未成年人犯罪案件,是否所有的符合以上条件的未成年人都可以适用附条件不起诉呢?笔者认为,对未成年人犯罪案件应当建立分层次考察制度。

1. 在公安机关侦查时应引入社会调查制度

公安机关在侦查未成年人犯罪案件时,不仅要查明案件本身的情况,还应对未成年犯罪嫌疑人、被告人的家庭背景、生活环境、教育经历、个人性格、心理特征等与犯罪和案件处理有关的信息做全面、细致的调查;必要时还要进行医学、心理学、精神病学等方面的鉴定,并根据调查的结果选择最恰当的

---

[1] [德]汉斯耶尔格·阿尔布莱希特:《刑事诉讼中的变通政策以及检察官在法庭审理开始前的作用》,见陈光中、江伟的《诉讼法论丛》(第3卷),第210页,法律出版社,1999年版。

处理方法。①侦查机关在侦查终结移送审查起诉时，应将社会调查的内容一并移送，并可以对是否适用附条件不起诉提出建议。

2. 检察机关在办理未成年人犯罪案件时应主要查明与案件有关的事实

结合我国的实际情况，检察机关主要审查是否构成犯罪以及与犯罪行为有关的情节，如是否前科、初犯、偶犯、自首、认罪态度、其人身危险性大小，是否具有改造的可能等情况，以及在共同犯罪中是否属于主犯、从犯、胁从犯等，然后根据宽严相济的刑事政策，应该从严抑或从宽处罚。

3. 检察机关在做出附条件不起诉时建立全面调查制度

之所以要建立对未成年人全面调查制度，是因为想预防其再次犯罪。查清未成年人实施犯罪行为背后的家庭、学校、社会和个体的原因，要比查清他究竟干了什么更重要。如果只注重查清案件事实，而没有查清他这么干的原因，直接依法对其予以刑事处罚，这只能起到打击的作用；或者武断地就适用附条件不起诉，这只能起到放纵的作用，而不能真正起到预防的作用。《俄罗斯联邦刑事诉讼法典》第392条规定，对未成年人案件进行侦查和法庭审理时，必须特别注意查明以下情况：（1）未成年人的年龄；（2）生活和教育条件；（3）促成未成年人犯罪的原因和条件；（4）有无成年的教唆犯或者其他共犯。②《日

---

① 樊崇义：《刑事诉讼法实施问题与对策研究》，第632页，中国人民公安大学出版社，2001年版。

② 温小洁：《我国未成年人刑事案件诉讼程序研究》，第76-77页，中国人民公安大学出版社，2003年版。

本少年法》第 9 条规定，家事法院的调查官要充分利用医学、心理学、教育学、社会学以及其他专门知识特别是少年鉴定所的鉴定结果，对少年、保护人及相关人员的品行、经历、素质、环境等进行调查。[①]为此，笔者认为，我们应借鉴国外的做法，检察机关在做出附条件不起诉时，应调查以下内容：(1) 未成年人的基本情况及家庭构成。主要查明未成年人有无兄弟姐妹，与监护人的关系，家庭结构是否健全，家庭关系是否融洽，家庭教育是否全面，家庭经济状况等。(2) 未成年人的成长经历。主要查明未成年人是否有不良行为习惯和不良经历，未成年人的遭遇、现任的职业、受教育的情况等。(3) 未成年人的性格品行。主要查明交往对象、交往范围，在社区中与有关邻里的关系、学校老师同学对其的评价等。然后根据调查情况，形成翔实的社会调查报告。在社会调查基础上结合案件事实，对犯罪嫌疑人的人身危险性和再犯罪的可能性进行分析评估，为是否适用附条件不起诉提供重要依据。

4. 做出附条件不起诉时必须符合一定标准

刑事诉讼法应当就此做出如下规定，"检察院根据犯罪嫌疑人的年龄、性格、境况、犯罪性质和情节、犯罪原因以及犯罪后的悔过表现等，认为不起诉更符合公共利益的"，才能做出附条件不起诉的决定。当今世界各国，一般都确认自由裁量必须遵循公益原则。例如，在英国，公共利益检察原则是英国检察官自由裁量制度的一个基点，是英国刑事诉讼制度的一大特色，

[①] 孙云晓、张美英等：《当代未成年人法律译丛》(日本卷)，第163页，中国检察出版社，2006年版。

即使一个案件证据充分，具备定罪的可能性，也可能因为提起诉讼会违反公共利益而不予起诉。① 在英国起诉决定做出以前必须经过两个步骤的审查，一是证据审查（the evidential test），二是公共利益审查（the public interest test），如果案件通过了证据审查，还需考虑起诉是否符合公共利益，当一个案件中同时存在支持和反对起诉的公共利益时，还需要进行权衡。《英国皇家检察官准则》详细列举了检察官在决定起诉时需要考虑的公共利益因素，检察机关进行自由裁量必须遵循公益原则，这是与检察机关的性质相适应的。

5. 做出附条件不起诉时应加强内外监督，确保程序公开公正

司法听证是司法机关为了合理有效地做出司法裁决而公开举行的由全部利害关系人参加的听证会。为确保附条件不起诉案件办理得公正、公开，附条件不起诉案件程序启动前，检察院应邀请人民监督员、公安人员、被害人亲属以及法定代理人、近亲属以及其诉讼代理人、辩护人等参加听证会。听取他们对案件办理程序、所附条件、帮教情况的评审意见，确保不起诉案件公开透明。同时，积极接受基层组织的监督，坚持主动走访犯罪嫌疑人所在单位、社区等基层组织，全面听取意见，作为实行附条件不起诉的重要参考。

---

① 参见张国臣：《中国控告申诉检察管理模式研究》，第13页，河南大学出版社，2010年版。

（二）明确规定被不起诉人在考察期内应履行的义务

1. 命令被不起诉人具结并履行特定义务

为了促使被不起诉人悔过自新并赔偿或者补偿被害人的损失，并维护社会秩序、防止被不起诉人继续进行危害社会的行为，检察院做出不起诉决定的同时，应有权命令犯罪嫌疑人遵守一定的规定和履行一定的义务。为此，有学者提出被不起诉人履行的义务主要有：（1）书面悔过；（2）向被害人道歉；（3）对被害人的损失做出赔偿或者给予被害人补偿；（4）向指定的公益团体支付一定数额的财物；（5）提供一定时间的公益劳动；（6）治愈精神疾患，戒除毒瘾；（7）不得侵扰被害人、证人；（8）禁止出入特定场所。[1] 笔者基本同意上述学者的观点，但对"向被害人道歉"这一项有些不同的认识。适用附条件不起诉的条件中最重要的一项取得被害人的谅解，以不接受刑罚的方法承担因犯罪行为而产生的责任。这种承担责任的方式可以起到唤醒廉耻感和影响其原有的错误认知的作用，从而有利于矫正其违法犯罪心理而逐渐形成守法心理。但是，对如何向被害人道歉，笔者认为，应当采用在自己家人、被害人、社区工作者、司法工作者前公开道歉的方式。一方面，公开道歉是一种认输的行为，一个不承认自己有错误的人，是难以表达出相关意思的；另一方面，公开道歉即使不是发自于内心的，一旦说出对被害人的歉意，行为人也仍然会体会到羞耻感，会强烈地感受到自己的犯罪行为是不光彩的，不仅不被社会接受，而且也会让自己的家人蒙羞和受到连累，从而可能防止新的犯罪行为的发生。

---

[1] 张建伟：《刑事诉讼法通义》，第580页，清华大学出版社，2007年版。

2. 明确帮教考察责任

从考察的内容上来讲，除了向被害人道歉、遵章守纪外，应由做出附条件不起诉决定的检察机关办案人员进行考察帮教。检察人员可以通过未成年人的法定代理人、近亲属、居住地所在的居民委员会或其工作学习的单位学校了解被附条件不起诉人的生活、学习、工作情况，作为最后做出最终决定的依据。同时，应允许被害人参与考察，随时向帮教机关了解犯罪嫌疑人考察情况。对于承诺对附条件不起诉人员实施帮教的单位和个人，严格其帮教责任，采取坚持每月听取汇报、每季专访，并实行不定期的抽查，确保帮教效果。对于帮教流于形式或出具虚假帮教信息的要严肃批评，并取消帮教资格；同时，对于考察人员出具的考察意见实行终身责任制，使责任落到实处。

（三）完善救济措施，在做出附条件不起诉的决定时，应建立当事人救济措施

1. 犯罪嫌疑人的权利救济

人民检察院在做出附条件不起诉决定前，必须征得犯罪嫌疑人的同意，如果是未成年人，应当征询其法定代理人的意见。有辩护律师的，要听取律师的意见。人民检察院在做出附条件不起诉决定后，应当公开宣布，说明理由、所附条件、考察期限等，告知犯罪嫌疑人权利义务，并征询其意见。犯罪嫌疑人不同意适用附条件不起诉的，人民检察院应当做出起诉或者不起诉的决定。

2. 被害人的权利救济

若未成年人所犯之罪是有被害人的案件，应将上述情况同

等告知被害人。被害人不同意附条件不起诉决定的，可以在收到附条件不起诉决定后七日内向上一级人民检察院申诉，对复查结果仍不服的，可以向人民法院提出自诉。被害人也可以不经申诉直接向人民法院提出自诉。

3. 公安机关的权利救济

对公安机关移送审查起诉的案件，人民检察院决定附条件不起诉的，应将附条件不起诉决定书送达公安机关。公安机关认为附条件不起诉决定不当的，可以要求复议。如果意见不被接受，可以向上一级人民检察院提请复核。

（此文发表于《预防青少年犯罪研究》2012年第3期第30-34页，获河南省法学会2011年度"河南省诉讼法学科研成果一等奖"）

涉罪未成年人心理干预机制研究

摘要 2013年新刑事诉讼法实施后,旨在教育、感化、挽救涉罪未成年人的各种机制纷纷走进人们的视野,以培养涉罪未成年人健康心理、健全人格、良好社会适应能力的心理学技术也被引入刑事诉讼程序。本文通过介绍国外少年司法制度中心理干预机制的法律规定及成功经验,以河南省检察机关对涉罪未成年人进行心理干预的做法为视角,阐明检察机关目前开展心理干预工作的现状和必要性,从而建构起较为完善的融合心理学技术的未成年人心理干预机制。

关键词 涉罪未成年人;刑事诉讼程序;心理干预

人格刑法学理论指出,未成年犯罪人的人格特点具有不同于成年犯罪人的特殊性。一是假象性。未成年人和成年人最大的区别是心智发育尚未完全,认识能力和控制能力尚不全面,即使进行同样的行为,其主观认识和成年人相比往往具有一定的差距,少年犯罪的故意心理状态是一种不同于成年人犯罪故意的不完全、不成熟故意,即使实施了客观上严重危害社会的行为,也并不表明其已经形成了真正的犯罪人格,而仅仅是一种假象的"不法人格"。二是被害性。由于未成年人免疫力差,在成长过程中遭遇不正常对待后容易导致其人格异化。从未成年人犯罪的产生原因上看，往往是社会上各种不良因素、制度缺陷、恶劣环境交互作用的结果。实践中，涉罪未成年人多来源于残缺家庭或者留守、流动、闲散、流浪儿童群体，文化程度普遍偏低。据统计，河南省检察机关办理的2011年至2013年未成年人犯罪的案件中，只具有初中、小学文化程度的比率高达89.5%；"失学、失业、失管"的"三失"未成年人犯罪数占全部未成年人犯罪数的70%以上。因此，涉罪未成年人既是社会的受害者，也是不良环境的受害者。同时，从犯罪心理学的角度来讲，犯罪是不良心理的结果及外化，多年司法实践证明未成年人犯罪往往始于因家庭、社会引发的心理问题[1]。所以，单纯地严厉打击和刑事处罚对未成年人犯罪预防作用十分有限，而如何用专业心理学技术对涉罪未成年人进行有效的心理干预，使他们学会反思自我、消除负面情绪，帮助其塑造积极的人格、健康的心理[2]，从根本上阻断其再犯罪的根源是检察机关应当深入思考的问题。

一、涉罪未成年人心理干预机制的法律规定及作用

"心理"从文义上可以解释为人的头脑反映客观现实的过程，如感觉、知觉、思维、情绪等，泛指人的思想、感情等内

---

[1] 张波、陈霞：《重庆市未成年人犯罪十年调查——以法院审判为视角》，载《中国犯罪学学会第十八届学术研讨会论文集》（中册），2009年版；《危险的14岁现象凸显》，载《法治日报》，2008年2月26日第6版。

[2] 2004年，彼得森·塞林格曼在《人格力量与美德分类手册》一书中，归纳了几乎所有的传统著作都支持的六种美德，即智慧、勇气、人道、公正、节制、卓越，并提出了与之相应的二十四个积极人格特质的分类标准。

心活动，是不具有物质形态和稳定状态的主观意识①。犯罪心理则是指影响和支配犯罪人实施犯罪行为的各种心理因素的总称，包括认识、情感、意志、兴趣、需要、动机、理想、信念、世界观、价值观以及心理状态等②。未成年人犯罪心理是指影响和支配未成年人实施犯罪行为的各种不良心理因素的总称，通常指消极、不良的心境，异常的心理状态，过分压抑或愤懑的心理状态，长期苦闷、自卑的心理状态等。③心理干预机制是指在未成年人刑事案件中通过对涉案未成年人及其他诉讼参与人进行心理辅导，以缓解未成年人的紧张情绪，消除未成年人的心理障碍，化解未成年人的心理矛盾，尽量矫正未成年人的不健康心理，促进诉讼活动顺利进行，并通过多种形式的心理测评活动，为司法机关正确处理提供科学参考，也为涉罪未成年人进行个性化矫正提供客观依据的一系列干预措施的总称④。

（一）涉罪未成年人心理干预机制的法律规定及成功经验

在刑事诉讼中介入心理干预机制可以有效帮助涉罪未成年人提高认识、改恶从善，因而被大多数国家和地区重视利用。当代国外法域层面，国外的诉讼心理干预通常在尊重和保持心理学学科体系的基础上展开。

在对未成年人做出判决前进行必要的人格调查和精神状态分析，已为联合国少年司法准则所确认，并成为少年司法程序

---

① 《现代汉语词典》，第1398页，商务印书馆，1997年版。
② 罗大华等：《犯罪心理学》，第2页，中国政法大学出版社，2003年版。
③ 罗大华等：《犯罪心理学》，第42页，中国政法大学出版社，2003年版。
④ 参见周道鸾：《一项极具特色的未成年人司法治度——广州法院试行心理干预制度调查》，载《青少年犯罪问题》，2009年第61期，第53页。

中一项富有特色的制度。1955年8月，在日内瓦召开的联合国第一届防止犯罪及犯罪处遇会议上，各国代表及专家均认为："实行个别处遇，应从人格之调查分类着手，必先根据精密的调查，由是进而决定个别处遇之方法，始便于分类收容。"《联合国少年司法最低限度标准规则》第16条规定："所有案件除涉及轻微违法行为的案件外，在主管当局做出判决前的最后处理之前，应对少年生活的背景和环境或犯罪的条件进行适当的调查，以便主管当局对案件做出明智的判决。"《公民权利和政治权利国际公约》第14条第4款特别约定："对少年的案件，在程序上应考虑到他们的年龄和帮助他们重新做人的需要。"《北京公约》第14条第2款规定："诉讼程序应按照最有利于少年的方式和在谅解的气氛下进行，应允许少年参与诉讼程序，并且自由地表达自己的意见。"

如今许多国家和地区的少年司法制度中，也都明文规定对未成年被告人进行必要的心理干预。例如，美国的少年法规定，未成年被告人被判刑罚之后、接受以社会为基础的矫正之前，首先会被送进接收与诊断中心，以决定适合的矫正方式。接收与诊断中心是在少年局、少年服务局和矫正局的积极倡导下成立的，其主要功能是根据每一个被处理的未成年人的情况决定适合该未成年人的处理措施以及决定将该未成年人送往哪一种训练学校，对每一个未成年人的分析与诊断由心理分析专家、精神专家、社会工作者、学者和牧师一起进行，经过分析和诊断，心理专家要对该未成年人的智力、能力、成熟度以及感情等方面的问题进行测试，以决定将未成年人送往最适合的场所，施予最恰当的处遇方式。①《德意志联邦共和国青少年刑法》第43条规定：在审理之前，"应当尽快地对有助于判断被告人道德、思想和个性特点的被告人的生活和家庭情况、成长过程、迄今为止的行为以及所有其他情况进行调查"。在日本，审理少年犯罪案件的家庭裁判所实行"调查先行主义"，即对受理的少年案件在审理之前必须进行调查。根据日本少年法的要求，这种调查必须依据医学、心理学、教育学及其他专业知识，特别应重视少年鉴别所的鉴定结果，针对少年、监护人或有关人员的品行、经历、素质与环境进行②。同时，要对进入少年院的少年进行各种心理上的处理，如精神状态分析、看心理剧等，能促进他们早期适应院内生活，对某些屡次违反纪律和行为粗暴的少年来说，能稳定他们的情绪，并缓和在院者之间的紧张关系。③在瑞典，根据《社会服务法》等有关法律的规定，当一般公民或警察发现少年刑事案件后，负有义务通知社会福利委员会，而委员会则将案件委托有关机关或学校进行调查。如果少年、儿童有可能存在身心缺陷时，则由医生或心理学家参与调查。法律规定对于调查未满15岁的儿童时，儿童的父母应当出席。社会福利委员会审查调查报告后，可根据具体情况采取相应的保护处分措施。在泰国，成立了专门的青少年观察监护中心，警察在发现青少年犯罪案件后，应先交由观察监护中心的检察员、教官对违法青少年进行调查，包括对其家庭背景、青

---

① 康树华：《论中国少年司法治度的完善》，载《中国刑事法杂志》，2000年第3期，第63页。

② 张鸿巍：《少年司法通论》，第377页，人民出版社，2008年版。

③ 康树华等：《预防未成年人犯罪与法制教育全书》（中卷），第956页，西苑出版社，1999年版。

少年本人的历史、违法的背景等,从而研究分析青少年违法的动机、人身危险性以及改造可能性,然后做出结论性报告,供有关警察和检察官处理时参考。

我国港澳台地区也非常重视对涉罪未成年人的心理干预工作。在香港,各监禁性机构为违法犯罪未成年人提供体力劳动、心理辅导、戒毒治疗和职业训练等各种不同类型的更生服务,并制订详细的训练计划,包括学历教育、职业训练、品格熏陶、价值建立及生活历练培训等,帮助违法犯罪未成年人顺利回归社会。在澳门,未成年人在感化院可接受各类辅导,包括治疗性辅导、发展性辅导和重返社会准备。治疗性辅导即包括心理辅导、精神与健康评估、理性思考训练、冲动情绪管理训练和反社会思想及行为辅导等。在台湾,所有进入法庭的少年案件都会交由调查官做心理测验。心理测验员由法院聘雇,需要有心理、社工的背景,通过考试成为法院的公务员。测验结果不作为量刑轻重的标准,而是为了更加了解少年身心状况,更有针对性地处理。如果通过初步的心理测验,调查官发现异常,法官将委托精神科医师对其做更加深入的心理测验,了解其家庭成长史、生活状况等。法官可以此结论为基础裁判哪种处理对孩子合宜,协助其复原,而不是处罚。

2012年,新修改的《人民检察院中华人民共和国刑事诉讼法》专章规定了未成年人刑事案件诉讼特别程序,对涉罪未成年人以"教育为主、惩罚为辅",再次明确了"教育、感化、挽救"的刑事方针政策。最高人民检察院《人民检察院刑事诉讼规则(试行)》第四百九十八条规定:"人民检察院可以要求被附条件不起诉的未成年犯罪嫌疑人接受下列矫治和教育:(一)

完成戒毒治疗、心理辅导或者其他适当的处遇措施……"2014年,最高人民检察院在《人民检察院办理未成年人刑事案件的规定》中明确规定,对未成年人刑事案件,人民检察院根据需要,可以对未成年犯罪嫌疑人、被告人进行心理疏导。必要时,经未成年犯罪嫌疑人及其法定代理人同意,可以对未成年被告人进行心理测评。这些法律规定为检察机关对涉罪未成年人进行心理干预指明了方向,提供了强有力法律制度支持,同时,也为探索开展未成年人心理干预工作提供更大的平台。

(二)检察机关在刑事诉讼中引入心理干预机制的重要作用

检察机关对未成年人刑事案件实行批准逮捕、审查起诉、诉讼监督、犯罪预防一体化办案模式,引入心理干预机制,对检察机关正确处理案件,做好涉罪未成年人的心理调节和犯罪预防工作均能起到积极的作用。一般而言,对未成年被告人进行心理干预具有以下几个方面的作用。

1. 有利于全面落实"教育、感化、挽救"的刑事政策方针

"教育、感化、挽救"的刑事政策方针要求检察机关在办理未成年人刑事案件时必须把"教育"放在首位。那么,如何教育?传统的教育方法多是灌输、强制的方法,承办人和涉罪未成年人的地位不同,承办人使用一种说服、训斥的教育方法,虽然使涉罪未成年人表面上可能会服从于他,可是不一定能够使他们心服口服,不能使他们彻底地根治犯罪的心理动机。而心理干预则运用专门的心理学技术,在一个平等和谐、相互信任、密切合作的情景气氛中,通过相互磋商来解决心理问题或矫治心理障碍。这是一种特殊的教育方式,使他们能够把心中

所压抑的东西倾诉出来，有利于掌握他们犯罪的原因和动机，有利于彻底地从心底里把犯罪的根源拔除，使他们真正悔过自新，从而全面落实"教育、感化、挽救"的刑事政策要求。

2.有利于及时对涉罪未成年人进行心理调节和疏导，避免引发更严重的心理问题

由于未成年人的心理发育尚未成熟，情绪不稳定，他们犯罪后，心态十分复杂，大多存在紧张、焦虑、恐惧等情绪，如果心理得不到及时地疏导，其不良情绪得不到及时地宣泄，有可能发展为严重的心理问题，有的甚至自杀、自残。因此，在审查起诉环节，自第一次讯问涉罪未成年人时就介入心理干预，通过心理咨询师的心理辅导，可以使他们的不良情绪及早地得到宣泄，心态恢复平和，学会自我调节和自我控制，对自己的问题有个清醒的认识，从而在心理上接受检察机关做出的处理决定和法院的判决结果。

3.有利于为检察机关正确处理案件提供参考依据

未成年人犯罪具有多种心理因素，不同的个体其犯罪的背景和心理动因各不相同，因此需要对涉罪未成年人的犯罪背景进行调查，对促使其走上犯罪道路的心理因素进行评估。心理干预机制的介入，可以在充分了解涉罪未成年人的成长经历、生活环境、性格特点、家庭情况、人际交往、犯罪前后的态度和表现等客观因素外，通过挖掘未成年人犯罪的心理动因，掌握其心理状况，必要时对涉罪未成年人进行心理测量，对其犯罪的动因、个性特征、人身危险性和改造的可能性等进行全面评估，对其再犯罪的可能性进行预测，有助于检察机关多角度

考察涉罪未成年人犯罪的原因和犯罪后的态度，正确判断其主观恶性和人身危险性，从而做出科学的、正确的不起诉、附条件不起诉、量刑建议等处理决定。

4.有利于个性化帮教，从而实现由关注案件到关注个人的转变

教育的有效性要求"因人施教"。作为司法职能的延伸，帮教是完善未成年人犯罪特殊预防的关键举措，而心理干预是帮教工作中的重要环节。尽管犯罪未成年人作为一个群体有其共有的特性，但在每一个具体的未成年犯罪案件中，行为人的人格特征、所处环境、平时表现、致罪原因等各有不同，只有通过细致而周密的调查，查清涉罪未成年人的心理症结，找准教育的感化点和治愈不良心理的落脚点，"私人定制"教育挽救方案，从而有针对性地进行帮教。例如，河南近三年的未成年人犯罪中，因"哥们义气、两肋插刀、有福同享、有难同当"的思想而引起犯罪的占未成年人犯罪总数的60%以上，他们意气用事，不计后果，将错就错，直到走上了犯罪道路还"义无反顾"。对于这类涉罪未成年人，通过心理干预，运用心理咨询中的改变认知疗法，从而使他们正确理解自己与社会的关系，深刻认识自己行为的性质，懂得什么是真正的"朋友"，从而认罪服法，重归正途。

二、我国检察机关开展涉罪未成年人心理干预的现状及必要性

检察机关开展涉罪未成年人心理干预，主要是在审查起诉、

附条件不起诉、不起诉后跟踪帮教等阶段，结合涉罪未成年人的生理、心理特点，由人民检察院具有心理咨询师资格的未检干警或者外聘心理咨询师，对涉罪未成年人进行社会调查、心理评估、心理疏导、行为矫治，分析未成年人犯罪原因，帮助涉罪未成年人缓解紧张、焦虑、害怕、抵触等不正常心理，运用科学手段，矫治其不良行为。

（一）我国检察机关开展涉罪未成年人心理干预的现状

近年来，国内各级司法机关按照相关法律法规的刑事政策精神，相继展开了一系列涉罪未成年人的心理帮扶救助工作。全国检察机关以专业心理学技术对涉罪未成年人进行心理干预，在合作机构、适用范围、测验程序、矫正方法等方面进行了积极的探索。以河南省检察机关为例，截至到2014年9月，河南省有10个左右的基层检察院经过试点运作，建立起规范的未成年人心理疏导室和未成年人行为矫治基地，形成了较为系统的心理疏导机制，通过选聘心理咨询师作为志愿者，运用专业心理学技术，向全部未羁押及部分被羁押的近500余名涉罪未成年人进行了专业的心理干预工作。但是，从司法实践的角度来看，刑事诉讼程序中引入心理干预工作只是个别部门的创新做法或某个地方的成功经验，受益的只能是部分人群，没有形成一套完整的机制而全面推行。结合河南检察机关试点开展涉罪未成年人心理干预的实际情况来看，笔者认为，检察机关没能全面开展涉罪未成年人心理干预工作的原因主要有以下几个方面。

1. 思想认识不足，重视程度不够

心理学和刑事法的渊源最早开始于心理学的一个分支——犯罪心理学。犯罪心理学一词最早出现于1790年德国人明希编写的《犯罪心理学在刑法制度中的影响》，18世纪末、19世纪初犯罪心理学研究初步发展，在龙勃罗梭实证研究的带动下，19世纪末出现了犯罪心理学的活跃期。我国心理学的发展相比西方国家则较晚，20世纪三四十年代犯罪心理学才在我国逐渐发展起来。新中国成立后，心理学被定位为伪科学，中断发展。直到70年代末，犯罪心理学开始在我国复苏。① 目前，很多单位对心理学这一新生科学了解不足，不了解心理学技术的价值；再加上由于受长期以来传统办案思想观念的影响，不少检察机关认为只要把案件办准即可，没有真正认识到未成年人案件与一般案件的区别，对如何真正地"教育、感化、挽救"涉罪未成年人没有进行深入的思考和研究。因此，如何利用心理学的技术对涉罪未成年人进行心理干预，对检察机关来讲是一个全新的工作，各级检察机关普遍存在着对这项工作的重要性思想认识不足、重视程度不够的问题。

2. 机构人员不足，专业水平不高

按照刑事诉讼法的规定，在审查批准逮捕、审查起诉、诉讼监督、犯罪预防一体化办案模式下，办理1名未成年人刑事案件与办理1名成年人案件相比，增加6项硬性任务：通知法律援助机构指派律师为其辩护，审查逮捕时必须讯问未成年犯罪嫌疑人，审查逮捕时必须听取辩护律师意见，每次讯问时均

---

① 李玫瑾：《犯罪心理学简介》，载《中国人民公安大学学报》，1985年第2期。

要通知法定代理人到场，做好犯罪记录封存和涉罪未成年人的观护帮教工作。针对个案情况，一般情况下还要开展社会调查、组织亲情会见、促成刑事和解、分案起诉、附条件不起诉及监督考察等工作，同时，还承担着大量的犯罪预防、法治宣传等社会帮扶教育工作。根据以上情况，办理1名未成年人刑事案件的工作量大致相当于办理3-4名成年人犯罪案件的工作量。截至2014年6月，河南省检察机关成立独立编制的未检机构不到50%；专职从事未成年人刑事检察工作的干警只有400名左右。据统计，2010-2013年以来，全省平均每年共受理审查逮捕、审查起诉8000人左右（此处还不包括未成年人参与的共同犯罪案件、"性侵"案件中被害人为未成年人的案件及所有的二审、再审案件），工作任务重，办案压力大，案多人少的矛盾非常突出。开展心理干预工作不仅需要占用未检人员大量的精力，而且需要掌握专业的心理技术，目前河南省检察机关仅有80余名未检干警取得国家心理咨询师资格，占全省未检人员的20%，且平时多忙于办理案件，虽然通过心理咨询师考试，但实际操作能力和业务水平距专业水准还有很大差距。

3. 工作经验不足，办案效果不够理想

涉罪未成年人心理干预工作对我国司法机关来讲，还是个新生事物，各地都在积极地探索，开展情况参差不齐，尽管上海、北京等地早于2000年已开展研究，但始终没有形成用于指导全国工作的经验做法。就河南省来讲，先后在郑州、平顶山、南阳、商丘等地进行了试点，也初步摸索了一些做法，但可以在全省范围内推广的成功经验仍相对较少。总体来看，全国、全省各地发展还很不平衡，工作效果不够明显。

4. 规章制度不健全，工作机制尚未建立

目前，全国、全省检察机关开展心理干预工作可以说是有点无面，很多地方也都处于一种探索阶段，并没建立全面的心理干预机制，存在着是否开展不一、发展快慢不一、采取措施不一、心理干预途径不一等现象；同时，还存在着制度不规范的问题，比如，心理干预的一个重要方法是心理测量，由于没有统一规范的制度，河南省检察机关的试点单位中，普遍存在着测验程序欠规范、测验报告格式较随意、测验报告滞后等问题。

（二）检察机关开展涉罪未成年人心理干预的应当性、必要性、可行性和有效性

检察机关在我国刑事程序中处于前承公安、后启审判的枢纽地位，承担着审查批捕、审查起诉、出席法庭、法律监督等职责。对涉罪未成年人开展心理干预机制，是检察机关履行检察职责的一项重要内容。介入心理干预机制，无论是从办案时限上，还是案件处理状况上，在审查起诉环节开展这项工作，实现心理学技术和检察工作融合，不仅是必需的，而且是非常适宜的。

1. 引入心理干预机制的应当性

检察机关作为司法机关和法律监督机关，一方面，对侵害未成年人合法权益的成年人犯罪要从严从重严厉打击；另一方面，对于涉罪的未成年人，要坚持双向保护原则，依法从轻或减轻处罚，注重对他们的教育和挽救。这是宪法和法律赋予检察机关的职责，不注重对涉罪未成年人的教育和挽救，而单纯

地惩罚其犯罪行为,就不可能正确地履行检察职责。

2.引入心理干预机制的必要性

我国刑事诉讼法第二百六十六条规定:"对犯罪的未成年人实行教育、感化、挽救的方针,坚持教育为主、惩罚为辅的原则。人民法院、人民检察院和公安机关办理未成年人刑事案件,应当保障未成年人行使其诉讼权利,保障未成年人得到法律帮助,并由熟悉未成年人身心特点的审判人员、检察人员、侦查人员办理。"由此看出,我国把对涉罪未成年人的教育放在第一位,也可以说,对涉罪未成年人的教育工作贯穿整个未检工作的始终,即对涉罪未成年人的心理辅导、矫治工作贯穿未检工作始终,教育工作的成效是检验未检工作最重要的标准。每个行为皆由心理而来,每个不良行为皆由不健康心理而来。不开展心理干预工作,可以说就做不好涉罪未成年人检察工作。

3.引入心理干预机制的可行性

可以说,新刑诉法实施以来,未检工作机制及人员素质为心理干预引入办案提供了基础和平台。批准逮捕、审查起诉、诉讼监督、犯罪预防一体化的办案模式,使社会调查、附条件不起诉等许多未检工作的开展都要求未检人员必须掌握心理学、教育学的知识。目前,全国的未检工作人员正在抓紧时间学习心理学、教育学、社会学的知识,参加心理咨询、沙盘游戏疗法等实践操作技能的培训,并尝试把书本的知识运用到实际的咨询中,这样既拓宽了工作人员的知识,又提升了办案的效果。

4.引入心理干预机制的有效性

河南检察机关在对未成年人案件的办理过程中引入心理干

预机制，经过部分县级检察院的试点，实践证明还是取得了一定的效果。比如，在社会调查报告中引入心理咨询师的分析报告，量刑建议更科学合理公正，被法院的采纳率明显提高；从附条件不起诉的考察效果来看，在考察期内，这些涉罪未成年人不仅能严格遵守各项规定，且能更加清楚客观地认识自己，对自己、对他人、对社会更宽容，以一个更加积极的态度去矫正自己的不良行为；从再犯罪率上讲，截至目前，经过专业心理干预的涉罪未成年人再犯罪率为零；在帮教时，经过心理干预的涉罪未成年人与其他涉罪未成年人相比，明显地更能适应社会环境的变化，帮教效果更加明显。

三、心理干预在未成年人刑事案件中的程序设计

心理干预机制不仅仅是对具有越轨性心理趋势的阻却，亦是对其积极心理趋向的一种培育和引导，强化其心理的能动预防，从而由事后司法帮教转化为一种特殊预防和一般预防相融合的心理矫治机制。河南检察机关借鉴国内外心理干预科学理论，吸收国内的研究成果，在总结实践经验的基础上，结合检察职能，经过认真地思考和研究，认为有六种涉罪未成年人心理干预方法比较切实可行。检察机关通过这些方法开展心理干预工作，逐步建立健全心理干预机制，对于充分发挥检察职能，实现未成年人刑事检察工作从关注案件到关注个体、从注重案情到健全心理的转变能够起到明显作用。

（一）开展心理初诊，把脉未成年人心理问题

讯问是检察机关与未成年犯罪嫌疑人接触的第一环节，也

是与未成年人建立关系的重要时间点，如能正确安抚未成年人情绪、关注未成年人心理，不仅有利于案件的办理，也会为未成年犯罪嫌疑人后期的教育感化打下良好的基础。目前，检察机关对未成年犯罪嫌疑人进行讯问，主要沿用对成年犯罪嫌疑人的讯问方式。不了解未成年人心理，或者不知道未成年人心理问题的应对方式，讯问未成年人缺乏技巧，就案办案、机械讯问是当前检察机关讯问时存在的主要问题。检察机关自从案件受理之日起，可将心理学初诊有关理论与未成年人刑事检察工作结合，在讯问未成年人时，运用心理学有关技术实现对未成年犯罪嫌疑人的个体关怀。

1. 建立心理咨询师参与讯问制度

经过司法实践探索，目前，河南检察机关试点单位结合新刑事诉讼法有关规定，以刑事诉讼法中"合适成年人"这一角色为切入点，将刑事法学和心理学进行结合，建立了心理咨询师参与讯问制度。针对被羁押的未成年人，检察机关与公安机关会签文件，解决心理咨询师不能进入羁押场所的问题。根据协议规定，心理咨询师持有执业资格证、身份证及所在单位出具的证明文件，在检察人员的陪同下即可以进入未成年人羁押场所，由心理咨询师以合适成年人身份参与检察机关讯问。在对涉罪未成年人进行讯问前，检察机关认为确有必要的，也可以邀请心理咨询师结合未成年人个体情况，帮助制定个性化的讯问方案，增强案件讯问效果。

2. 运用"两表一卷"进行测评

检察人员讯问结束后，心理咨询师可根据在讯问中观察到的情况，采用"两表一卷"的形式对涉罪未成年人进行测评，对其犯罪的原因进行初步评定。一是通过《未成年人个人调查表》了解未成年人个人及家庭基本情况，探究未成年人犯罪外因；二是通过《未成年人行为偏差表》显示未成年人生活模式、行为控制能力与社会可期待行为之间的差别，心理咨询师据此初步判定未成年人家庭教养模式、人格特性；三是通过《未成年人心理调查问卷》显示其未成年人情感认知，外化未成年人的心理活动，对未成年人社会危害性进行初步判定。"两表一卷"由检察机关与心理咨询师共同制定，并由检察机关备份归档。

3. 开展摄入性会谈

根据测评结果，心理咨询师视具体情况，决定是否与未成年犯罪嫌疑人开展摄入性会谈。摄入性会谈是心理学咨询技能的一种，即运用心理学相关知识，通过交谈和观察确定行为人心理问题和搜集资料的谈话法。[①] 根据摄入性会谈规则，一般情况下，心理咨询师开展摄入性会谈除非得到行为人的同意，否则不能做笔录，更不能录音录像，只能在为了不失信息的情况下，进行条目式的、极其简要的记录。摄入性会谈营造出较为平和的氛围，不仅便于心理咨询师收集相关资料，也有利于安抚涉罪未成年人情绪，减少未成年人对检察机关的对立、抵触情绪。

在摄入性会谈中，心理咨询师要及时迅速地判断出未成年人的谈话是否合理，把握未成年人心理的"关键点"，根据未成年人言辞表达和情绪状态，去伪存真，挖掘未成年人自己未意

---

① 摄入性会谈不能普遍应用，需根据谈话氛围及未成年人谈话意愿开展。

识到的深层心理问题。在摄入性会谈结束后，心理咨询师可就发现的未成年人身体或精神疾病，向检察机关进行说明、报告，并就未成年人下一步的教育、感化工作提出意见和建议。

（二）实施心理调查，关注未成年人的心理及人格形成因素

新刑事诉讼法规定在未成年人犯罪诉讼程序中，公安机关、检察机关、法院可对未成年犯罪嫌疑人、被告人进行社会调查[①]。社会调查旨在对行为人的性格爱好、身心状况、家庭状况、生活环境、成长经历、社会交往等情况进行调查，综合判别犯罪嫌疑人、被告人的人格状况，测定犯罪嫌疑人、被告人的人身危险性，作为对行为人做出恰当处置时参考因素。可以说，未成年人的社会危害性评判是社会调查的最终目的，未成年人人身危险性则由人格尤其是犯罪危险性人格来体现，而当前未成年人社会调查制度缺乏对人格的重点关注与科学调查。虽然在一些地方和地区对社会调查员设置了较高门槛，对学历、年龄和法律专业知识进行了要求，却没有对其心理学方面的知识和技能做出规定。由于缺乏专业心理人员参与，对未成年行为人家庭情况、社会交往、成长经历等背景情况的调查以及对被告身体、性格等自身状况的调查，还只是停留在收集和行为人相关的信息、资料上，形成的《社会调查报告》只是各个项目的简单罗列，没有对未成年人心理进行综合性的分析和评判。2013年，河南省检察机关对2000余份社会调查报告进行分析，

---

① 《中华人民共和国刑事诉讼法》第二百六十八条规定："公安机关、人民检察院、人民法院办理未成年人刑事案件，根据情况可以对未成年犯罪嫌疑人、被告人的成长经历、犯罪原因、监护教育等情况进行调查。"

报告显示，就犯罪原因而言，75%以上的调查结果是"管教不严"、"家庭经济条件差"、"自身不服管教"等；对未成年行为人的评定上，80%以上的调查结果显示为"性格内向"、"平时表现良好"等。由于报告内容撰写得过于笼统，缺乏专业的经验和知识，供检察机关办案的参考意义不大，从而多流于形式。

基于此，社会调查应以人为本，以"人"为核心展开，关注未成年人的心理及人格形成因素，依据专业心理人员及心理学技术，并对未成年人的人格进行初步的综合分析，形成心理调查报告。目前，河南省检察院选择个别基层检察院进行试点，对每一名涉罪未成年人都开展社会调查，每一起社会调查均需由两个或者两个以上社会调查员参与，其中一名为专业的心理咨询师。检察机关与专业心理咨询机构会签文件，由心理咨询专业机构选派具有国家二级心理咨询师资质、具有三年以上工作经验的心理咨询师作为社会调查志愿者，参与案件的社会调查，检察机关负责对心理咨询师的资质进行审查。

社会调查员分工合作，非心理咨询师社会调查员负责走访并收集未成年被告人及未成年行为人的家庭情况、社会交往、成长经历等客观材料，心理咨询师调查员则关注行为人个体，在与未成年人的接触中了解未成年人的性格特征、被指控犯罪前后的表现，结合前期心理初诊情况，多方面、深层次地反映和分析其犯罪原因和心理演变过程。心理咨询师积极采用人格理论、人格心理学等领域的知识开展社会调查，基于其专业知识和经验，各种科学的方法应相互配合使用，通过综合分析，对该未成年人进行客观、全面、综合、公正的评价，并对造成犯罪的原因、未成年人的人身危险性和社会危险性进行科学的、深层次的、专业的分析判断，做出《心理调查报告》，使调查内容客观、真实、完整、准确、实用。《心理调查报告》应当由心理咨询师出具，参加调查的人员均需签字或者盖章，检察机关对《心理调查报告》的程序合法性及内容真实性进行审查。2014年6月，河南省检察机关对200份有心理咨询师参与的社会调查报告和200份没有心理咨询师参与的社会调查报告进行对比分析后发现，有心理咨询师参与的社会调查报告，内容更为翔实具体、客观公正，可信度增强，为检察机关案件的办理提供了有价值的参考。

（三）进行心理测量，量化分析主观心理

根据现代心理学的视角，应通过人格测量技术尽可能准确地查明未成年人的人格，对未成年人心理进行量化评估。

1. 心理测量与犯罪心理测试

心理测量并不是传统意义上的犯罪心理测试。犯罪心理测试是通过测量个体的生理反应状况来检测个体的心理状况，进而认定犯罪嫌疑人的测试技术。心理测量，是依据一定的心理学理论，使用一定的操作程序，给人的能力、人格及心理健康等心理特性和行为确定出一种数量化的价值。心理测量是通过科学、客观、标准的测量手段对人的特定素质进行测量、分析、评价，测试的主要方式是运用测量量表和投射测验。

2. 心理测量与精神病鉴定

心理测量不等同于精神病鉴定，心理测量是对一般心理问题及严重心理问题等心理疾病进行判定的方法，属于心理学范畴，而心理疾病指的是一个人精神上的紧张、干扰，而使自己思维上、情感上和行为上发生了偏离社会生活规范轨道的现象。精神病鉴定是对完全不能认知行为意识的精神疾病的鉴定，属于医学范畴，而精神疾病主要是以表现在行为、心理活动上的紊乱为主的精神系统疾病。在严重心理问题上，心理测量和精神疾病鉴定存有一定交叉，经测量达到严重心理问题，并有精神疾病行为的，应当进行精神疾病测试。2010年12月，郑州市管城区人民检察院试点对一起为自杀而绑架他人的未成年犯罪嫌疑人王某进行了精神疾病的鉴定，根据鉴定结果，王某并没有精神系统疾病，但根据明尼苏达多项人格测验（MMPI）及艾森克人格问卷（EPQ）测量结果显示，王某具有人格障碍。

在分析心理初诊和心理调查的结果基础上，发现涉罪未成年人有某些特殊表现行为的，在征得其本人及法定代理人同意后，检察机关可以决定是否对其开展心理测量。在准确审查案件事实的同时，检察机关引入心理测量技术，不仅可以运用客观化的数据呈现未成年人心理活动，对未成年人社会危害性的初步判定进行量化分析，更准确地界定其社会危害性，而且也可以确定下一步开展心理疏导的对象和范围。

根据未成年犯罪嫌疑人、被告人的身心特点及行为表现，结合前期心理初诊和社会调查情况，心理咨询师提出合适心理测量方法，由检察机关对心理测量方式进行审核。目前，在未成年人刑事案件中，检察机关主要采取"三量表一投射"的测量方法对未成年人心理状况进行客观评估。

（1）心理测量量表运用。选用量表从自身、家庭、社会三方面评估未成年行为人的个性特征、家庭教育方式、社会人际关系。一是运用艾森克人格问卷（EPQ）①，通过内向外向（E量表）、神经质或情绪稳定（N量表）、潜在的精神特质（P量表）、掩饰或防卫（L量表）四个分量表来综合评定未成年犯罪嫌疑人、被告人的人格、气质倾向。二是运用父母养育方式评定量表（EMBU）②、家庭功能评定量表（FAD）③，从家庭行为模式、家庭成员沟通、情感控制、情感介入等方面，评估未成年犯罪嫌疑人、被告人心理健康及与家庭状态、父母养育方式的关系。三是运用人际信任量表（ITS）④，评定失足未成年人的社会关系，从防御机制和人际信任的角度，对未成年人能否融入社会、正常健康交往做出评估。

（2）心理投射测验运用。通过罗夏墨迹测验（RIT）⑤，给予

---

① 艾森克人格理论（Eysenck's personality theory）是英国心理学家H.J.艾森克提出的以人格结构层级说和三维度人格类型说为主要内容的人格理论。他认为，人格是由行为和行为群有机组织而成的层级结构。最低层是无数个具体反应，是可直接观察的具体行为。埃森克人格问卷分为成年版（16岁以上）和青年版（7-15岁），常模和统计分数，目前已被广泛运用于教育、医学、司法领域。

② 父母养育方式评定量表（EMBU）是1980年由瑞典Umea精神医学系C.Peers等人编制，中国医科大学岳冬梅等人1993年编订中文版，目前EMBU已在23个国家用于抑郁症、恐怖症、人格障碍等各类患者及正常人群父母教养方式的研究。

③ 家庭功能评定量表（FAD）用于收集整个家庭系统的各个方面的资料，简单有效地找到家庭系统中可能存在的问题。FAD的理论基础是"McMaster家庭功能模式"，其所测定的家庭功能的范围与临床关系较密切，可帮助我们对家庭功能进行较客观的评定，FAD的结果对实际工作可提供理论参考。

④ 用于测试受试者对他人行为、承诺或陈述之可靠性的估计，共25个项目，其内容涉及各种处境下的人际信任，涉及不同社会角色。多数项目与社会角色的可信赖度有关，但有些项目与对未来社会的乐观程度有关。

⑤ 罗夏墨迹测验是由瑞士精神科医生、精神病学家罗夏（Hermann Rorschach）创立，国外有时称罗夏墨迹（Inkblot）测验或罗夏技术，或简称罗夏，国内也有多种译名，如罗夏测验、罗夏测试和罗沙克测验等。罗夏测验因利用墨渍图版而又被称为墨渍图测验，现在已经被世界各国广泛使用。罗夏墨迹测验是最著名的投射法人格测验。

未成年人模糊刺激，根据未成年人对模糊图画的解释，探究其潜意识层面心理活动，心理投射测验投射出个人的心理状态，系统地把潜意识释放出来，从而有助于心理咨询师对未成年人性格、气质进行评定。相较之心理测量量表，由于心理投射测验没有固定的常模和参数，其信度和效度有所减弱，但运用较为简单、灵活。检察机关可根据具体情况，进行选择使用。

检察机关在刑事程序中对未成年人进行心理测量，全面了解未成年行为人的心理特点，准确、直观、科学地反映其悔罪态度，提升了未成年行为人社会危害性评估的可靠性，为区分正常心理、一般心理问题、严重心理问题，作为进一步开展心理矫治的数据依据，确定需要心理矫治的对象。检察机关根据心理测量结果，与心理咨询师根据个体情况共同制作心理疏导方案，为未成年人开展个性化帮教。

（四）进行诉前心理矫治，干预心理危机

经过心理测量，检察机关在审查起诉阶段，锁定未成年行为人的心理症结关键点，确定需要进行心理疏导的对象，对未被羁押、存在心理障碍的未成年犯罪嫌疑人开展以培养健康心理、引导树立正常人格为目的的诉前心理矫治。①

1. 诉前心理矫治的目的

一是消除负面情绪。通过对未成年被告人进行适当的心理

---

① 根据当代心理学观点，心理矫治包括心理矫正和心理治疗。运用科学的方法消除、转变支配人的犯罪动机和不良个性倾向即为心理矫正；运用语言、表情、动作等心理学方法对患者的认知、情感、行为等方面的障碍进行治疗，改变患者的态度和行为的方法是心理治疗。心理疏导是心理治疗及矫正的基础。

疏导，帮助未成年人消除抑郁、紧张、焦虑、悲观、绝望等负面心理情况，疏泄消极情绪，恢复情绪平衡，促使未成年人学会有效的情绪调节方式，保持稳定、积极的情绪状态。二是建立新的行为模式。要帮助消除未成年人不良的行为习惯，培养他们良好的行为模式，增强未成年人对各种不利情境的行为适应能力。三是培养成熟的情感模式。帮助未成年人端正其情感倾向，扩大社会情感广度，以改造不成熟的情感活动，培养稳定而成熟的道德情感。四是建立健全的人格。通过诉前心理疏导帮助克服未成年人缺乏自制力，缺乏独立精神及顽固执拗的个性特征，培养其自觉性、自制力、独立性的坚强意志和品质。

2. 诉前心理矫治的方法

经实践探索，目前河南省检察机关根据失足未成年人特殊心理，选择确立了适合未成年人心理状况的"三疗法"，专业矫治未成年人不良心理。一是针对情感封闭、不善表达、缺乏正确认知的未成年人，采取个人沙盘疗法[1]和认知疗法[2]。通过改变

---

[1] 沙盘疗法（又称为箱庭疗法或沙箱疗法）是在1939年由英国的小儿科医生M.劳恩菲尔德（M.Lowenfeld）创始的儿童心理疗法。瑞士的心理治疗家D. M. 卡尔夫（D. M.kalff）发展了劳恩菲尔德的世界技法，并用sandspiel命名，以区别劳恩菲尔德的"世界技法"。河合隼雄（kawai Hayao）将其介绍到日本的时候命名为箱庭疗法。从1965年开始，天理大学、京都市心理咨询中心、京都大学教育学部心理教育咨询室等相继使用"箱庭疗法"这一"世界技法"进行咨询治疗，取得了很好的治疗和咨询效果，是成熟的心理学技术。

[2] 认知疗法是20世纪60-70年代在美国发展起来的一种心理治疗技术。它是根据认知心理学提出的认知过程影响情感和行为的理论假设，通过认知和行为技术来改变病人不良认知的一种治疗方法。其治疗方法因认知心理学家所持的理论和采用的研究方法而异，较具代表性的有贝克（Beck）的认知疗法、艾利斯（Ellis）的理性情绪疗法、迈肯鲍姆（Meichenbaum）的自我指导训练、考铁拉（Cautela）的隐匿示范、戈弗雷特（Goldfried）的应对技巧训练等。

对己、对人或对事的看法与态度来改变所呈现的心理问题，从而激发未成年人治愈过程、身心健康发展以及人格的发展与完善。二是针对家庭、社会关系不健全的未成年人，采取团体沙盘疗法，通过潜意识和内心的对话，帮助未成年人改变自己的想法和行为模式，更好地理解自己的社会责任和角色，从而达到内心的平和、人际关系的协调。三是针对自我认知模糊、不能清楚表达情感、缺乏安全感的未成年人，采取"房树人"绘画疗法①。帮助未成年人澄清内在的人格动力，揭露内心隐藏的冲突，使未成年人认识自身无意识的内容，促使其逐步建立完善的人格。在心理矫治开始的过程中，心理咨询师可视未成年人的具体情况，综合运用三项疗法。2012年，郑州检察机关在办理李某抢劫案时，检察人员根据心理咨询师的建议为犯罪嫌疑人李某（17岁）进行了埃森克人格问卷的心理测量，根据李某P分偏高的测量结果，检察人员在征得李某监护人同意的情况下，与心理咨询师共同为其制订了以个人沙盘治疗为主、辅助以团体沙盘和行为认知疗法的心理矫治计划，经过系统、科学的心理疏导，李某的沙盘作品从最初命名的"迷茫"到后来的"奋斗"，在矫治的过程中，李某逐渐消除负面情绪，开始逐步进行自我成长、完善人格。

审查起诉终结时，心理咨询师应当将未成年人的心理测试和心理矫治的有关情况形成书面的《未成年人心理评估报告》，

---

① 绘画疗法属于表达性艺术疗法，来访者通过绘画过程、绘画作品呈现内在的状态，在咨询师的陪伴下，在安全和抱持的环境中，面对、理解、接纳和整合自己的内心，从而达到治疗和整合提升自己的目的。绘画艺术有多种方式，比较成熟和常用的方式主要是"房树人"绘画疗法。它是一种成熟的心理测验和治疗方法，近几十年来在欧美、日本以及中国本土的临床心理实践中非常流行，并得到不断发展。

全面、客观呈现失足未成年人的主观心理轨迹，提交检察机关作为是否提出公诉和做出不起诉决定的参考。

（五）健全考察帮教制度，"私人定制"帮教方案

检察机关审查起诉终结时，参考《未成年人社会调查报告》、《未成年人心理评估报告》，做出是否起诉的决定。对开展心理测量、进行心理矫治的未成年人，检察机关应当综合参考《未成年人心理调查报告》、《未成年人心理评估报告》，做出判定意见；未进行心理测量、心理矫治的未成年人，检察机关应当参考《未成年人心理调查报告》，做出决定。根据2013年河南检察机关推广实施的《未成年人附条件不起诉考察帮教实施细则》规定，检察机关可以参考心理评估报告、心理调查报告做出附条件不起诉的决定。在6个月到1年的考察期内，检察机关应当委派心理咨询师对未成年人进行帮扶教育。因此，建立起以监督考察、帮扶教育为一体的未成年人附条件不起诉监督考察机制。

心理咨询师作为监督考察员，在被附条件不起诉未成年人的考察期内，协助检察机关监督考察的同时，负责全程跟踪被附条件不起诉未成年人的心理状况，配合社会观护员，对未成年人日常工作生活中产生的心理问题进行解答，安抚其焦虑情绪，对产生心理问题的未成年人开展心理矫治工作。心理咨询师每周向检察机关以书面或电话的形式报告未成年人心理状况，对突发情况及时报告，检察机关负责监督心理咨询师的监督工作。在考察期届满后，心理咨询师根据其在考察期内的表现，向检察机关出具《未成年人附条件不起诉考察期心理评估报告》。检察机关对比做出附条件不起诉决定时的心理评估报告，

作为是否做出不起诉的重要参考。例如,办理武某盗窃一案时,在对武某做出附条件不起诉决定的同时,指定2名心理咨询师对其在附条件不起诉考察期间进行心理观护。在附条件考察期内,心理咨询师发现武某因父母离异产生自弃、厌世的不良心理后,及时向检察机关进行了汇报,与检察机关共同制订心理疏导计划,为武某开展心理疏导工作,进行心理危机干预。考察期限届满后,心理咨询师向检察机关出具了武某的心理评估报告。检察机关将心理评估报告作为重要参考依据,最终对武某做出不起诉决定。

(六)建立第三方出庭机制,为量刑提供参考依据

针对检察机关做出起诉决定的案件,充分运用心理帮扶结果,建立心理咨询师作为第三方出席法庭机制,客观展示未成年人心理变化轨迹、社会危害性,为科学量刑提供参考依据。

关于检察机关是否向法庭移送"未成年人不良心理评估报告",在理论界和实务界一直存有争议。从未成年人刑事法的基本方针政策考虑,基于少年司法的改造理论和保护少年的目的出发,根据社会建构论心理学的视角,检察机关应以"向善的建构"原则运用心理调查、心理评估报告的结论,以善的人格作为轻刑的依据,而恶的人格不作为重刑的依据,使未成年犯罪人的人格向善的方向建构。因此,检察机关向法院移送的报告,应当是作为法院从轻、减轻未成年人刑事处罚的参考资料,而不是加重处罚的证明材料。

庭审时,经法院同意,心理咨询师可以第三方身份出席,宣读心理调查报告、心理评估报告,向法庭全面展示涉罪未成

年人的性格特征、成长经历、家庭关系及心理状况，就未成年人心理测量、心理疏导情况进行说明，对心理评估结果进行专业知识解释，并就心理评估报告、社会调查报告内容接受检察人员、辩护人、审判人员等询问。郑州市管城区人民检察院在办理王某盗窃一案时，随案移送了王某的心理评估报告，并建议法院通知做出评估报告的心理咨询师出庭。心理咨询师在质证结束后，宣读王某的心理评估报告，就王某心理测量技术和手段以及接受心理矫治的情况接受各方询问，客观呈现了王某的心理活动过程及心理现实状态，为法庭综合评价王某的主观恶性、社会危害性提供了参考，成为法院对王某判处缓刑的关键参考。

（此"课题"获 2015 年共青团中央优秀结项奖）

河南省未成年人犯罪问题思考

未成年人是中华民族未来的脊梁,是社会发展进步的希望,肩负着实现中华民族伟大复兴的中国梦的历史重任。培养和教育好未成年人关系到国家和民族的前途和命运。党和国家非常重视未成年人教育工作,未成年人权益在政治、经济、社会、家庭等多个领域得到了进一步的实现。但是,我们在未成年人教育管理方面还存在不少问题需要解决,加强未成年人犯罪预防工作迫切而必要。

一、未成年人教育管理方面存在的问题

一是青少年犯罪这几年呈上升趋势。有资料显示,25岁以下的青年和未成年人犯罪在全部刑事犯罪中所占比例较高。在我国,25岁以下低龄群体犯罪案件占到70%以上,这种严峻形势必须引起全社会的高度重视。

二是"三缺失"未成年人增多。随着城镇化、工业化、信息化进程的加快,形成了进城务工人员增多,农村留守儿童增多,流动、闲散人员增多,失学、失业、失管人员增多的"四多"现状。我国目前仅农村留守儿童就达7000万人。我们必须

高度重视这些人，加强对这些人的关注、关心和关爱，使他们享受温暖、远离犯罪、免受侵害。

三是未成年人尚处于人生的起步阶段，敏感而又脆弱，对各方面充满好奇与渴望，但免疫力低下，抵抗力弱，是非标准模糊，容易受到社会上不良因素的影响和诱惑。如果不及早进行法治方面的引导教育，增强法治意识、安全意识和抗干扰、抗诱惑的能力，他们很容易走上违法犯罪的道路。

四是未成年人也是弱势群体，容易受到不法侵害，尤其是农村中小学生更是如此。从教育部门了解的情况看，河南省仅农村地区中小学校有18000多所，在校学生出现违法犯罪情况，或者遭受不法侵害的现象，有相当大的比例都发生在这些地方。而且，现在中学毕业或辍学的孩子进城务工后又违法犯罪的情况较为突出。

二、未成年人犯罪的特点和规律

青少年犯罪低龄化、团伙化、暴力化趋势明显。全国青少年犯罪的平均年龄只有15.7岁。全国检察机关平均每年批准逮捕未成年犯罪嫌疑人71000多人，提起公诉85000多人，犯罪总量在高位徘徊。

中学生犯罪有上升趋势。2010-2012年河南省共起诉未成年被告人11146人，平均每年3700人左右。在这些未成年人中，初中以下文化程度占90%多，其中小学文化程度的占32.2%。

犯罪和遭受侵害的未成年人中，农村孩子是"大头"。在涉罪未成年人中农村户籍的占71%，未成年被害人是农村户籍的也占到了60%以上。

通过以上可以看出，河南省未成年人犯罪呈现出"五多、二低、一突出"的特点。

"五多"：一是无业人员多，涉罪的未成年人中，无业或无稳定职业的人员占86.5%。二是农村户籍的多，每10个涉罪未成年人中，农村户籍的大约就有7个。三是共同犯罪多，组织化程度高，参与共同犯罪的未成年人达到受案总数的65.4%。未成年人犯罪最初的动机往往并不复杂，但由于其心智并不成熟，对他人易于形成依赖，而且出于犯罪后强大的心理压力和安全感需要，一旦实施了共同犯罪行为，就易于形成稳定的犯罪团伙，甚至出现帮派化倾向，有的未成年人犯罪团伙还拥有严密的"组织系统"、"作案纪律"和"防侦破措施"。四是故意犯罪多，故意犯罪占受案总数的比例高达97.8%。五是暴力化倾向明显，恶性极端事件多，侵财犯罪多。在犯罪类型上，未成年人涉及最多的罪名是抢劫、盗窃等侵财类犯罪，在犯罪总数中达半数以上。同时，强奸、故意伤害等暴力犯罪也较为突出，约占受案总数的1/3。由于未成年人的辨认能力、控制能力较成年人而言相对较弱，而又自尊心强，心理承受能力差，遇到事情往往容易情绪激动。这种易激惹性使未成年人在产生人际冲突、遇到不顺心的事、自尊心受到打击时，不能在短时间内适当调整自己的心态，极易因为小事而激发不能调和的矛盾，实施暴力侵害性犯罪。

"两低"：一是文化水平普遍较低，初中及以下学历占全部未成年人犯罪的90%多。二是年龄普遍偏低，14-16岁未成年人占犯罪总数的1/4，且数量有逐年增加趋势。

"一突出"：指失学、失业、失管的"三缺失"人员犯罪情况十分突出。据不完全统计，在涉罪未成年人中，60%以上为"三缺失"人员。他们是一个十分特殊的群体，学校、家庭、单位三不管，学历低、就业难，生活无保障，处于被忽视的社会底层和边缘。他们的整体文化程度偏低，90%以上只有初中及以下文化程度，绝大多数没有完成义务教育就走出校园步入社会，缺乏职业技能，参加过职业技术学习的仅占3.4%。由于文化水平所限，大多从事体力劳动，收入少，工作不稳定，时常处于失业状态，生活没保障。加之在其身心成长的关键时期，缺少家庭的有效监管，极易走上违法犯罪道路。可见，"三缺失"人员已成为未成年人犯罪中一个突出现象。

在未成年人犯罪中，有两个问题不容忽视。一是由冲动而引起犯罪。因为青少年的身心特点，他们重义气，易冲动。有一起故意伤害案，被告人叫小唐，一天，他跟一个互不相识的同学互相撞了一下，发生争执，就一怒之下拿起地上的砖头朝同学头上猛砸四下，结果，把对方打成了植物人，小唐入狱。小唐的父母为了争取被害方谅解，变卖了全部家产，给被害方赔偿各种医药补偿费89万元。一人犯错，两个家庭遭殃。二是因不良成长环境造成犯罪。俗话说："近朱者赤，近墨者黑。"通过办案发现，每个未成年犯身边总能发现一些促使其走上犯罪道路的"关键人"或"关键因素"，或者是成年人的恶意唆使，或者是本人长期沉溺于网络暴游等不良氛围。因为未成年人身心发育不够成熟，辨别是非的能力差，易受坏人教唆而陷入犯罪的歧途，如被成年人教唆加入黑社会性质组织、加入抢劫盗窃团伙、吸毒卖淫等。还有一些未成年人长期将自己封闭在网络暴力的虚拟环境中，导致人格、性格扭曲，走上了犯罪道路。例如,周口高某杀人案,在漯河读高三的高某感到父母对其升学期望值较高,陪读的姐姐对自己管教严格,便沉迷于网络游戏中,在网上搜索杀手,杀害了自己的父亲和姐姐,以摆脱父母的管教。高某作为一名在校学生,案发时刚满18岁,其雇的另一名凶手年仅16岁,令人痛心和惋惜。

三、预防未成年人犯罪的建议

(一)强化家庭教育责任

家庭是未成年人生活成长的主要环境,孩子对家庭和家长的依赖及信任程度无可比拟,家长的言行和教育都将影响孩子的成长。家长要有责任意识,努力成为孩子的榜样,通过一点一滴的言传身教,引导孩子树立正确的人生观、世界观、价值观。要重视孩子德育教育,培养孩子的兴趣点,为孩子成长营造一个轻松健康的环境。孩子天生模仿力较强,要想让孩子远离不良习惯,家长要以身示范,为孩子做好表率。要关注孩子的交际圈,发现不良苗头,及时纠正。孩子好群聚,自我控制力较弱,易受不良行为影响,尤其是同龄人的影响,因此父母在孩子成长过程中要注意孩子的交友对象,给孩子以积极的引导,防止其误入歧途。最后,家长要加强与学校的沟通,及时掌握孩子的在校信息。

(二)强化学校法治德育教育

未成年在成长过程中,心理脆弱,挫折感强,逆反思想重,稍不注意就会自暴自弃、怨天尤人,学校要通过心理辅导教育,引导未成年人正确认识生活、学习中遇到的挫折,树立积极健康的心态。要注重发现、发展学生特长，积极推行"鼓励式"教育和理想信念教育，让学生都能很好地发挥潜能，时刻充满着浓厚的学习兴趣，对自身及未来充满着自信，不至于因为遭受一点小挫折，受到一点小诱惑，就灰心丧气，自毁前程。社会实践不仅是对学生所学理论知识的检验，也是鼓励学生积极走上社会、了解社会、适应社会的重要渠道。学生通过理论与实践的结合，一方面能更牢固地掌握所学知识，另一方面能加深对社会真假是非等现象的辨识程度，通过切身体会，提高防范犯罪的免疫力。要将法治教育纳入教学大纲和教学计划，聘请法治副校长，努力做到法治教育与德育教育、法纪教育与文化教育、校内教育与校外教育、学法与守法用法"四结合"。

（三）加强社区管理职能

社区是开展预防青少年犯罪教育活动的重要场所。要加强社区协助贫困家庭、单亲家庭对孩子的教育，切实使他们感觉到社会的温暖，减少其对社会的敌视态度。要建立社区对流动未成年人管理和教育的相关制度，配备专职或兼职的工作人员，了解本辖区未成年人的生活、思想状况，有针对性地采取帮教措施。要通过让青少年参加社区举办的各项活动，在活动场所中与工作人员以及其他青少年进行互动，通过这种比较有趣味性的教育方式来达到教育预防的效果。同时，要重点做好社区闲散青少年工作，因为他们处于闲散状态，没有依托，所以更容易受到各种因素影响而走上犯罪道路。

在校生或有工作的青少年由于受有关部门的约束，比较容易进行集中管理和教育，而社区青少年由于受约束较少，很难集中管理和教育，所以社区工作开展面临一定难度，也是预防青少年犯罪工作的重点和难点。建议社区可以运用社会工作的理念和方法，构建包括关爱社区青少年在内的预防体系，采用政府购买服务的方式，组织专业的社会工作者队伍，承担政府委托的社区青少年教育服务工作。同时，要调动社工、居委会、志愿者的力量，对社区青少年进行跟踪帮教，及时掌握社区青少年的信息和心理状态，防患于未然。

（四）加强职能部门监管责任

现代城市社会，文化传播呈现多元化局面，文化市场也呈现良莠不齐的现象，一些不健康的服务项目和黄色音像制品及赌博游戏极易腐蚀青少年。因此，要强化职能部门监管责任，严肃整顿文化市场。公安、文化、工商等部门要采取联合行动，加强对娱乐场所的监管，规范娱乐场所经营行为。要重点检查网吧等娱乐场所接纳未成年人的现象，加强对节假日、双休日等重点日期和中午、晚间、放学等重点时段的巡查，对政策执行不利、违法违规经营的业主要严管重罚。要加强对文化市场的管理、检查，对暴力、色情、反动等不健康信息坚决采取措施予以遏制。要对音像市场和出版经营市场的监督管理常抓不懈，严厉打击向未成年人租售黄色淫秽、凶杀、暴力、邪教迷信、教唆犯罪等不健康内容的书籍和影碟光盘的违法经营活动，有力净化文化市场。要深入开展校园周边治安秩序治理，公安部门要加大对学校及周边地区的治安防控力度，严厉打击侵害未成年学生人身、财产安全的犯罪行为。在学校周边设立治安报警点，对学校周边的电子游戏室、桌球室、网吧进行清理整顿，维护学校正常的教学秩序。

（五）加强司法机关普法宣传工作

作为司法机关，案件不仅要办准，而且要办好，实现司法办案的法律效果、社会效果和政治效果的有机统一。司法机关在办理未成年人犯罪案件中，不能满足就案办案，而是通过办案发现问题，依法合理延伸和发挥检察职能，着力增强青少年的法律意识。要通过派驻法治副校长和法治辅导员、开办法治讲座、组织观摩法庭、发放法治图书等形式，深入开展校园内的法治宣传教育，建立起法治教育的长效机制。在进行法治宣传的形式上，要灵活多样，既可以播放电影与学生互动，也可以采取身边典型案例剖析、法律知识宣讲、有奖问答、知识竞赛等形式，让活动开展得充实、生动、有效。在法治宣讲的内容上，要紧紧围绕未成年人权益保护、犯罪预防的主题，提高未成年人学法、懂法、守法、用法的能力。比如，可以讲授未成年人犯罪的危害，让孩子们树立法治观念，不去触碰红线；根据办理的案件类型，分析犯罪的原因，并制定出犯罪预防的措施；讲授远离侵害的妙招和对策，像防校园"小霸王"、防偷、防骗、防性侵、防伤害等小妙招，让孩子们学会自我保护，安全成长；还可讲授我们应该成为一个什么样的人，教会孩子们要有梦想有追求，等等。

（此文成稿于 2013 年 12 月）

监所检察与未成年犯合法权益保护

人权保护是国际社会普遍关注的重大问题之一。中国政府高度重视和保障人权,并从自己的历史和国情出发,在立法、执法和司法方面采取有力措施,不断推动中国人权事业的发展,提高中国公民享有人权和基本自由的水平,形成了有中国特色的人权保护法律制度和体系。2004年3月14日第十届全国人民代表大会第二次会议通过的《中华人民共和国宪法修正案》中,第三十三条规定:"国家尊重和保障人权。"不仅指每一个中国公民,也包括享有公民权的被羁押的犯罪嫌疑人、被告人和服刑人员。同时,宪法及有关法律、法规规定了被羁押人享有的主要权利:一是作为一般公民应享有的未被剥夺的权利,包括选举权、言论、出版等政治权利;人格尊严不受侮辱,人身安全不受侵犯;合法财产权;宗教信仰自由权等。二是法律特殊规定的、作为被羁押人所享有的特殊权利,例如,不被违法羁押、超期羁押的权利,要求解除或者变更刑事强制措施的权利,辩护权、申诉权、控告权、举报权,不受非法刑讯逼供、体罚虐待的权利,通信权、会见亲属权和离监探亲权,基本生活保障权,获得基本的卫生保障、有病得到诊治的权利,休息权、劳动保护权,罪犯依法获得减刑、假释等行政和刑事奖励的权利,按期获得释放权等。

在中国,未成年罪犯是指年满十四周岁不满十八周岁、触犯刑律并被依法追究刑事责任的未成年人。未成年犯的合法权益保护是被羁押人的人权保护的重要组成部分,除了享有一般被羁押人的以上权利外,根据《中华人民共和国宪法》、《中华人民共和国监狱法》及相关法律的规定,还享有受教育的权利、分别关押的权利、减刑假释的标准比成年人放宽的权利等。例如,《中华人民共和国宪法》第四十条规定,公民有受教育的权利和义务。国家培养青年、少年、儿童在品德、智力、体质等方面全面发展。《中华人民共和国监狱法》第七十五条规定,对未成年犯执行刑罚应当以教育改造为主。未成年犯的劳动应当符合未成年人的特点,以学习文化和生产技能为主。监狱应当配合国家、社会、学校等教育机构,为未成年犯接受义务教育提供必要的条件。《中华人民共和国未成年人保护法》第五十四条规定:对违法犯罪的未成年人,实行教育、感化、挽救的方针,坚持教育为主、惩罚为辅的原则。第五十七条规定:对羁押、服刑的未成年人,应当与成年人分别关押。羁押、服刑的未成年人没有完成义务教育的,应当对其进行义务教育。解除羁押、服刑期满的未成年人的复学、升学、就业不受歧视。第五十八条规定:对未成年人犯罪案件,新闻报道、影视节目、公开出版物、网络等不得披露该未成年人的姓名、住所、照片、图像以及可能推断出该未成年人的资料。除了中国法律规定的有关未成年人保护的外,司法解释还做了相关的规定,如《最高人民法院关于办理减刑、假释案件具体应用法律若干问题的规定》第十三条规定:对犯罪时未成年的罪犯的减刑、假释,在掌握标准上可以比照成年罪犯依法适度放宽。未成年罪犯能认罪服法，遵守监规，积极参加学习、劳动的，即可视为确有悔改表现予以减刑，其减刑的幅度可以适当放宽，间隔的时间可以相应缩短。符合《刑法》第八十一条第一款规定的，可以假释。从以上可以看出，无论是实体法还是程序法，无论是法律还是政策，对我国未成年犯的合法权益都给予了特殊的保护，建立了一套相对完善的区别于成年人独特的司法体系。

第八届联合国预防犯罪和罪犯待遇大会通过的《关于检察官作用的准则》明确规定："检察官是刑事司法中重要一环，担负着调查和起诉犯罪、法律监督方面的重要职能，在保护人权方面发挥着重要作用。"根据《中华人民共和国宪法》和相关法律的规定，人民检察院是国家的专门法律监督机关。《中华人民共和国人民检察院组织法》规定，人民检察院通过行使检察权，保护公民的人身权利、民主权利和其他权利；对刑事案件判决、裁定的执行和监狱、看守所的活动是否合法实行监督。《中华人民共和国监狱法》规定，人民检察院对监狱执行刑法的活动是否合法依法实行监督。因此，保护未成年犯的合法权利当然也是检察机关的主要法定职责之一。为了有效地履行法律职责，更好地保障被羁押人的合法权益，中国检察机关设置了监所检察部门，专门负责对监狱等刑罚执行机关执行刑罚的活动、监管改造罪犯的活动是否合法进行监督。一般来讲，我国检察部门主要采用在监狱内设立派驻检察室或派出检察院进行监督的方式，对监管场所的执法活动进行现场直接监督。例如，对河南省郑州市未成年犯管教所，采取的就是派驻检察室监督的方式。

河南省现有在押未成年罪犯 1560 名，集中关押在郑州市未成年犯管教所。据统计分析，在 1560 名未成年罪犯中，犯抢劫罪的占总人数的 57.05%；犯强奸罪的占总人数的 16.92%；犯故意伤害罪的占总人数的 9.94%；犯盗窃罪的占总人数的 6.54%；犯故意杀人罪的占总人数的 4.17%。

根据文化程度分析，初中文化占总人数的 68.65%；小学文化占总人数的 25.45%；高中文化占总人数的 5.26%；文盲、半文盲占总人数的 0.64%。根据被判刑期长短分析，判三年以下有期徒刑的占总人数的 35.45%；三年以上十年以下有期徒刑的占总人数的 55.13%；十年以上有期徒刑的占总人数的 7.69%；无期徒刑的占总人数的 1.73%。根据犯罪时年龄分析，犯罪时十四周岁的占总人数的 0.38%；十五周岁的占总人数的 6.2%；十六周岁的占总人数的 24.9%；十七周岁的占总人数的 68.46%。

从上述统计分析可以看出，未成年罪犯有以下特点：涉及实施暴力犯罪较多；文化水平普遍偏低；被判刑期普遍较长，3 年以上 10 年以下较多；实施犯罪的年龄集中在 16－17 岁左右。未成年人犯罪的主要因素是心理上的不稳定、生理上的不成熟、犯罪机遇因素的偶发性、家庭教育有缺陷、学校教育有偏差、社会环境有问题等。

针对未成年人犯罪的特殊性，检察机关派驻郑州未成年犯管教所的检察室认真履行法律监督职责，在保护未成年罪犯合法权益方面做了大量工作，主要有以下几个方面。

一、监督未成年犯管教所依法收押和转送，防止当事人被错误关押，保障未成年犯分押的权利

（一）检察未成年犯罪管教所收押是否符合条件

根据法律规定，未成年犯管教所收押的对象是年满十四周岁不满十八周岁的未成年犯，不符合上述条件的，不许收押。同时，还要检察收押文书是否齐备，应当凭各级人民法院生效的判决书、执行通知书、罪犯结案登记表和人民检察院的起诉书副本进行收押。

（二）检察收押时管教所是否对未成年犯进行身体健康检查

发现有精神病或者患有恶性传染病的情况，应当监督其不予接收，由交付执行的人民法院决定暂予监外执行，但对其中暂予监外执行有社会危险性的除外。

（三）检察未成年犯管教所是否对未成年犯所携带物品进行检查

一经发现赃物、淫秽书刊等违禁品应予以没收。对现金、贵重物品和其他不应由个人保存的物品，统一登记后，交其家长或监护人领回，或者代为保管，释放时发还本人。

（四）检察督促管教所是否对未成年犯分别关押

针对以往存在的成年学员调监不及时，出现成年犯和未成年犯混关混押情况，通过发放纠正违法通知书以及与监狱管理局反映和协调，形成了定期调监制度。检察官参与每次的调押工作，确保公平公正，净化了改造环境。

(五) 检察监督未成年犯出所工作

驻所检察官与出所人员进行谈话，了解监管单位是否通知其家属、是否发放路费、是否进行财务结算、在改造期间的人权保障等情况，同时，还向其发放检察机关与服刑人员联系卡，便于今后接受举报及沟通了解情况。

二、监督未成年犯管教所依法执法，科学、文明管理，依法保障未成年罪犯的生活、卫生和健康权利

生存权是法律赋予每一个公民最基本的权利，对罪犯也同样如此。我国《监狱法》和《未成年人保护法》、《未成年犯管教所管理规定》等相关法律从吃、穿、住等方面具体规定了未成年罪犯的生存权，构筑了人道主义的生活卫生保障体系。

在生活方面，一是定期检查督促监管单位严格执行未成年罪犯伙食供应标准，认真落实"三公开"制度，即标准公开、账目公开、食谱公开，杜绝拖欠、克扣、挪用罪犯伙食费现象。坚持科学配膳、合理调剂，实行"主食放开制度"，副食采取"隔日改善制度"，同时开设营养伙、民族灶，保证各类未成年罪犯吃饱吃好，吃得卫生，吃够标准，增强未成年罪犯的体质。二是加强对未成年罪犯居住条件和被服发放情况的检察，督促所里严格按照国家和省里有关规定执行，监舍做到面积达标、安全、洁净，被服做到夏有单、冬有棉、式样统一、发放及时、管理统一，切实保护罪犯的合法权益。同时，检察官还教育未成年犯爱护衣物，学会洗补技能，提高他们的生活自理能力。对在夏季用水高峰出现的不能完全保障学员用水的情况，

驻所检察员及时发出检察建议书限期整改。为此，所里专门打了一口专用机井，铺设了专用管道，给予解决。针对学员晾晒衣物不便的实际，所里根据检察建议书，投入专款，建起了800平方米的晾衣场。

在卫生方面，督促监管单位认真落实狱内环境每日消毒制度、卫生防疫宣传制度、罪犯住院病情周报制度、罪犯每年体检和疫苗注射制度等，深入监管场所及时了解罪犯健康状况和思想状况，掌握病犯病情和治疗情况，并协助所里做好与卫生防疫部门的协调沟通工作，促进监狱卫生防疫工作开展。该所自成立以来，罪犯传染病发病率一直控制在1.5%以内，没有发生一起因病得不到及时诊治而造成死亡的事件。

在劳动、休息方面，依法保障未成年犯的休息权。通过纠正违法通知书和检察建议，未成年犯管教所调整了部分生产项目，引入了项目准入制，提出"五个不"（不利于监管安全的不做，不符合环保要求的不做，不符合国家法律规定的不做，不能保证生产安全的不做，属于高空、高危、重体力的项目不做）的要求。经过检察监督，该所先后取消了如制发、印刷、毛衣编织、钻石加工等一批不适合未成年罪犯生产项目，引进了一批更环保、更安全、附加值更高、改造功能更强的外加工项目，坚决依法保证了未成年犯的健康权。在劳动时间上，通过发出纠正违法通知书，坚决防止超时劳动。

三、畅通诉求表达渠道，拓宽监督工作视野，确保未成年犯诉求权利的实现

没有权利就没有救济。权利救济制度是公民权利制度的核心。让未成年犯知道自己的权利,如何行使自己的权利,当权利受到侵害时通过什么渠道维护自己的权利对于驻所检察官监督工作的有效开展非常重要和必要。

（一）设置检务公开栏

我们在未成年犯管教所各个监区的罪犯活动场所、罪犯家属会见场所设置了检务公开栏,宣传检察室的工作性质、任务、工作职责,宣传罪犯的法定权利。

（二）设置检察信箱和投诉电话

我们在罪犯监区和监舍,在家属会见场所设置了检察信箱,每周开启一次,未成年犯需要检察官处理问题,可以写成书面材料,投入信箱。向罪犯公布了检察室受理投诉的电话,为罪犯申诉和投诉提供方便。罪犯也可以通过电话向检察官寻求救助、咨询法律问题。

（三）谈话告诉和会议宣讲

新入监罪犯,检察室一般安排一次个别谈话,了解罪犯情况,宣讲检察机关职责,告之罪犯权利和义务。此外,还在监区罪犯会议和全监狱罪犯会议上进行宣讲,让罪犯都明确自己的权利和义务,明确权利受到侵害后的诉求渠道。

（四）深入监区接谈

在检察室工作制度中确定了检察官深入监区接待日,每个监区每周轮流开展一次,在接待时,罪犯可直接向检察官反映情况和要求,不受限制。

（五）约见检察官谈话

罪犯可以书面或口头提出申请约见检察官谈话。罪犯有什么诉求，可随时提出约见检察官，接到罪犯的约见请求后，检察官及时下监区面见罪犯，听取投诉和交流沟通。检察官可以当面解答罪犯提出的问题，接受控告、申诉材料，而对不能当面解答的要认真做好笔录，向本院检察长汇报后处理。

（六）家属会见日接待

每周安排一次，借以听取罪犯家属的意见和反映的情况。派驻检察官在监狱的对外窗口设立了信访、控告申诉接待制度，直接接待未成年犯及其亲属、代理律师的来访、信访、控告、申诉，同时接受来自未成年犯的检举、申诉、控告材料，并依法进行调查处理，保护他们的合法权益。

办理罪犯诉求是检察室日常开展的重要工作，也是维护未成年犯合法权益的一个重要方面，将法律规定的权利变成活生生的现实，需要我们努力从客观、公正处理每一件罪犯诉求做起。三年来，我们共与800多名未成年罪犯谈话，接待家属196人次。对于罪犯的诉求经过查核后，区别情况，依法做出不同的处理：对正当合法的申诉投诉，经过查核情况属实的，对其权利主张予以支持；对理由不足或无理的申诉投诉，向其讲清法律规定，进行说服教育；对个别经过说服教育后仍无理取闹违反监规的则要建议监督进行处罚。

四、监督未成年犯管教所普及未成年犯文化技术教育，保障未成年犯的受教育权

我国《监狱法》规定，应当根据不同情况，对罪犯进行扫盲教育、初等教育和初级中等教育，经过考试合格的，由教育部门发给相应的学业证书。保证未成年犯的受教育权，不仅是法律赋予罪犯的权利，更是对监管单位的要求，同时也是实现罪犯出狱再就业的有效保证。

（一）监督督促未成年犯管教所与多方联系沟通，争取上级支持，建立未成年犯的教育阵地

经过河南省政府批准，成立了"郑州少年育才学校"，专门负责对未成年罪犯实施义务教育，将未成年罪犯教育纳入了国民义务教育序列。

（二）协助未成年犯管教所科学设置班级和课程内容

根据未成年犯学历层次的复杂性，督促所里开设了扫盲班、初小班、高小班、初中班共十四个班，满足不同文化层次未成年罪犯的学习要求，鼓励支持基础较好的罪犯参加高等自学考试，并为其参加考试提供积极保障。思想课除完成省监狱管理局制定的课程外，重点进行政策、前途和法治方面的教育，帮助罪犯树立正确的人生观、价值观。技术课结合不同习艺劳动项目开展不同的技术培训。同时，将罪犯参加"三课"学习与其行政奖励和刑事奖励结合起来，调动罪犯学习"三课"积极性。

（三）监督监管单位改善教育条件，确保受教育权的实现

在监督监管单位改善教育条件上，通过检察建议督促，使得监狱警察教师由 2005 年的 30 人增加到现在的 63 人，还有罪犯教师 15 人；由 2005 年的在各监区大厅上课，没有固定的教室，发展到现有教室 11 个，面积达到现在的 796.44 平方米；课程设置由过去的单一、不完善，到现在的义务教育课程设置齐全，受教育罪犯达到了 100%。2005 年以来，检察官每半年给学员上一次法治教育课程，并开展了少年罪犯维权知多少等五个专项活动，还邀请有关专家提供法律咨询 150 人次。据统计，自 1987 年以来，该所罪犯接受思想教育人数 19790 人，文化教育 12271 人，岗位技术教育 16002 人；国家职业技能培训 1020 人，获得证书 751 人；获得岗位技能证书 15870 人；获得大专学历 6 人。有的未成年犯得益于掌握了某项技能，出狱后即被有关单位聘用。

（四）建议监管单位拓展教育领域，开展形式多样、内容丰富的辅助教育

根据未成年罪犯好动爱玩的特点，协助所里搞好监区文化建设，举办运动会、歌咏比赛、知识竞赛、演讲征文比赛，丰富罪犯业余生活，活跃教育改造气氛。同时，拿出更多时间开展社会化教育活动，把未成年罪犯教育纳入社会大体系中，协助监管单位通过每月组织一次未成年犯与亲属的亲情帮教会，每两个月组织一次社会志愿者大型帮教会，每季度组织一次法律咨询、法律服务活动，每半年组织一次改造表现好的未成年罪犯到大墙外博物院、科技馆、国防教育基地参观学习活动，

每年组织一次社会企业"订单式"招聘会等,促进未成年罪犯与社会正常生活的接触和交流,提高未成年罪犯回归社会的心理调适度、人际关系和合法性生存能力,为其顺利回归社会奠定基础。三年来,检察室协助所里先后联系了郑州市中级人民法院、河南金博大律师事务所、河南教育学院等单位为未成年罪犯提供法律援助 150 余人次,与罪犯家属签订帮教协议 1100份,团省委、省司法厅、省关工委等来所举办亲情帮教会 14 次,2008 年 4 月 26 日,中宣部、中央文明办到所开展了大型赠书活动,这些活动都有力地促进了未成年犯的改造。

五、打造未成年犯减刑、假释"阳光工程",保障未成年犯依法获得减刑、假释的权利

减刑、假释作为未成年罪犯获取自由和提前重返社会的合法途径,历来是社会和罪犯最为关注的热点,更是刑罚执行监督的重中之重。做好减刑、假释工作,不仅直接关系到法律的正确实施和未成年犯权益的保障,也能促使到未成年犯对法律的信仰和其人生理想的追求趋向。

(一)推行"月计分"

在我国,对服刑人员减刑、假释主要采用计分考核制度。派驻检察室经过多年探索和反复论证,决定将"月均计分"的概念引入对未成年犯悔改的考核工作中。所谓"月均计分",就是在全面量化、公开各种考评项目计分标准的基础上,以罪犯每月平均得分的形式,来考核罪犯的悔罪表现程度,将每个罪犯在单位时间内的悔罪情况及程度真实、准确地记录下来,克服了以往"累计计分"带来的一些罪犯混天度日、熬累计分减刑的弊端，使每名罪犯在法定条件相同、悔改表现程度相同（即月均分相同）的情况下，考核时间越长，减刑的机会就越大；在考核时间相同的情况下，罪犯悔改表现程度越高（即月均分高），减刑机会越大，实现人人拥有平等的减刑机会。

（二）以"月均计分"为基础，把减刑幅度进一步明确量化

对确有悔改表现、立功表现，确有悔改表现并有立功表现，悔改表现突出，悔改表现突出且有立功表现的罪犯给予不同档次的最高减刑幅度的规定。在此基础上，以罪犯所获月均分和综合分为依据，将法官行刑理念、法定因素及罪犯得分情况有机地结合一体，运用高等数学理论，推出罪犯适用减刑计算公式，并及时将科研成果固定转化，与河南省软件技术总公司联合研制开发"量化考核、综合评价、依法减刑（假释）信息管理系统"，实现减刑工作规范化、科学化和信息化管理。该系统可以自动完成罪犯计分、汇总，自动计算罪犯综合评价得分，根据提请减刑的基本条件、控制条件，自动筛选符合提请减刑的罪犯名单，并根据其法定间隔时间、综合得分、法定从宽和从严条件，自动计算减刑幅度，达到了程序简便、内容规范、标准统一，使减刑工作真正达到依法、严格、规范、公开、公正。

（三）以开发的管理系统为基础，坚持同步监督

每月通过审查相关材料，走访调查学员，了解真实情况；检查减刑公示是否合法；发放不记名问卷摸查情况；建立重点罪犯减刑监督档案。该系统使得学员都能随时了解自己和他人改造的情况及预判自己可能减刑的时间和幅度，便于保护自己

的权利。2005年该系统实施以来，监狱办理2000余件减刑案件，没有出现一起学员或家属申诉及举报干警的情况，实现了公开、公平、公正。

六、对未成年犯权益保护的展望

有数据显示，在未成年人犯罪中有95%涉及暴力，而未成年人暴力有其心理和生理基础，未成年人暴力与青春期特定情况有关，不能完全用成年人的理性来看待。未成年人在心智、体力各方面较成年人处于弱势，需要得到有别于成人的处遇，特别是国家、家庭、社会以及相关机构的关心、帮助和爱护。根据未成年人特别保护观念及"儿童权利最大化"的国际准则，未成年人司法程序和组织安排应当符合人性化的制度设计，适应未成年犯身心发展的特点，遵循少用监禁、司法人员专业化和审判方式特别化的原则。所以，在履行检察监督监管机关行刑活动上，注重对未成年犯生活待遇上关注、情感上关心，制定详细的监督标准，立足于行刑人道化、社会化。

（一）应对未成年犯管教工作制定检察监督标准，易于操作

检察监督标准主要包括：罪犯的处境是否安全，所受到的待遇是否有损于罪犯的尊严，是否能够更好地进行思想政治、文化素质的教育，是否为再社会化学习有一技之长等。要根据这些标准对实际工作状况逐项地监督检察，进而对未成年犯管教工作进行审查评估，并向其反馈检察评估意见。

（二）行刑人道化，对未成年犯引入肯定性评价机制，有助于其心理矫正

肯定性评价是指在改造过程中对青少年罪犯自身积极的要素进行肯定和赞许。具体包括以下方面：个性品质，是指性格、品性方面存在的优点，如性情温和、意志坚定，富有同情心、乐于助人，重义气、爱打抱不平等；兴趣爱好，是指具有健康、向上的爱好和追求，如喜爱运动、酷爱艺术等；教育背景，是指具有良好的教育经历，曾经学习优秀，在某类知识竞赛中获奖等；家庭环境，是指在家庭方面存在的有利于个人发展的积极条件，如家庭成员对自己非常关心等；改造表现，是指在改造过程中取得的进步，如积极遵守监规、认真悔罪、有立功表现等以及其他积极方面。对青少年罪犯进行肯定性评价，是心理学自我概念理论在罪犯改造实践中的具体应用，其目的是消除青少年罪犯的消极自我认识，发展出积极的、符合社会期望的角色意识，提高改造效果。

（三）行刑的社会化有助于未成年犯的改造

刑事司法执法体系的最终目的是使罪犯在社会中得到新生。把罪犯放到监狱中服刑，虽然使其受到了刑罚，但对其教育改造、促其重获新生还是有一定局限性。因为监狱将罪犯与社会隔离，不利于提高罪犯适应社会的能力。在社会高度发达的今天，不应过于强调在监狱中对未成年罪犯进行治疗和更新，而应增加未成年犯在社区中服刑、变为守法公民的机会，应提倡有选择地对非暴力犯和初犯更多地采用缓刑等非监禁刑的措施，以便使他们有更多的机会参加社区劳动和教育的项目，更好地

适应社会。对于必须在监狱服刑的未成年犯,监狱应当为罪犯提供充分的建设性活动,以帮助他们改善自己的境况,使其不仅能够很好地适应监狱的改造生活,而且在释放后能够更好地适应社会。

罪犯权利保障的程度反映了一个国家的法治水平和一个社会的文明程度。随着我国民主法治建设水平的不断提升、综合国力的不断提高,中国监狱的管理工作和中国检察机关的法律监督工作都将逐步实现规范化、科学化,罪犯的权利保障程度也将随之不断提高。

(此文发表于《青少年犯罪研究》2010年第3期第80-85页)

如何对涉罪未成年人进行心理矫治

在暴风雨后的一个早晨，一位男士在海边散步，注意到沙滩的浅水洼里，有许多被昨夜的暴风雨卷上岸来的小鱼。被困的小鱼尽管近在海边，也许有几百条，甚至几千条，然而用不了多久，浅水洼里的水就会被沙粒吸干，小鱼就会被干涸而死。这位男士突然发现海边有一个小男孩不停地从浅水洼里捡起小鱼扔回大海。男士走过去说道："孩子，这里边的鱼这么多，你救不过来的！""我知道！"小男孩头也不回地回答。"那你为什么还要救，谁在乎呢？""这条小鱼在乎！"男孩一边回答，一边捡起一条小鱼扔回大海。

泰戈尔说："教育的目的应当是向人传送生命的气息。"教育之育，应该从尊重生命开始，使人性向善，使人唤起自身美好的"善根"，让人拥有"这条小鱼在乎"的美丽心境。对涉罪未成年人进行心理矫治也是一样。心理矫治，不在于使涉罪未成年人能否控制自己的思想和欲望，而在于他们是否具有合理的认识以及发自内心想要改变的动机，进而将合理的思想和观念付诸行动，从而拥有一个较现实的、理性的、宽容的人生哲学，顺利地回归社会。

一、青春期孩子心理发展的四个矛盾

青春期的孩子身体成长加速，生理机能加速，性的发育和成熟加速，由于这"三个加速"，形成其心理发展的四个矛盾。

（一）心理上的成人感与半成熟现状之间的矛盾

人生有两个重要的时期，一个是青春期，明明是孩子却认为是大人了；一个是更年期，明明已经开始进入老年，却还不服老。由于生理上的成熟，青春期的孩子在心理上产生自己发育成熟的体验，认为自己已经是成人了，这就是成人感。主要表现是从心理上过高地评价自己的成熟度，认为自己的思想和行为属于成人水平，要求与成人的社会地位平等，渴望社会给予他们成人式的信任与尊重。而半成熟状态是指青少年期的心理发展处于从童年期向成熟发展的过渡阶段。他们的认识水平、思维方式和社会经验都处于半成熟状态，于是就出现了自己认为的心理发展水平与现实的心理发展水平之间的矛盾。这是青少年心理发展中不能回避的最基本的矛盾。

（二）心理断乳与精神依托之间的矛盾

成人感使他们的独立意识强烈起来，他们要求在精神生活方面摆脱成人，特别是父母的"羁绊"，而有自己独立自主的决定权。事实上，在面对许多复杂的矛盾和困惑时，他们依然希望在精神上得到成人的理解、支持和保护。

（三）心理闭锁性与开放性之间的矛盾

青春期孩子出现心理的闭锁性使他们往往会将自己的内心世界封闭起来，不向外袒露，这是因为成人感和独立自主意识所致。另外，这时的青少年认为成人不理解他们，对成人产生不满和不信任感，又增加其闭锁性的程度。但是，与此同时他们的诸多苦恼又使他们倍感孤独和寂寞，很希望与他人交流、沟通，并得到他人的理解。这种开放胸怀的愿望促使他们很愿意向同龄朋友推心置腹，同时也希望在一定程度上向自己认可的信赖的成人朋友吐露心声。

（四）成就感与挫折感的交替

他们要表现出成人式的果敢和能干，如获得成功或取得良好的成绩，就会享受超越一般的优越感和成就感；如果遇到失利或失败，就会产生自暴自弃的挫折感。这两种情绪体验常常交替出现，一时激情满怀，一时低沉沮丧。

由于这四个矛盾，导致青春期的孩子主要有三种情感需要。一是合群的需要。加入群体、被群体承认是青少年交友与自尊需要的体现，从群体中得到的安全感、归属感、力量感令他们获得快乐体验。而能力、财力、个性往往是被群体承认的理由，这时易导致孩子们众从或从众。这是一个竞争的岁数，每个人表现力量的方式不同，有的是成绩，有的是名牌，有的是拳头。二是个性化需要。为追求自我实现，青少年会出现标新立异的个性化行为，这是自我开始独立的表现，也是成人感的体现。另类行为由于不被家长学校所肯定，导致双方情绪上的对立，影响外在控制的效果，影响社会化的完善。三是自我承认的需要。当未成年人由于各种原因被群体排斥时，为体现存在的价值，会与同类学生结成帮伙，体验该类帮伙中相互认同的情感氛围，用暴力、破坏、侵犯的方式对抗其他群体并体现价值。

二、心理矫治的主要任务

（一）正确认识自己的内、外世界

只有明白了自身的问题是什么，才可能知道怎么解决。一个人的内部世界是由以往的经验构成的，而外部世界是由活生生的、不断变化的现实构成的。内部世界是按个人的意志来编排，而外部世界却不随意志改变，自然而然地运行着。要教育孩子们更多地侧重于对内部世界的认识与评估，认识到自己尚未解决的内部冲突。其实，很多孩子通过对其教育，惊奇地发现，许多心理问题是由于自己造成的，一旦理顺了自己内心的情结，软弱的内心世界就会变得坚强起来。

（二）了解和改变不合理的观念

帮助涉罪未成年人纠正其非理性的思维和观念，帮助他们总结自己的经验教训，学会评估自己的思想观念是否合理，这不仅能够解决他们当前的心理问题，而且能够使他们看清未来的方向，从而为他们加速自我成长、由"不自觉地生活"发展到"自觉地生活"奠定可靠的基础。

（三）学会面对现实和应对现实

生活的真谛是必须面对现实。而我们个人的许多苦恼往往源于不能面对和接受现实。对于我们的生存有真实意义的仅仅是我们的此时此地。过去的是历史，未来的是希望，只有现在才是真正属于你并可把握的时空。人对现实事件的反应大致有三类：一是感性反应，是对外部事物的情绪化应对。二是理性反应，是用概念和事物之间的客观逻辑去反应外部事物，这是一个人心理发展成熟的表现。三是悟性反应，是在人的理性反应后表现出的一种超越感性和理性反应的形式。在现实的人生中，没有感性，没有七情六欲，生活质量必然低下；没有理性，会变成无头苍蝇；没有悟性，必然蒙蔽双眼，为各种烦恼所困。人的一生应该左手握理性，右手握感性，提高身心悟性，拥有平衡快乐的人生。

（四）学会理解他人

心理学的精髓就是"理解"二字，唤起孩子们的依附本能，自觉地理解他人以及理解群体，这样可以成为缓解甚至平复人际冲突、恢复人性平静的关键。理解别人，最好的做法是"角色扮演"。

（五）构建合理的行为模式

合理的行为模式是由若干具体的有效行为组成的，应当按计划行事，逐个地协助孩子们实施每个有效行动。

三、如何进行心理矫治

（一）倾听

心理矫治是人际沟通的艺术，它要求我们认真倾听涉罪未成年人讲话，准确地认同其内心体验，积极地响应其讲话内容，推动其从不同角度审视成长过程中的障碍与挫折，并通过适时地自我表露相关经历来增进与他们的情合。倾听技巧是心理矫治的核心任务之一，学会倾听是心理矫治的先决条件。心理咨询师必须认真地听对方讲话，认同其内心体验，接受其思维方式，以求设身处地地理解与思考。倾听分为两种：一是被动式倾听，意思是用体语（包括点头、微笑、注视、坐姿等）和有限度的语言（如唔、是的、我明白等）向孩子们表示，我正在留心倾听你讲话。二是主动式倾听，意思是用主动的方式使当事人明白正在留心倾听。

在整个心理疏导过程中，倾听包括五个条件：不批评、不判断、尊重、敏锐、以对方为中心。在这五个条件中，不批评、不判断是最主要的，也是最难做到的。不批评、不判断主要是鼓励当事人深入地表露自己，这样我们才能真正了解当事人的看法和处境。举例来说：

对话一

小王：我恨我爸爸。

咨询师：噢（全神贯注地望着他，示意他讲下去）！

小王：他遇到什么不顺心的事就拿我出气。

咨询师：怎么拿你出气？

小王：有时打我，有时骂我。

咨询师：那你一定感到很委屈啦。

小王：是啊，可有什么办法。谁叫他是我爸爸。

咨询师：嗯（全神贯注地望着他，示意他继续讲）！

小王：有时候我真想离家出走，那样我就自由了。

咨询师：你有没有离家出走过？

小王：没有（此时小王不再说话，而我也不出声，全神贯注地望着他）。

咨询师：你真是不好受。

小王：我（开始哭泣）！

对话二

小王：我恨我爸爸。

咨询师：你怎么可以恨你爸爸，再怎么说他也是你亲人啊。

小王：可是他一遇到不顺心的事就拿我出气。

咨询师：当爹的都一样，我小时候也一样，经常受我爹的气。

小王：可他老是打我。

咨询师：你爸打你是不应该，但你想一想有没有惹他生气。

小王：有时我没惹他，他也打我。

咨询师：那你爸太不像话了，打孩子总得有个道理，怎么可以这样无缘无故地打孩子呢！

通过以上对话可以看出，"对话一"中，心理咨询师认真倾听了小王的讲话，并通过各种言语与体语表明自己很理解小王的心境。同时，没有对父亲打骂他的事实做出直接评论，只是强调了自己很理解小王内心的痛苦。这样做是为了不打断小王思路，以帮助他理清自己的情绪。所以，对话一的沟通可以说是有效的。而"对话二"中，可以说，心理咨询师根本没有在听小王的讲话，几乎是小王说一句，自己就评论一句，没有给小王充足的时间与机会去宣泄内心的痛苦与怨恨。更糟糕的是，咨询师还以十分武断的立场去判断小王的不是，完全忽略小王的感受。

（二）面质

所谓"面质"方法，即采用苏格拉底"产婆术"的方法。苏格拉底（公元前469－399年）与柏拉图、亚里士多德并称"希腊三贤"。苏格拉底引导学生自己进行思索，自己得出结论，正如苏格拉底所说，他虽无知，却能帮助别人获得知识，正如他的母亲是一位助产婆一样，虽年老不能生育，但能接生，能够催育新的生命。

············

《理想国》："什么是正义的"

问：虚伪应归于哪一类？

答：应归入非正义类。

问：偷盗、欺骗、奴役等应归入哪一类？

答：非正义类。

问：如果一个将军惩罚那些极大地损害了其国家利益的敌人，并对他们加以奴役，这能说是非正义吗？

答：不能。

问：如果他偷走了敌人的财物或在作战中欺骗了敌人，这种行为该怎么看呢？

答：这当然正确，但我指的是欺骗朋友。

问：那好吧，我们就讨论朋友间的问题。假如一位将军统帅的军队丧失了士气，他欺骗士兵说援军马上就到，从而鼓舞起斗志取得胜利，这种行为该如何理解？

答：应算是正义的。

问：如果一个孩子有病不肯吃药，父亲骗他说药不苦、很好吃，哄他吃下去了，这种行为该属于哪一类呢？

答：应属于正义类。

问：如果一个人发了疯，他的朋友怕他自杀，偷走了他的刀子和利器，这种偷盗行为是正义的吗？

答：是，也应属于正义类的。

问：你不是认为朋友之间不能欺骗吗？
答：请允许我收回我刚才说过的话。
……………

对涉罪未成年人表现出的矛盾心理进行揭示、指出，往往是指出接受矫正的未成年人前后语言之间的矛盾、非语言行为与语言行为之间矛盾、语言与行动的矛盾，帮助他们面对和正视自己内在的真实心理、体验自己的内心冲突。也就是说，需要与他们不合理信念进行辩论，你先说出你的观点，然后依据你的观点进行推理，引出观点中的存在的谬误之处，让涉罪未成年人认识到先前认知中不合理的地方，并主动加以矫正。

运用"面质"方法时，可能会遇到这样的阻碍，这些孩子可能辩论不过心理咨询师，因为他们没有心理咨询师知识丰富、见多识广以及较强的逻辑思维能力，因此就会造成一种假象，表面上他对心理咨询师说的话点头称是，但在心很不服气。就像一句话说的，"我能理解，但还是不能接受"。所以，在对未成年人进行心理矫治时要慎用这种方法，除非有足够的把握能起到好的效果。

（三）心理测量

心理测量，就是依据心理学理论，使用一定的操作程序，通过观察少数有代表性的个体行为，对贯穿在个体的全部行为活动中的心理特点作出推论和数量化分析的一种科学手段。目前，在我国的心理门诊中运用较多的大致有三类心理测验，即智力测验、人格测验和心理评定量表。这些测验有很多的标准量表，根据被测者的选项，来推测出被测者的智力、人格及心理情况，然后有针对性地进行矫治。

在心理测量的运用上，加拿大的做法值得借鉴。加拿大未成年人犯罪率高，但重新犯罪率却很低。为什么他们对涉罪未成年人的矫治取得那么好的成效？这里面心理测评起着关键性的作用。加拿大对涉罪未成年人的矫治评定主要分为三个层级：一是对其进行生活式调查，包括违法违纪情况（尤其有无违反未成年人犯罪法）、学校的表现评估（是否留级、中途辍学，学分是否修够，是否补考过等）和家庭状况评估（父母是否离婚，父母是否有违法违纪行为，是否在教育问题上被警察叫走过，家庭收入等）。这部分调查由义工来做，政府购买服务，国家为孩子负责。二是心理量表的测评，一般要做2-3天，主要测量暴力风险、抑郁、焦虑等情况。根据测量的结果，从中筛选出前20%的高风险人，进入第三个层级的测量，即神经生物测量。在加拿大，监狱的分类是按以上三项测评结果进行，判6个月以上徒刑的罪犯在高警戒监狱服刑，然后对他们每周进行一次测试，直到不再属于高风险人群后再转入普通监狱，这样可以最大限度地避免交叉感染。

（四）学会运用潜意识的力量

"我不喜欢红色"，我们的脑海中想到的肯定是红色，绝对不会是绿色或其他颜色。"我要减肥"，我们的脑海中出现的肯定是一个胖子的形象，绝不会是苗条的形象。这就是潜意识的秘密。弗洛伊德是奥地利的一位精神病医生，创立了精神分析学说，他认为，人的心理主要包含三个部分，即意识、前意识、潜意识。意识是能够觉察到的心理活动，比如此刻你心里想干什么，这些是都能知道的。潜意识包含人的本能冲动以及出生后被压抑的人的欲望，这种欲望因为社会行为规范不允许满足，而被压抑到内心深处，意识不能将其唤起。潜意识一度也是意识，但因被遗忘、忽视或压抑，从意识中消失了，如令人痛苦的思想、悬而未决的问题、童年被压抑的记忆、人际间的冲突和道德焦虑等。还有一些经验，它们与人们不太相干或无足轻重，由于本身强度太弱，当人们经历它们时达不到意识层面，不能留驻在意识之中，因而被贮藏在个体意识里。这些构成了潜意识的内容，当需要时，这些内容会很容易地到达意识层面，会以"情结"的形式表现出来。当个体具有某种情结时，会沉溺于其中不能自拔。如一个沉迷于绘画的人，会浑然忘我，舍弃许多安享生活的方式或钱财，去追求自己的目标，并乐在其中。前意识是介于意识与潜意识之间的一种中间心理状态，是那些此时此刻虽然意识不到，但在集中注意力、认真回忆、不断搜索的情况下，可以回忆起来的经验。

　　人的意识组成像一座冰山，露出水面的只是一小部分，即意识；而水下大部分潜意识的影响巨大，在人的精神活动中居主导地位。世界潜能大师博恩·崔西说："潜意识的力量比意识大三万倍以上。"所以，任何潜能的开发，任何希望的实现，都是依靠人的潜意识。潜意识有以下几个特点：

　　（1）潜意识接收的是词汇和经由词汇所自然形成的联想。我们从小接受的是谦虚是美德的教育，这本身没有错，可因此也养成了不敢使用强有力的词汇，不敢说我行，而是说我试试。强有力的词汇经由自然地产生联想会带来强大的正能量，消极词汇则会消耗能量。例如，"我很自信"会让人联想到自信满满的感觉，而"我要克服自卑"却只会让人联想到自卑。

（2）潜意识不会区分不、无、没有等否定的词句，也不区分你我他。它对指令信息的提取是最直接的，即只对根本词汇的提取，而不管论前面添加多少否定或肯定的修饰。在宇宙的智慧中，你我他是三位一体的。所以，不论是说"我很棒"，还是说"你很棒"、"他很棒"，对潜意识来说，接收到的都是良好的正面的信息，都是"很棒"。同样道理，不论是说"他很坏"、"我很坏"，还是"你很坏"，接收到的都是坏的信息，都是"很坏"。

（3）感恩是潜意识最强大的力量。生活中我们只知道对得到的、拥有的东西去感恩，却不知道感恩不是仅仅要感谢已拥有的，更要对所想要得到的去感恩。如果想得到什么时，就直接当成已拥有了一样去感恩。

在实际工作中，对涉罪未成年人进行训练时，让他们必须做到每天的话语中尽量地减少或不出现负性词汇，坚持学习国学传统文化，写心得体会，让他们感恩父母给予生命、感恩生活中点点滴滴，每天不停在心里说："对不起、请原谅，谢谢你，我爱你！"有不少孩子说，他们照这种方法训练后，感觉心里平静多了，也相对能够很好地接纳自己。

（五）对不合理的信念进行矫正

对于对自己要求比较严格、追求完美的孩子，他们一般都有这样一种不合理的想法，即"每个人绝对要获得周围环境尤其是生活中每一个重要人物如爸爸妈妈的喜爱和赞许"。这个观念实际上是个假象，是不可能实现的事，因为在人的一生中，不可能得到所有人的认同，即使是像父母、老师等对自己很重要的人，也不可能永远坚持一种绝对喜爱和赞许的态度。因此，如果一直坚持这种态度，就可能需要千辛万苦、委曲求全地取悦别人，以获得每个人的欣赏，其结果也必定会感到失望、沮丧和受挫。

胡乱讲义气的孩子，他们会认为，世界上有些人很邪恶、很可憎，所以应该对他们给予严厉的谴责和惩罚。这时需要给他们分析，世上既然没有完人，也就没有绝对地区分对与错、好与坏标准。每个人都可能会犯错误，但仅凭责备和惩罚于事无补。人偶然犯错误是不可避免的，因此，不应因一时的错误就将他们视为坏人，以致对他们产生极端排斥和歧视，甚至为他们而自己去犯错误。

错误归因的孩子，什么事都在抱怨别人，都是别人的错，一天到晚不停地抱怨。其实这是他的归因出了问题。个体进行归因时，首先要注意区分是内因和外因。内因指存在于个体内部的原因，如人格、品质、动机、态度、情绪及努力程度等个人特征，将行为原因归于个人特征，称为内归因。外因指行为或事件发生的外部条件，包括背景、机遇、他人影响、任务难度等，将行为原因归于外部条件时，称为外归因或情境归因。对错误归因的孩子，要教会他们在出现问题、解决问题时要往内看，找内归因，从自身找原因，再看外部原因，只有这样才能正确地面对问题、解决问题。

（六）布置家庭作业

"像你希望别人如何对待你那样去对待别人。"也就是说，你希望别人对你好，你就对别人好；你希望你有困难的时候别人帮助你，那在别人有困难的时候你要先去帮助别人。但是，这些涉罪的孩子们常常错误地理解运用这一黄金法则，他们常常会提一些不合理的、绝对化的要求，如"我对别人怎样，别人必须对我怎样"或"我喜欢她，她也必须喜欢我、接受我"等。针对这样的孩子，我们一般都会让他长期坚持做一件事情，比如，在水里泡些黄豆，每天给它换水，静静地等待，看它什么时候发芽，什么时候长出小豆苗。一段时间过去，会发现有的黄豆长成了豆芽，而有的黄豆却早已腐烂。通过这些，让孩子们明白，不是每天换水，豆子都能长出豆芽，不是付出就有回报，这需要时间和等待；也不是所有付出都有回报，有些黄豆一辈子也长不出豆芽。

（七）阳性强化

在心理咨询中，有这样一个孩子，他总是很暴躁，也是因为暴躁发火把同学打成重伤后，进了看守所。这个孩子很善良，他知道暴躁的脾气对别人有伤害，但就是控制不住自己。像这样的孩子，一般不给他讲什么大道理，讲道理也没用，只让他坚持做一件事情，把第一天发脾气的次数写下来，第二天只比第一天的少一次即算完成任务。一周后，他把作业交上来，第一天是三十多次，到第七天时，只有十多次了；到第三周时，基本每天控制在两三次之内。为了有好的效果，心理咨询师采取了"每天完全不发脾气，并能维持一周，可以建议狱警采取发个小红旗"的鼓励措施。要知道，在服刑期间，集够五个小红旗，可以记奖励一次，这对减刑是大有好处的。在这个案例中，咨询师主要是采用了阳性强化法，以建立、训练某种良好的矫治行为来达到预期的目的。

以上这些心理矫治方法在办案的任何一个环节均可使用，可与讯问时一并进行，也可单独进行；可在审查起诉环节使用，也可在法庭教育环节使用，还可在帮教环节使用。我们要充分地相信孩子们的自我疗愈能力，当他们真正地从心底接受并愿意改变时，他们的眼光会变得柔和，态度变得谦卑，信念变得合理，语气更加坚定，心态更加平和，矫正更加积极，人生更加阳光！这也是未成年人检察工作的全部意义所在。

（此文节选自作者精品课程"检察官与涉罪未成年人心理矫治"）

关于完善减刑、假释法律监督工作的思考与建议

摘要 减刑、假释制度在我国刑罚执行中是对刑罚进行合理变更执行的两种制度,它的根本目的在于确保罪犯的改造效果,体现国家的人性关怀及对人权的合理保障。由于减刑、假释的呈报、审批环节上工作透明度不高,并缺乏有效的法律监督,不仅损害了服刑人员的合法权益,而且影响了法律在监管场所的正确实施。所以,研究对减刑、假释工作如何加强监督,在当前的司法实践中有着十分重要的意义。

关键词 减刑;假释;刑罚执行监督

减刑是对被判处管制、拘役、有期徒刑、无期徒刑的犯罪分子,在执行期间确有悔改或者立功表现的,适当减轻其原判刑罚的制度。中国的减刑制度古已有之。例如:"唐代为加强狱政监督,进一步完善了录囚(又称虑囚)制度。自唐高祖武德元年(公元618年)亲录囚徒始,历代相袭,变为常制。贞观年间,太宗李世民每视朝,亲录囚徒,以致数额多达二三百人。

凡经录囚之后，犯人有罪多得减轻处罚。"①减刑制度也并非我国刑法独创，就世界范围而言，虽然别的国家没有与我国完全相同的减刑制度，但有与我国不同的减刑制度。例如，国外赦免法中规定的赦免性减刑属于减刑制度，国外监狱实行刑法中规定的善时制（good time system）减刑也属于减刑。②假释是指对正在执行刑罚中的罪犯，有悔改表现，不致再危害社会的，而将其附条件予以提前释放的一种刑罚执行变更制度。假释制度源于"释放票制"，是美国学者马康奴杰（Maconoohie）对离澳洲大陆八百海里外的劳博岛上的犯人中行为优良者发给"释放票"，在一定的监视之下恢复人身自由，这既是英国释放票制的渊源，也是英国假释制度的初始。1854年后，高鲁顿在爱尔兰对释放制度进行了修改和补充，从而形成了较为完善的假释制度。欧洲大陆一些国家，如意大利、法国等大力效仿英国，制定了本国的假释制度。美国于1869年制定了假释法，至1898年已有25个州采用了假释制度。假释现已成为世界各国普遍适用的法律制度。在我国法制历史上，假释制度最早规定在1911年清朝颁布的《大清新刑律》中，在北洋军阀和国民党政府刑法中也有规定。新中国成立后的刑事立法中一直有假释制度，1997年重新修订的刑法典对假释也作了一些修改。

一、我国减刑、假释工作中的主要问题

目前，我国减刑、假释工作中存在的主要问题有：现行法

---

① 曾宪义等：《中国法治史》，第178页，北京大学出版社，2000年版。
② 颜茂昆：《减刑制度研究》，载《刑事法专论》（上卷），第442页，中国方正出版社，1998年版。

律规定"过于原则",执行环节"过于简单",法官的自由裁量权"过大"等。

(一)法律规定过于原则,执行环节过于简单

从我国的《刑事诉讼法》法律条文的整体来看,对于侦查、审判等环节规定得比较具体,而对于执行环节的法律规定显得过于原则和简单,缺乏可操作性。

(二)审判裁定的程序过于简单,法院的自由裁量存在很大的随意性

我国目前减刑、假释工作中存在的最大问题是,了解情况的无权做决定,不了解情况的有决定权。这是因为,监狱负责监管改造,却只有申报权,而法院基本不掌握实际情况,却有减刑、假释审批权。法院在做出裁定的过程中是进行书面审理,多数是依据执行机关的申报材料,极少深入监管场所调查了解情况,一般不接触罪犯,只凭主观臆断做出裁定,缺乏严肃性。有的法院对监管单位呈报的罪犯减刑、假释意见在裁定时改变的幅度大、数量多,且大部分不向监管单位说明理由,这大大"削弱"了刑罚执行机关的权威。

(三)减刑、假释的条件和标准不好把握,人为因素较大

一些看守所和个别监狱在办理减刑、假释和为罪犯考核记分中随意性较大,存在凭印象、凭关系减刑、假释的现象。同时,由于对被减刑罪犯在减刑以后缺少监督和制约,减刑之后尚有余刑者,如果出现不符合减刑条件的,无法撤销先前的减刑裁定;减刑之后没有余刑,出狱后,如果出现不符合减刑条

件的情况，亦无法撤销先前的减刑裁定，收监执行。这就导致了减刑假释的质量不高，重新犯罪率较高。

（四）法律监督措施滞后，事后监督的问题较多

检察机关对法院的裁定只为事后监督，这种被动监督发现问题的可能性几乎为零。同时，每年减刑、假释罪犯又成批进行，每一批数量很大，约占在押人员的25%左右，检察机关在法律规定的20天的时间内根本没有力量进行认真细致的审查。而且对在押的罪犯接到减刑的裁定后立即执行，收到假释的裁定后即刻出狱，这对监督工作造成"障碍"。同时，对错误的减刑假释裁定只能使用书面通知书的形式进行纠正，不具有抗诉权，监督缺乏刚性，这与法律赋予检察机关的监督职能极不相称。

（五）假释的适用率极低

作者在对某省属监狱的假释适用情况进行了一次深入调查。该监狱在押罪犯常年保持在2000人左右。经过调查统计发现该监狱自1998年以来至今，在近十年的时间里没有呈报、裁决过一例假释，但是，减刑在刑罚执行中却大量适用。2004年裁决减刑罪犯811人次，2005年839人次，2006年705人次，2007年832人次，四年来共计裁定减刑3187人次。同样体现刑罚变更的假释与减刑，为何适用比率差别如此之大？而据有关统计资料，美国、加拿大以及欧洲国家使用假释的数量很大，假释率均在40%以上，即使在亚太国家和地区的假释适用中，澳大

利亚、菲律宾、日本等国家的假释比例也在10%以上[①]。与其他的亚太国家相比，我国运用假释的比例相当低。

二、我国减刑、假释工作存在问题的原因分析

通过调查研究、分析总结，再联系我国现行的减刑、假释有关规定，我们认为主要有以下几个原因。

（一）执法观念上存在重审前程序、轻执行程序的"错误"观念

刑罚的目的是追究犯罪分子的刑事责任，刑罚的实质内容是以刑罚的彻底执行来实现的。刑罚能否得到执行以及刑罚执行的效果如何，直接决定了刑罚的功效。刑罚的改造与教育功能能否得到实现，在于刑罚的执行是否正确。如果刑罚执行不正确，审判以前的工作将付诸东流。

（二）在执法指导思想上存在宁严勿宽的思想

长期以来，我国受到重刑主义思想的影响，注重报应刑，注重刑罚的威慑功能，忽视刑罚的教育改造功能，致使在现实中难以接受假释。在对某监狱100余名监狱干警的调查中发现，监狱70%左右的干警在思想认识上，偏重于刑罚制裁和威慑功能，认为一旦违法犯罪了就应该接受惩罚，越严厉越好。因此，国家本位主义、重刑思想等历史传统直接影响了减刑、假释制度功能的发挥。其实，刑罚执行过轻，达不到对犯罪分子的震

[①] 司法部预防犯罪研究所课题：《假释问题研究》，载《犯罪与改造研究》，2000年第6期。

慑作用；刑罚执行过严，虽然在短时间内会遏制犯罪的高发态势，但是，过于严苛的刑罚只会导致公民对法律的"敌视"，从而出现更加猛烈的犯罪浪潮。"刑罚本身是一种恶，每一种刑罚都具有强制之恶，痛苦之恶，恐惧之恶，错误控告之恶和衍化之恶。因此，立法者在规定刑罚的时候，应当时刻注意这种恶的代价，不应当规定和适用滥用之刑，无效之刑和过分之刑，昂贵之刑。"[1]

（三）监管改造中重经济效益，忽视教育改造作用的发挥

监狱作为国家的刑罚执行机关，要求高度集中统一，必须以改造和教育罪犯为主要任务。监狱生产作为劳动改造手段的载体，是为了实现"惩办和改造犯罪分子"的国家职能而产生和存在的，这项功能永远不能削弱。现在很多监狱尤其是中小监狱，为了谋求发展，把经营生产作为第一要务，严重影响监狱公正执法，影响了改造和教育犯罪分子的功能发挥。

（四）减刑、假释条件把握上宽严失度，人为因素较多

我国刑法第七十八条、第八十一条分别规定了适用减刑、假释的条件，规定减刑须"确有悔改表现或立功表现"，规定假释须"确有悔改表现"和"不致再危害社会"，这些规定是软性条件，过于笼统，不易操作。而国外监狱实行的善时制减刑初衷也是要求犯人必须有积极的改造行为方能减刑[2]，但是，由于司法实践中对"表现良好"在操作上有诸多困难，于是逐渐变

---

[1] 张智辉：《论刑法理性》，载《中国法学》，2005年第1期。
[2] 储槐植：《美国刑法》，第344页，北京大学出版社，1996年版。

为"表现不坏即可折减刑期",因为评定"不坏"比评定"良好"容易①。加拿大的法定减刑制度为,犯人一入狱就获得1/4减刑,只有在狱中犯新罪,才取消减刑,其他情况不取消②。如此宽松的减刑条件,使得一些国家在押犯获得减刑的比例非常高,如澳大利亚维多利亚85%的犯人获得减刑③。

(五)过分量化的计分考核的规定使减刑、假释流于形式

减刑、假释计分考核规定的初衷是对罪犯考核的虚实结合度加以把握。计分考核的内容把罪犯思想改造与劳动改造作为计分考核的两大内容,以尽量排除法律运作中的随意性,客观公正反映罪犯的服刑表现。其实在现有刑事技术条件下计分制考核虽能保证法律上的透明,却未能全面反映罪犯期待的实质公正,而后者表达法律更深的意蕴④。近年来的行刑实践表明,由于思想改造不易量化,考核不得不趋于容易量化的方面,如劳动定额的完成、日常行为评定等,未能对罪犯主观方面做出准确评估。同时,失衡的分数助长了其他罪犯投机作假的作为,偏离减刑、假释设置的初衷。比如,我们在调研中发现,职务犯罪、当地人的罪犯、经济条件较好的罪犯减刑的比率比一般犯罪分子高。

---

① 储槐植:《美国刑法》,第344页,北京大学出版社,1996年版。
② 李贵方:《自由刑比较研究》,第341页,吉林人民出版社,1992年版。
③ 颜茂昆:《减刑制度研究》,载《刑事法专论》(上卷),第447-448页,中国方正出版社,1998年版。
④ 陈兴良等:《刑事法评论》(第5卷),第575页,中国政法大学出版社,2000年版。

（六）法院在裁定时，人为规定了比例和时间的限制

这样的规定违背了立法宗旨，本身即是违反法律的。地方法院规定减刑比例或指标，使减刑失去其本来的意义，不符合行刑法治的要求，是行刑人治或者"行政"行刑的表现。按照事先确定的比例决定对罪犯减刑，必然出现与刑法要求相悖的情形，或者是应当得到减刑的罪犯因为比例或"名额"的限制而未能得到减刑，或者是不符合减刑条件的罪犯由于减刑比例和"名额"的富余而得到减刑[①]。

（七）假释后，监狱害怕承担假释失败的风险

"假释后不致再危害社会"是我国刑法第八十一条对假释所限定的条件之一，但是，对这一条件的判断非常困难，监狱等刑罚执行单位在假释适用前，很难预测罪犯的再犯可能性。第一，在实践中，监狱呈报适用假释时，往往主要考虑犯罪分子的狱内悔改表现，据此判断其人身危险性的大小及"不致再危害社会"的可能性。然而，仅靠罪犯的狱内表现进行预测是片面的、不充分的。第二，在如今监外刑罚执行监督考察体系尚不够完善、监管方式比较单一的情况下，无法很好地保证罪犯假释考验期限内不违反法律、行政法规等规定。第三，罪犯假释后，罪犯身份没有变，原则上罪犯仍然是监狱的人，监狱对罪犯还要负一定的责任，监狱放出去一个就多承担一份责任。一旦出现罪犯假释考验期限内违反有关假释的监督管理的规定，则应当撤销假释，导致适用假释的失败，这将使监狱等刑罚执

---

① 张秀夫等：《中国监狱法实施问题研究》，第147页，法律出版社，2000年版。

行单位处于被动境地，监狱感到有很大压力。因此，这样就出现了"宁可多减刑，不要少假释，甚至不假释"的情况。

（八）检察机关对减刑、假释的监督"无的放矢"

在执行机关呈报审批环节，检察机关不直接监管，对将不具备法定条件的罪犯报请或依法应当报请裁定而不报请的违法行为难以发现，特别是罪犯评审鉴定表、奖惩审批表以及罪犯悔改或立功表现的证明材料真实性的监督缺乏具体的操作手段。在审理环节，法律规定实行书面审理，承办人是否如实向合议庭汇报了执行机关提出的意见，无法监督。同时，对减刑的裁定不当，只能提出纠正意见，无法及时发现纠正减刑、假释案件的错误，法律赋予检察机关法律监督职能不能落到实处，对法院的"错误行为"亦无刚性监督规定等。

三、完善减刑、假释法律监督工作的思考与建议

减刑、假释制度是在我国长期改造罪犯的实践中建立并逐步完善的具有中国特色的刑罚执行变更制度，体现了我国惩办与宽大相结合、惩罚与教育改造相结合的刑事政策，其适用直接关系到刑罚的正确执行和刑罚目的的最终实现。

从整个法律体系来讲，减刑、假释的法律规定由实体法应改为程序法规定。从减刑、假释制度的法律规定上看，笔者认为，应将减刑、假释的制度从主要是由实体法规定改为主要应由程序法加以规定。因为，减刑、假释是刑罚执行制度，主要是在刑事诉讼程序中具体适用和操作。我们可以研究借鉴法国的做法，将减刑、假释的有关规定直接规定到程序法中。其实，

我们减刑、假释工作中存在这么多的司法腐败，其中还有一个原因，那就是程序上没有明确的规定。米兰达规则给我们的一个最大启示就是：实体不公，只是个案正义的泯灭；而程序不公，则是全部司法治度正义性的普遍丧失。所以，制定详细而又严密的减刑、假释程序法，应当是我们法律制度改革的重要内容。

（一）改革诉讼程序，对减刑假释案件的办理，应该采取由刑罚执行机关呈报、检察机关提请、法院裁决的诉讼模式

我国刑法第七十九条、第八十二条规定，适用减刑、假释的法定程序是相同的，即对于犯罪分子的减刑、假释，应当由执行机关向中级以上人民法院提出建议书，人民法院应当组成合议庭进行审理。我国刑事诉讼法第二百二十二条规定："人民检察院认为人民法院减刑、假释的裁定不当，应当在收到裁定书副本后二十日以内，向人民法院提出书面纠正意见。人民法院应当在收到纠正意见后一个月以内重新组成合议庭进行审理，做出最终裁定。"这些表明了我国在减刑假释方面采取的是检察机关事后监督的方法。笔者认为应当改革减刑、假释的诉讼程序，即由执行机关呈报检察机关审查，由检察机关向人民法院提请，由法院依法组成合议庭予以裁决。理由如下：

第一，从理论上讲，减刑、假释权是刑罚变更权，当然也是一种司法权，已经是不争的事实。减刑、假释提请权也理所当然是一种司法权。减刑、假释提请权是法院行使减刑、假释权的前提，应当由检察机关来行使，这样才能够形成控、辩、审三角关系，符合我国现代刑事诉讼模式。第二，人民检察院

行使减刑、假释的提请权是检察机关所承担的公诉职能的必然要求。完整的公诉权应当是有罪的追诉权与悔罪的减刑、假释的提请权。公诉权的重要特点是与审判权相对接，是我国不告不理原则在刑罚变更执行中的具体体现。启动审判程序，对罪犯加刑时，需要公诉权再次启动审判权，对又犯罪的罪犯加重刑罚。当罪犯表现好，或者有立功表现需要减刑或者假释时，同样需要人民检察院的公诉权介入，这样，所有刑罚执行变更活动都纳入公诉权的调整范围，使公诉权不仅在增加刑罚中发挥作用，而且在减轻刑罚中也发挥作用。第三，检察机关行使减刑、假释提请权是减刑、假释司法实践的要求。实践中监狱呈报减刑、假释案件时，虽然有检察机关的检察监督，但是，仍然容易造成减刑、假释的"行政审批关系"，检察机关事后监督往往流于形式，监督不力。因此，按公诉程序进行更加有利于检察监督，避免监狱一家之言，预防法院裁决的失误和有违公正，有利于刑罚执行的公正、公平。在具体的程序运作上，要修改完善以下内容：

（1）改革减刑、假释案件的审理方式，由书面审理改为公开开庭进行审理，并且将法院主动听取被减刑、假释人的意见改变为他们有权在法庭上陈述，将表达意见固定为诉讼权利，而且赋予他们有委托辩护人的权利。在开庭审理时，减刑、假释案件应由同级的检察官出庭参加诉讼活动，发表检察意见，对庭审活动进行监督等。同时，当事人不服减刑与假释的裁定，应赋予其上诉权利。

（2）与国际规范接轨，考虑受害人的意见。《东京规则》规定："应力求在罪犯的个人权利与受害者的权利和社会对于公共安全和预防犯罪的关注之间达到妥善的平衡。"我国的减刑假释制度应逐步与联合国的规范"接轨",在考虑社会安全、罪犯改造的同时,考虑受害者的利益和征求受害者的意见,吸收有关案件被害人及其他利害关系人参与减刑与假释诉讼活动,并享有相应的诉讼权利。

(3) 做到特殊群体的减刑假释应特殊对待。对未成年犯的减刑假释,在掌握标准上可以依法适度放宽。同时,对于罪行严重的罪犯以及犯罪集团的首要分子、主犯、累犯的减刑,应特别慎重,严格掌握。总之,应当坚持刑罚个别化的观点,做到特殊情况特殊对待。

(4) 赋予检察机关抗诉权。检察机关是法律监督机关,对公安机关、审判机关、刑罚执行机关都有监督权,检察机关法律监督的方式主要有二种:一是提出纠正意见,包括口头纠正和书面纠正;二是提出抗诉,对认为确有错误的判决、裁定按第二审程序或审判监督程序提出抗诉。在这两种监督方式中,提出纠正意见的监督效力相对来讲是比较弱的。刑期变更由执行机关提出,审判机关审理,审理中使用了刑事诉讼程序,做出的裁定是刑事诉讼中的裁定。既然是刑事裁定书,那么原判决或裁定就应当可以抗诉。实践中,而变更刑期的裁定不能抗诉,只能用司法建议的方式提出纠正意见,这就"剥夺"了检察机关的法律监督权,具体来说就是"剥夺"了检察机关对审判机关变更刑期裁定的抗诉权,削弱了对减刑、假释法律监督的职能作用。

(二) 建立假释保证金或保证人制度

犯罪分子走上犯罪道路的原因是多方面的,并非所有的犯罪者本性都是恶的，我们要加以正确地引导。意大利法学家贝卡利亚在《论犯罪与刑罚》一书中指出，只要有一种慈善的力量做引导，就能使罪犯为公共福利服务。所以，我们对假释实行保证金或保证人制度，应该作进一步的研究和探讨，以实现假释制度，激励犯罪人争取尽早回归社会的功能。

假释是附条件地将服刑人员释放到社会改造的执行方式。所附条件即是对服刑人员未取消刑罚控制力的具体表现，是促使被假释适用服刑人员明确自己身份、增强思想警惕性、避免重新犯罪的有效手段。为了更好地保证假释罪犯遵守考验期内的规定，可以借鉴我国取保候审制度中的保证金和保证人制度，建立假释担保制度。建立假释担保制度的目的是为了通过经济手段促使假释犯加强自律能力，同时也可督促假释犯的家属和保证人加强对假释犯的管束，最大限度地消除假释罪犯再次危害社会。假释担保可实行保证人或保证金担保方式。

假释担保制度应当具有如下内容：（1）假释担保监督考察组织的设置。建议设立假释委员会，人员由监狱、派驻检察人员等组成，主要职能是负责全面假释担保工作，如对假释罪犯的监督考察、与当地执行机关进行沟通、代管保证金等等。（2）假释担保程序。主要设置假释担保申请程序、假释担保监督程序、假释担保终止程序、保证金返还程序、保证金没收程序等等。（3）假释担保条件，包括保证金的交纳、保证人的条件。保证金的交纳，可视假释犯及其家庭的状况，要求假释犯亲属提供假释保证金。保证人要符合以下条件：有固定的住处和收入；享有权利，人身自由未受到限制；有能力履行保证义务；与本案无牵连。保证人在保证期间，应履行职责，保证假释犯遵守规定。(4) 假释条件消失后的处理办法。如果假释犯在考验期届满行为良好，假释委员会在宣布其恢复自由时，返还缴纳的全部保证金；相反，在考验期内假释犯发生违法犯罪行为，除按刑法第八十五条规定予以撤销外，还应没收保证金的一部分或全部上缴国库。

(三) 完善减刑、假释后续监督保障制度

1. 完善减刑撤销制度，保证减刑质量

我国刑法和刑事诉讼法、监狱法对减刑适用规定较多，但对于减刑撤销的程序、被减刑者的诉讼权利"缺乏"具体的规定。这是减刑制度的一个"缺陷"，不利于罪犯人权的保障。我国刑法把减刑分为可减和必减两种形式。可减的适用是司法机关以罪犯服刑表现为悔罪或立功为根据的，运用刑罚连续性缩减，引导罪犯具有良好社会行为，贯彻了行刑预后思想。必减是法律的硬性要求，可减是选择性法律行为，那么可减的适用就可以考虑有条件地撤销或局部更改。比如，罪犯在减刑后法定期间内严重违规或犯罪，足以表现罪犯确无悔改，或者减刑依据没能真实反映罪犯悔改程度，针对此，合理运用刑罚并适当加以变化，会使法律适用更加严谨[①]。法国是典型的大陆法系国家，法国刑事诉讼法第721条规定："在给予减刑的年度时，被关押的罪犯具有不良的行为，在征求了刑罚实施委员会的意见后，刑罚执行法官可以全部或部分恢复减掉的刑期。"关于减

---

① 王利荣：《社会转型期间犯罪趋势与行刑对策》，载《犯罪与改造研究》，2001年第1期，第13页。

刑的撤销，我们可以借鉴法国的做法，逐步建立完善减刑的撤销制度。

2．完善假释后续监督制度

第一，逐步确立假释回访制度。要求有关司法行政机关，有计划、有重点地定期对假释人员进行回访，对这些人员的生活现状进行充分了解，考查被假释人员回到社会后是否能遵纪守法、假释考验期内是否"不致再危害社会"等情况，并做好回访登记，对表现不好的、不能遵守法律规定的假释罪犯及时采取有效措施，确保假释罪犯在假释考验期内遵纪守法，确保社会秩序的安全稳定。第二，调动社会全方位的能动因素，对假释犯进行全程式、全方位的监督改造，杜绝脱、漏管现象。实践证明，对犯罪人进行矫治改造，依赖于刑事司法部门的独立支撑是不够的，应当充分发挥各职能部门和村民委员会、居民委员会和罪犯所在单位的协调督促功能，加强对假释罪犯的帮教监督工作，实现对假释罪犯的全面监督。第三，完善假释罪犯的监督改造管理办法，推进假释犯减刑制度的适用。《最高人民法院关于办理减刑、假释案件具体应用法律若干问题的规定》第十六条规定：被假释的罪犯，除有特殊情形，一般不得减刑，其假释考验期也不能缩短。规定"有特殊情形"没有具体的法律规定和相关的司法解释，缺乏可操作性，被假释的罪犯几乎不可能得到减刑和缩短考验期的可能。笔者认为，在不断完善假释罪犯的监督改造管理办法的同时，应当放宽对被假释罪犯的减刑限制条件，给表现好的假释罪犯以减刑奖励，更有利于他们的改造自新，有利于社会稳定。第四，为假释犯的重新社会化提供社会援助。由于犯罪分子在高墙之内监禁，长期和社会隔离，容易形成自卑、自暴、自弃等不健全的人格，即使获得假释后，他们也很难适应现实生活。因此，要求刑罚执行机关在对假释犯进行监管考察的同时，为假释犯提供心理、物质和社会生活技能等方面的必要辅导和帮助，如：为他们提供免费心理咨询，协助得到医疗保护，为无家可归者提供过渡住所，对被假释者进行职业培训，帮助其就业等等，采取一切有益于其本人改造所必需的措施，促使假释犯尽快走出心理阴影，增强信心，实现犯人与社会的重新平衡，促进整个社会的和谐稳定。

（四）改革和完善刑罚执行体制，实行监企分开

监狱组织罪犯参加劳动，通过劳动改造把罪犯变成守法公民，不仅是我国监狱工作的特色之一，也是当代大多数国家通行的做法。在我国生产力发展水平不高、国家财政困难的特定历史时期里，监狱生产的收入弥补了国家财政对监狱经费"部分保障"的不足，减轻了国家和人民的负担，为新中国监狱事业的发展做出了特殊的贡献。但是，随着我国由计划经济向市场经济转型，监狱生产及"监企合一"的监狱管理体制逐渐显现出诸多不适应之处，最突出的是影响监狱公正执法。依据相关法律规定，犯人减刑的依据只能是其接受改造的现时表现，但因为"监企合一"，使得一些能够为监狱"联系业务"的犯人受到特殊待遇，即便改造表现不好也能获得本不应给的减刑机会，而这无疑是为法律规定所不允许的。这样也易引发其他犯人的不满情绪，影响监管改造场所的稳定。同时，由于监狱企业的产品多为技术含量低的初级产品，市场竞争力不强，监狱

在寻找市场的过程中必然经常性地"有求于人",难免会屈从于影响监狱刑罚执行的要求,容易出现"妥协执法"的现象,这将会极大地损害监狱的公正执法。首先,政府要加大财政保障力度,实行"全额保障"。监狱生产作为劳动改造手段的载体,是为了实现"惩办和改造犯罪分子"的国家职能而产生和存在的,这项功能永远不能削弱。实行"全额保障",在一定程度上为监狱卸了经济包袱,可望有效矫正监狱的功能异化。其次,要把为监狱提供后勤服务的企业以及经营不善、亏损严重的企业从监狱分离出去,实行市场化运作。对保存下来的企业,要通过股份制改造或租赁、承包经营,使之成为现代企业。

在减刑、假释工作中,我们应本着现代刑事政策重视行刑,注重刑罚效益、刑罚公正和罪犯回归社会的精神和趋向,从整体上摒弃人为规定的减刑、假释率,依法正确适用减刑、假释;应当严格按照刑法、刑事诉讼法的立法原意,建立合法有效的激励机制,促使罪犯回归社会,促进刑事司法工作向科学化、国际化的水平发展。

(此文系作者与李庆照同志合著,发表于《河南检察论坛》2008年第6期第20—25页)

派出所所长胡某的行为如何定性

基本案情

某派出所接"耳目"韩某电话举报,在客车上抓获 6 名贩毒人员,收缴鸦片 2000 克。次日,该派出所收缴罚款后,将 6 名贩毒人员释放。几日后,韩某要求兑现举报奖励,该派出所所长胡某通过派出所治安员梁某转交韩某鸦片 800 克抵作奖励款。后事发。

分歧意见

针对某派出所所长胡某构成何罪,有以下几种分歧意见:

第一种意见认为,胡某只构成贩卖毒品罪。主要理由为,胡某明知是毒品仍然将毒品变相销售,以毒品抵作奖励,释放贩毒人员的行为与将毒品奖励"耳目"的行为是牵连关系,择一重罪处罚。

第二种意见认为,胡某只构成徇私枉法罪。胡某对 6 名贩毒人员收缴罚款后,把 6 名贩毒人员释放,表面是私放在押人员，实际是徇私枉法，这种为了谋取派出所小团体利益，为给单位人员发福利而将毒品抵作奖励款奖励给"耳目"的行为，不构成犯罪。由于滥用职权是结果犯，本案胡某没有实施导致公共财产、国家和人民利益遭受重大损失的行为。

第三种意见认为，胡某释放该6名贩毒人员的行为构成私放在押人员罪，将毒品抵作奖励款的行为构成滥用职权罪。但是，该两个行为属牵连关系，应择一重罪处罚。

第四种意见认为，胡某释放该6名贩毒人员的行为构成私放在押人员罪，将毒品抵作奖励款的行为构成滥用职权罪，两罪并非牵连关系，应属法定的两罪，应两罪并罚。

第五种意见认为，胡某释放贩毒人员的行为构成徇私枉法罪，将毒品抵作奖励款的行为构成滥用职权罪，应两罪并罚。

评析意见

笔者同意第五种意见，主要理由如下：

（1）胡某释放6名贩毒人员的行为构成徇私枉法罪，而不构成私放在押人员罪。徇私枉法罪是指司法工作人员徇私枉法、徇情枉法，对明知是无罪的人而使其受追诉，对明知是有罪的人而故意包庇不使其受追诉。徇私枉法罪客观方面表现为三种行为：一是对明知是无罪的人而使其受追诉。二是明知是有罪的人而故意包庇使其免受追诉。这里的追诉应理解为法定的全部追诉过程与追诉结果。不使有罪的人受追诉，是指对明知有犯罪事实需要追究刑事责任的人，采取伪造、隐匿、毁灭证据或者其他隐瞒事实、违背法律的手段，故意包庇使其不受立案、侦查、起诉、审判。三是在刑事审判活动中故意违背事实和法律作枉法裁判。本案中胡某身为派出所所长，在查禁涉毒违法犯罪行为时，作为司法工作人员，为了谋取小集体的利益，利用职务上的便利，采取违背法律、以罚代刑的手段，故意包庇6名贩毒人员不受刑事追诉，其行为符合徇私枉法罪的构成要件。

而私放在押人员罪，释放的对象应是被关押的犯罪嫌疑人、被告人或罪犯；释放被行政拘留、司法拘留以及劳动教养的人员的，不成立本罪。本案中，某派出所抓获的6名贩毒人员并未被刑事拘留，他们不属于私放在押人员的犯罪对象，因而胡某的行为不属于私放在押人员罪。

（2）胡某以毒品抵奖励款的行为构成滥用职权罪，而不是贩卖毒品罪。有观点认为，胡某明知把毒品奖励给"耳目"，"耳目"会贩卖或自己吸食，仍然放任这种结果的发生，这种行为应构成贩卖毒品罪。笔者不同意此种意见。因为贩卖毒品罪是指明知是毒品而非法销售或者以贩卖为目的而非法收买毒品的行为，贩卖毒品暗含了牟利的目的。而本案中，胡某显然没有牟利的意思。滥用职权，是指超越权限，处理无权处理的事务，或者随心所欲地处理事务，过分或者非法行使自己掌握的权力。本案中胡某把毒品抵作奖励款奖励给"耳目"，胡某本人并没有牟利的主观故意和结果，所以，胡某擅自决定将本该上缴的毒品奖励给"耳目"，是非法行使自己掌握权力的行为。根据刑法规定，滥用职权的行为只有致使公共财产、国家和人民利益遭受重大损失的，才成立犯罪。对作为滥用职权构成要素的"重大损失"，不能仅限于有形的损失，也应包括无形的损失。根据司法实践，严重损害国家声誉，或者造成恶劣社会影响的，也属于滥用职权罪的结果。本案中，胡某作为国家司法工作人员，将本应上缴销毁的毒品私自作为奖励交给"耳目"，造成了恶劣的社会影响，这应属于滥用职权的结果之一。

（3）对胡某的行为应以徇私枉法罪与滥用职权罪数罪并罚。牵连犯是指犯罪的手段行为或结果行为与目的行为或原因行为分别触犯不同的罪名。即在犯罪行为可分手段行为与目的行为时，如果手段行为与目的行为分别触犯不同罪名，便成立牵连犯；在犯罪行为可分为原因行为与结果行为时，若原因行为与结果行为分别触犯不同罪名，便成立牵连犯。通说认为，牵连犯有三个特征：一是必须出于一个犯罪目的，如果行为人主观上具有多个犯罪目的，则不构成牵连犯；二是必须是其手段行为或结果行为又触犯了其他罪名；三是数行为之间存在手段行为与目的行为、原因行为与结果行为的牵连关系。本案中，胡某释放6名贩毒人员的行为和以毒品抵作奖励的行为不属于牵连关系，它们是两个单独的、独立的犯罪行为，前者是出于小集体的利益而徇私枉法，后者是滥用职权将毒品奖励"耳目"，二者是两个目的，前行为也不是后行为的原因，两行为没有牵连关系，应数罪并罚。

（此文发表于《公民与法》2012年第11期第21页）

试论同案被告人供述的证据价值及程序保障

摘要 《中华人民共和国刑事诉讼法》明确规定，只有被告人的供述，没有其他证据，不能判定被告人有罪。那么，同案多名被告人是否可以互为证人？这是一个司法实践中需要解答的问题。笔者在本文中通过论述同案被告人供述的证据价值，并提出相关的程序保障机制的建议，来确保供述的真实性和可靠性。

关键词 同案被告人；证据价值；程序保障

同案被告人供述是指在共同犯罪中，犯罪嫌疑人、被告人（本文简称同案被告人）在刑事诉讼过程中向办案机关就自己及同案人与案件有关的事实所作的陈述。由于同案被告人如能如实交代案件事实，那么他们的供述往往基本一致，这必然有利于查清案件事实，也有利于司法机关更准确地追究犯罪分子的刑事责任。实践中，有的司法人员正是由于这些"原因"将同案被告人的供述作为证人证言予以审查。那么，同案被告人的供述能否作为证人证言予以审查采信呢？

一、关于同案被告人供述证据价值的认定

在实践中，同案被告人供述相互印证原因复杂，除了被告人如实供述之外，还有可能是由于同案被告人犯罪后、案发前订立攻守同盟统一口径，或者是事后串供的结果，甚至是侦查人员使用非法手段（如刑讯逼供、骗供、诱供等）取得。如何对待同案被告人供述，世界各国的态度不尽一致。

在英美法系国家认为同案被告人作为诉讼主体，兼具第三人地位，故具有证人资格。因为，诉讼证明活动的进行主要取决于包括犯罪嫌疑人、被告人在内的当事人。根据英美证据法规则，在同一审理程序的共同犯罪案件中，任何共同被告人均不能为起诉方作证，而提供不利于其他被告人的证据。如果对某一被告人撤回起诉，或者起诉方决定提供有利于他的证据，而使他将被宣告无罪，那么该人便可以为起诉方作证，以反对共同被告人，即所谓污点证人。在英国简易罪中，可依口供直接定案；在可诉罪中，总的原则是被告人有资格作证，但不能强制作证，且不能充当控诉方的证人去反对同案人，除非属于前述污点证人的情形。在美国证据规则中，同案被告人供述符合传闻证据排除例外情形时，具有可采纳性。[①] 在中国台湾地区，被告人供述不视为传闻证据，同案被告人供述属于证据之一。[②]

在大陆法系国家中，"以被告人与作为第三者之证人的诉讼

---

① 参见王珂：《论同案犯供述的刑事证据价值》，载《中国刑事法杂志》，2005年第6期，第68页。

② 中国台湾地区依新修正"刑事诉讼法"第159条第1项规定，除法律另有规定外，被告人以外之人于审判外之陈述，不得作为证据。在立法政策上，其认为被告人于审判外之陈述，因无保护被告人反对诘问权的问题，故非属传闻证据。参见马贵翔等：《刑事证据规则研究》，第151页，复旦大学出版社，2009年版。

地位不能相并立为由，不承认被告人可以作为证人。因此，在大陆法系国家，犯罪嫌疑人、被告人是独立于证人的诉讼角色；证据理论一般将犯罪嫌疑人陈述与证人证言视为两种不同性质的证据理论形式"①。就被告人在诉讼中的地位而言，是与案件密切联系的当事人一方，其陈述属于被告人供述，而不是证人证言，因此不具有证人资格。德国证据法规定，被告人不能作为本案的证人，同案被告人不能相互作证。法国刑事诉讼法规定，预审法官对具有严重罪行和有罪的人，不得作为证人询问。日本刑事诉讼理论界认为共同犯罪的自白，鉴于可能推卸责任的一般倾向，是缺乏可信性的证据，是危险的证据。日本司法实践则认为，共犯不论是否同案审理，其自白不属于日本宪法和刑事诉讼法规定的"本人的自白"，因而不需要补强证据。同时，部分国家规定对于犯罪嫌疑人、被告人供述，必须经过补强，方能定罪量刑；部分国家则对犯罪嫌疑人、被告人供述的证据效力没有规定，由法官自由裁量。②

二、我国关于同案被告人供述证据价值的分析认定

对于同案被告人供述的证明价值，目前我国理论界有二种观点：一种观点认为，同案的被告人之间是互为证人关系，主要理由是：被告人是犯罪行为的实施者，其供述能够全面、真实地反映案件真实情况，证明力是毋庸置疑的。如果同案人之

---

① 参见徐俊：《论同案犯罪嫌疑人、被告人口供的证据价值》，载《江西公安专科学校学报》，2002年第1期，第28页。
② 参见徐俊：《论同案犯罪嫌疑人、被告人口供的证据价值》，载《江西公安专科学校学报》，2002年第1期，第28页。

间的供述能得到相互印证，那么几份供述的证明力就更强。另一种观点认为，同案被告人陈述同一共同犯罪事实的口供不能互为证人证言，主要理由是，共同犯罪案件中，在没有任何其他证据印证的情况下，被告人的供述的真实性和可靠性是无法确定的，同案被告人均是该共同犯罪案件的当事人，都与其所作陈述案件的处理结果有直接的利害关系。

我国刑事诉讼法规定，只有被告人供述，没有其他证据的，不能认定被告人有罪和处以刑罚。这一规定存在的问题是，这其中的"被告人供述"是指被审查的这一名被告人的供述，还是证据种类意义上的被告人的供述？仅有同案被告人的供述相互印证的，能否定案？对此立法没有作出解释。最高人民法院在《全国法院审理毒品犯罪案件工作座谈会纪要》中规定，在处理有关被告人翻供案件时，如果案件有其他同案被告人的供述，与被告人供述吻合的，并能完全排除诱供、逼供、串供等情形的，被告人的口供与同案人的供述完全可以作为定案的根据。可见，最高人民法院认为在处理毒品案件时，是可以凭两个或两个以上的被告人定案的。但是，在其他案件中是否也适用呢？

笔者认为，由于同案被告人提供言词证据所包含的内容比较复杂，应作具体分析，不可一概而论。同案被告人提供的言词证据主要包含以下内容：一是关于自己犯罪情况的陈述；二是对同案被告人犯本罪情况的陈述；三是对同案被告人犯共同犯罪以外的其他犯罪的揭发。笔者认为，第一种情况属于证据种类中的"被告人供述"无疑，对于后两种情况则属于"证人证言"。在采纳同案被告人供述须谨慎，只有在排除串供、排除非法取证、供述细节一致，且仅限于确定各被告人之间的不同责任时才能采用，而涉及定性问题不能采用。理由如下：

（1）我国刑事诉讼法证据种类的划分不是基于某种证据的可靠性程度，而是基于证据形式，因此不能以同案被告人供述是否可靠来确定其是否属于被告人供述还是证人证言。

（2）同案被告人揭发其他被告人共同犯罪以外的犯罪，此时，相对于其他被告人所犯的共同犯罪以外的其他犯罪而言，该被告人既不是案件的当事人，也与案件结果无利害关系，符合证人的属性和法律地位。

（3）对于某一犯罪嫌疑人而言，其同案嫌疑人是最有可能知道案件事实的知情人，有的甚至是目击者，所以，同案嫌疑人的供述具有等同于证人证言的证据价值。例如，我国刑法第二十六条规定："组织、领导犯罪集团进行犯罪活动的或者在共同犯罪中起主要作用的，是主犯。"在司法实践中，对于组织领导犯罪集团的主犯，由于犯罪的隐秘性、有组织性，组织领导者往往不直接参与实施某类具体的犯罪，在这种情况下往往是靠同案被告人的供述来认定其参与犯罪并处于主犯地位。再如，在涉及多次抢劫的共同犯罪案件中，其中一次的主要犯罪事实已经有其他证据可以证实，其余几起抢劫的犯罪手段、作案情节与证实的犯罪案件大体相近。但是，这几次抢劫也没有其他证据能证实，只有供述内容一致、先后供述稳定的同案被告人供述，这时也可以根据这些同案被告人的供述，其余几次抢劫事实予以认定。

（4）就被审查的每一犯罪嫌疑人而言，其证据体系中该犯罪嫌疑人供述之外的证据都是"其他证据"，一案中如果有被审查犯罪嫌疑人供述，又有同案嫌疑人供述印证，那么，对于认定该犯罪嫌疑人而言就多具备了多个直接证据，而不再是孤证了。①

（5）同案犯口供在某些情况下不需要补强就可以直接作为定案依据的做法已得到许多国家司法实践的认同。例如，在英美法系国家，在扰乱公共秩序案件中，为保护公共利益，共犯可以充当起诉方污点证人。英国1994年《刑事司法和公共秩序法》第32条第1款规定，在证人是同谋犯的情况下，补强警告不再是法官的义务。上述立法实际上摒弃了共犯的证言具有固定的不可靠的观念，除非有证据表明证人可能是不可信的，否则法官没有就此进行补强警告就不能被视为不当。②

（6）司法价值是多方面的，打击犯罪与保护人权，保证司法公正与提高司法效率，应当统筹兼顾。实践中，有些案件因时间久远而导致证据缺失，同案犯口供能相互印证更凸显其重要性，常常是法官形成心证的有力支点，对这种情况不定罪，有放纵犯罪之虞。

三、同案被告人供述真实性的程序保障

同案被告人供述的证据价值的前提是供述的真实性以及采信规则的严谨性。因此，就如何保障供述的真实性和证据采信规则的严谨性，笔者提出如下建议。

---

① 参见熊红文：《公诉实战技巧》，第19页，中国检察出版社，2007年8月第1版。
② 参见熊红文：《公诉实战技巧》，第19-20页，中国检察出版社，2007年8月第1版。

1. 赋予被告人不被强迫自证其罪和自白任意性的权利

不被强迫自证其罪意味着被告人有权选择陈述、明言拒绝，或者干脆沉默。赋予被告人不被强迫自证其罪的权利，目的在于维持对抗主义诉讼的纯洁性、与现代证明责任相契合、维护人道主义和尊重隐私权。① 同时，应明确规定唯有出自自愿的自白才能作为定案的根据。此一规则"早为英国于十八世纪后半期所采用。至十九世纪前半期，因受法兰西革命保障人权思想之影响，对于自白之证据价值，极感怀疑。任意性之要求，益致重视。乃被告人自白，以出于任意，即具有任意性，为取得证据能力之要件，为英美法及大陆法所共认"②。因此，被告人供述必须完全出于自愿，才能保障被告人供述的真实性。

2. 赋予律师以讯问在场权

律师在场权是指犯罪嫌疑人在侦查讯问程序中接受审讯时，享有律师在场的权利。讯问犯罪嫌疑人时，允许律师在场，可以实现监督侦查人员依法讯问，确保侦查人员合法全面地收集证据，因此，律师在场制度的确立有利于加强被告人供述这一证据的证明能力，防止某一具有较强证明力的证据因存在非法取证的嫌疑而被排除使用。且律师在场下取得的犯罪嫌疑人供述，也能大大减少犯罪嫌疑人在审查起诉阶段及审判阶段翻供的情况，能克服犯罪嫌疑人供述这一证据天然缺乏可信性、虚伪性、易变性的缺陷。

---

① 张建伟：《刑事诉讼法通义》，第 411 页，清华大学出版社，2007 年版。
② 陈朴生：《刑事证据法》，第 265 页，三民书局（中国台北），1979 年版。

3. 完善同案被告人供述的证据采信规则

理论上，如果具备下列条件，可以将同案被告人供述作为定案根据：（1）各被告人分别关押，排除同案被告人之间攻守同盟，排除事后串供。（2）各被告人的供述都是在没有任何违法的条件下取得的，能够排除刑讯逼供或引诱、欺骗等因素。刑讯逼供、诱供、骗供是冤假错案的根源。即使采取非法方式获得的证据从内容上看，能够起到证明案件情况的作用，也不应作为定案的证据。（3）供述一致的互证，各被告人供述的犯罪事实在细节上基本一致，在讯问时必须就案件的时间、地点、人物、行为、结果、对象等具体细节展开，使其在具体的、不可编造的情节上相互吻合。（4）同案被告人只有二人时，原则上不能仅凭口供的相互印证定案；同案被告人为三人以上时，才可慎重行事，且仅限于确定各被告人之间的不同责任时才能采用，而涉及定性问题不能采用。

4. 建立证据种类转换制度

笔者认为，同案被告人的供述可以作为证人证言使用，但应予以证据形式的转换，即应重新讯问同案被告人，把供述转换为证人证言的证据形式。理由如下：（1）在我国，证据的种类和形式是由法律规定的。证据的种类是指法律规定的证据的不同表现形式，具有法律的效力。我国法定的证据种类依顺序主要有：物证，书证，证人证言，被害人陈述，被告人供述和辩解，鉴定结论，勘验、检查笔录，视听资料等。因此，诉讼中作为起诉依据和定案根据的，应当符合法律规定的证据形式和要求，属于法定证据种类的一种。（2）作为证人与作为被告人的诉讼权利义务是不同的。我国的审判其实是一种"笔录中心主义"，每一人不同的身份背后是完全不同的诉讼权利义务，在没有采用直接言词证据的国家，是不要求证人必须出庭作证的。因此，在宣读一份询问笔录时，首先要确认被询问的身份问题。根据证据法定的要求，法定的证据种类需要法定的取证程序，取证程序的合法性直接决定着证据的可采性。(3) 实行非法证据排除的要求。不同的证据形式，非法排除的标准是不一样的。《关于办理刑事案件严格排除非法证据若干问题的规定》中关于被告人的供述非法排除的标准是采用刑讯逼供等非法手段取得的，而对证人证言及被害人陈述非法排除的标准是采用暴力、威胁等非法手段取得的。

  一位英国大法官说过："人们必须记住，被告人的权利不是要追求的唯一价值。刑事司法的目标是让每一个人在日常生活中免除对犯罪侵害的恐惧。严重犯罪应该受到有效的调查和起诉。司法对各方都必须是公平的。在刑事案件中，它要求法官考虑三角形利益关系，包括被告人、被害人及其家庭以及公众的利益。"[1] 刑事司法的价值定位，可能不同职业的人从不同的角度来看，答案也是不一样的。作为侦查、检察机关，主要的价值定位应该是打击犯罪；从法院的角度来讲，应更多地考虑司法公正；而从辩护律师的角度说，当然要强调保护犯罪嫌疑人和被告人的权利。今天，我们一方面要强调人权保障的重要性，在刑事司法活动中要重视犯罪嫌疑人、被告人权利保护问题，但不能从一个极端走向另一个极端。我们还应该看到，特别是侦查机关、检察机关，最基本的价值定位还应是打击犯罪

---

[1] 何家弘：《虚拟的真实——证据学讲堂录》，第174页，中国人民公安大学出版社，2009年6月第1版。

和保护人民,在这个前提下,我们应该努力提高司法的文明程度,做好对犯罪嫌疑人、被告人权利的保护工作。

(此文发表于《河南检察论坛》2012年第2期第25—27页)

另案共犯的供述如何作为本案证人证言使用

由于"另案供述"常常成为"本案"查明案件事实、指控犯罪的关键,因此另案共犯的供述常常成为证明"本案"被告人犯罪的证据。但是,在司法实践中经常出现这样的现象,法庭上公诉人直接将"另案共犯"的供述直接予以宣读,以此来证明"本案"被告人的犯罪事实。

笔者认为,"另案共犯"的供述可以作为证明"本案"被告人的犯罪事实,但应予以证据形式的转换,即应重新询问"另案共犯",把"另案共犯"的供述转换为"本案"的证人证言的证据形式。主要理由如下:

(1)在我国,证据的种类和形式是由法律规定的。证据的种类是指法律规定的证据的不同表现形式,具有法律的效力。我国法定的证据种类依顺序主要有:物证,书证,证人证言,被害人陈述,被告人供述和辩解,鉴定结论,勘验、检查笔录,视听资料等。因此,诉讼中作为起诉依据和定案根据的证据,应当符合法律规定的证据形式和要求,属于法定证据种类的一种。

(2)作为证人与作为被告人的诉讼权利义务是不同的。不同的身份背后是完全不同的诉讼权利义务，在没有采用直接言词证据的国家，是不要求证人必须出庭作证的。因此，在宣读一份询问笔录时，首先要确认被询问者的身份问题。根据证据法定的要求，法定的证据种类需要法定的取证程序，取证程序的合法性直接决定着证据的可采性。

（3）实行非法证据排除的要求。不同的证据形式，非法排除的标准是不一样的。《关于办理刑事案件严格排除非法证据若干问题的规定》中关于被告人的供述排除的标准是"采用刑讯逼供等非法手段取得的"，而对证人证言及被害人陈述排除的标准是"采用暴力、威胁等非法手段取得的"。

（此文发表于《检察日报》2011年第6254期第3版）

"一对一"证据如何审查

基本案情

2010年10月24日下午，被告人汪某进入被害人涂某的家中，盗窃人民币12000元。同年11月5日下午，被告人汪某在被害人刘某家中盗窃人民币4900元及女式黄金项链1条（重约10克），按价格鉴定中心单价230元/克计算，价值约2300元（截至案发时，赃款赃物已全部挥霍）。

认定以上事实的证据有：（1）被害人的陈述；（2）证人苏某（系涂某亲家）证明：涂某与其约定准备付彩礼1万元，后来听说她被盗了1万多元。

一审法院判决认定的事实：2010年10月24日下午，被告人汪某进入被害人涂某的家中，盗窃人民币2000元。同年11月5日下午，被告人汪某在被害人刘某家中盗窃人民币1000元及女式黄金项链一条（重约10克），按价格鉴定中心单价230元/克计算，价值约2300元。主要理由是：法院认为所有证据均只能证明被告人汪某到失主家盗窃的事实，不能证明盗窃的数额，按照有利于被告人的原则，只能采信被告人的供述来认定。为此，一审法院认定汪某犯盗窃罪，判处一年五个月刑期，并处罚金人民币三千元。

分歧意见

在本案中，关于汪某盗窃的数额如何认定，成为本案争议的焦点。即一些案件中，只存在被害人（即失主）陈述与被告人供述两种证据，且二者不一致时，犯罪数额如何认定的问题。

观点一：认为在双方的陈述都没有证据印证时，为了规避诉讼风险，采用有利于被告人的原则，直接以被告人供述的金额来认定。

观点二：认为因为被告人有趋利避害的心理，被害人陈述的证明力高于被告人供述的证明力，所以应当采信被害人的陈述。

观点三：认为直接采用就高不就低的原则，如果存在证明力大小强弱时要合理分析，若被害人陈述有自相矛盾时，则应采信被告人陈述；若被告人供述有不一致时，则采用被害人的供述。

观点四：认为必要时引入品格证据，要考察被告人的品格，根据被告人的品行来判决其供述的可靠性与真实性。

观点五：认为应采用优势证据证明标准，本案有被害人陈述及证人证言，在证明标准上，被害人的陈述在量上比被告人供述多，应采用被害人陈述。

评析意见

笔者的评析意见表现为以下三个方面。

1. 本案不宜直接采用有利于被告人原则来处理

在犯罪数额不能查实的情况下，不能因为规避诉讼风险而直接采用有利于被告人的原则，这样不符合我国刑法的立法精神。

2. 不宜直接以被害人陈述来认定

虽说被告人有趋利避害的心理，被害人陈述的证明力通常会高于被告人供述的证明力，但案情是错综复杂的，被害人的心理状态也是复杂的，不宜武断地认为被害人陈述的证明力就天然地高于被告人供述的证明力。

3. 也不宜简单地采用优势证明标准来衡量和把握

因为各种侵财犯罪中，在定罪的问题上，要坚持严格证明标准，但在犯罪数额的问题上，即量刑的问题上，双方都不能达到排除合理怀疑，不能以证据量的多少来判定，而主要还在于证据的证明程度是否达到一种高度可能性。

针对"一对一"的证据如何审查，笔者认为应从以下四个方面做好审查工作。

1. 要转变理念，即由印证的证明模式转为自由心证的证明模式

由于印证的证明模式具有获得印证型直接支持证据是证明的关键、注重证明的"外部性"而不注重"内省性"、要求证据间相互印证导致很高的特点，比如该案，没有任何证据能够相互印证，如果仍然采取印证的证明方法，那么这个案件是无法定案的。为此，应谨慎而有条件地借鉴典型的自由心证的证明模式，为审查判断证据充分发挥主观能动性提供可能，有效地排除各方面的干扰，易于形成内心确信，充分尊重人的理性能力，因为审查判断证据，毕竟是人有意识的活动。

2. 应实行内外部审查的方法

对言词证据审查只是承办人内心的活动。为什么要采信一方的证据？先对其内部环境进行审查，主要包括犯罪嫌疑人是否系投案自首、犯罪后的悔罪表现、犯罪时是激情犯罪还是蓄谋犯罪、犯罪嫌疑人的性格特点等。再进行外部环境审查，主要包括该案的社会影响、民愤的大小、被害人的态度等。

3. 公诉人要把内心的活动外化去说服检察委员会委员，提高自由心证的能力

对于单个言词证据的审查，公诉人要会运用经验法则、推定法则、逻辑法则，将内心活动外化，通过证据的审查去说服检察委员会委员，为自由心证的证明模式建立很好的法治环境，尤其是检察委员会委员缺乏对证据亲历性把握的情况下，公诉人自由心证能力的外化显得更为重要。

4. 公诉人要有所担当

遇到疑难复杂的案件，罪与非罪，证据如何采信等，是两难选择。证据达不到起诉标准不起诉是担当；坚持正确的合理的审查方法，将内心确信外化，以有效的惩罚犯罪亦是一种担当。

（此文发表于《公民与法》2012年第1期第62页）

违约与侵权责任竞合情形下请求权的析取
——以对合同法第 122 条的理解为视角

Analysis of the Claim in the Coincidence of Breach of Contract and Tort Liability
——in the Perspective of Art.122 of The Contract Law

摘要 违约责任和侵权责任是两个相互独立但并不完全断离的民事责任,作为一种法律制度,违约和侵权责任竞合规则在我国合同法中得以确立。当前,司法实践中把该规则理解为仅得选择一种责任追究进行救济,有"曲解"立法意图之嫌。对二者在竞合情形下,如何处理则是应当加以认真研究的问题。

关键词 违约侵权责任竞合;请求权析取

中图分类号:D923.4 **文献标识码**:A **文章编号**:CN41-1233/D(2012)12-42-02

我国合同法注重效率和公益兼顾,注重保护合同当事人利益与维护市场道德秩序的双重保护[①]。其中,该法第一百二十二条确立的违约与侵权责任的竞合规则即是一有力例证。

---

① 参见江平等:《中华人民共和国合同法精解》,"前言",中国政法大学出版社,1999 年版。

一、违约与侵权责任竞合规则的确立

我国合同法第一百二十二条规定:"因当事人一方的违约行为,侵害对方人身、财产权益的,受损害方有权依照本法要求其承担违约责任或者依照其他法律要求其承担侵权责任。"这确立了违约责任与侵权责任竞合时的法律适用规则。当事人这一行为,性质上兼有违约行为和侵权行为的双重特征,从而在法律形式上导致了违约责任与侵权责任的同时产生,在救济途径上,既可以按照合同法追究其违约责任,也可以按照侵权责任法追究其侵权责任[1]。如在买卖合同中,因销售商出售的产品质量严重缺陷,造成买受人的人身、财产损害的,买受人既可以要求解除合同、减少价款,又可以要求赔偿医疗费等损失,形成了以同一给付目的的两个请求权并存,当事人可以选择行使的请求权竞合[2]。

请求权的竞合说明合同法与侵权法既相互独立又互相渗透,体现了两种责任离断得不彻底,也体现了伴随市场经济发展而产生的违约行为多面性[3]。责任竞合的情形主要有违约与侵权之间具有因果递进关系以及违约与侵权行为的混同两种。

当导致违约的原因归咎于侵权行为时,称侵权式违约,此时行为人一般对于造成损害负有主观过错。例如,保管人依照保管合同占有对方财物时,因其擅自不当使用而造成财物毁损、灭失的,其使用行为以致毁损的结果,这种行为直接导致履约

---

[1] 参见梁慧星:《生活在民法中》,第60页,法律出版社,2010年版。

[2] 参见王泽鉴:《法律思维与民法实例》,第167页,中国政法大学出版社,2001年版。

[3] 参见万鄂湘等:《债法理论与适用Ⅱ》,第100页,人民法院出版社,2005年版。

不能而形成违约，系违约的原因。而当造成合同利益之外损害的缘由归咎于违约行为时，称违约式侵权，此时债务人对于侵害的结果一般无主观上的故意。例如，在供用电合同中，供电人因客观事由中止供电而造成对方当事人冷库中被冷冻保管的货物解冻、变质的，中止供电的违约行为直接形成侵权，导致的后果是侵害了另一方当事人的财产权，从而转化为侵权形态。

当事人的不法行为故意侵犯他人权利并造成损害时，如果加害人与受害人之间有合同关系，则加害人的损害行为既是侵权行为，也可以作为违反当事人约定在先的合同义务的违约行为对待。例如，在房屋租赁合同中的承租人故意损坏所租赁房屋结构而导致房屋损毁的案例，承租人故意损坏租赁房屋结构，既违反了与出租人订立的房屋租赁合同，又因其违法行为侵害了他人的财产权，形成违约与侵权行为混同。

二、违约与侵权责任竞合时请求权的析取

基于我国合同法第一百二十二条规定的竞合规则产生的两种请求权称为权利竞合[①]。通说认为，当违约责任和侵权责任竞合时，要么选择追究违约责任，要么选择追究侵权责任[②]，不得在做出选择追究违约责任救济财产损失的同时，又追究对方的侵权责任以救济非财产损失。认为追究侵权责任与追究违约责任不能并存，受害人的双重请求权因其中一项的实现而消灭，不能同时实现两项请求权。例如，乘客在乘车遇交通事故后，

[①] 参见江平等：《中华人民共和国合同法精解》，第101页，中国政法大学出版社，1999年版。

[②] 参见张桂龙、刘淑强等：《合同法详解》，第216页，人民法院出版社，1999年版。

若根据合同要求承运人违约赔偿,即不得再根据承运人的侵权而索赔精神损失。有学者认为,这种做法形式貌似上赋予了当事人自由选择权,体现出程序的公正,但却降低了该程序应有的司法和社会效益①,实际上反而不利于受害人得到充分地救济。

笔者主张,当发生违约与侵权责任竞合时,对被害人的救济可以通过同时追究加害人的违约和侵权责任,实现违约与侵权请求权的兼顾。笔者并不否认,权利竞合时,权利人当然不能够获得追究违约和侵权责任的双重赔偿,但是,当侵权责任与违约责任竞合时,对某一种权利的损害,固然允许当事人选择其中一种请求权来实现权利的救济,但并不排斥对同一违约行为而引起的多种权利并损的受害人同时运用追究对方的违约责任和追究侵权责任这两种请求权,以救济不同种类的权益受到的损害。当事人既可获得侵权之诉中的附属利益,也可获得合同之诉中的附属利益,笔者将这种兼容选择称为侵权责任与违约责任竞合时请求权的析取。

我国合同法第一百二十二条法条本身这种语境表述方式符合民法理论上的请求权自由竞合说,即因同一原因事实而发生二个以上的请求权时,若其内容不同时,得为并存②。此时追究违约责任和追究侵权责任两种请求权是并存的,如果权利人的其中一个请求权因已达目的以外的原因无法主张时,另一个请

---

① 参见李迎春:《违约责任与侵权责任竞合之管辖权确定》,见www.chinacourt.org。访问日期:2012年9月8日。
② 王泽鉴:《民法总则》,第93页,中国政法大学出版社,2001年版。

求权仍然存在①。法条原文表述在逻辑学上属典型的逻辑选言判断，其逻辑形式为"p或者q"，即pvq，v作析取，属相容的选言判断。根据相容的选言判断的真假情况制约关系②，结合到法条的表述推演，由"承担违约责任……或者承担侵权责任"可推出"承担违约责任"、"承担侵权责任"、"承担违约和侵权责任"三种结果，即从逻辑上讲，完全可以得出同时选择追究侵权责任和选择追究违约责任兼容的结论。而当前司法实践中的"择一救济"的做法体现的则是"要么……要么……"的逻辑形式，是一种不相容的选言判断，与立法逻辑"相悖"。

"一事不再理"是民事诉讼的原则之一，"一事"具体到个案中，指同一个诉请。以客车发生事故致乘客伤害案为例，假设在违约和侵权责任竞合时不得析取请求权，则乘客在对其部分直接损失系因车方违约所致诉请经法院判决后，如又另案就其间接的或非物质的损失——如精神损害提起侵权诉讼的，因前后两个并非相同的诉请，不违背"一事不再理"的原则，法院应予受理，这样，就与"择一选择请求权"的观点相"矛盾"，浪费了诉讼成本，增加了诉累。只要当事人的诉讼请求未出现重叠，即可析取选择两种请求权。至于如何选择，能否将侵权行为纳入到合同责任的处理中，取决于违约行为所侵害的客体的具体种类来确定，是否既包括财产权利又包括非财产权利？受损害的是一种权利还是多种权利？如果是后者，当事人在追究违约责任的同时，为何不能同时选择追究侵权责任来实

---

① 奚晓明等：《〈中华人民共和国侵权责任法〉条文理解与适用》，第327页，人民法院出版社，2010年版。

② 吴家国等：《普通逻辑原理》，第96页，高等教育出版社，1989年版。

现对自己全部受害权利的救济呢？事实上，允许通过违约之诉给予受害人精神损害赔偿，可能因此鼓励缔约并由此促进而并非阻碍交易①。

当然，允许受害人对违约和侵权救济请求权的析取，并不意味放任当事人选择请求权，应当考虑在司法中对请求权析取设置适当的"限制"，把竞合制度确立为一种诉讼程序，它主要涉及诉讼形式的选择权，而不是局限于对实体权利的选择规范。建议从以下几点把握：（1）侵权和违约请求权析取须限于有偿合同，无偿合同仅得提起侵权之诉，不得提起权利析取之诉；（2）只有既违反合同约定又违反我国《侵权责任法》时才可以行使析取的请求权；（3）合同当事人之外的人，不得提起析取之诉。

三、请求权析取的基础以及权属冲突的规范

我国合同法有关法条对违约和侵权竞合时请求权的析取亦有所体现，如该法第一百一十三条规定，经营者对消费者有欺诈行为的，依照我国《消费者权益保护法》的规定承担损害赔偿责任②，这里所指损害赔偿责任在理论上既包括违约责任，也包括侵权责任，这是违约和侵权责任竞合时请求权析取的明确例证。

违约责任主要是财产责任，如支付违约金；侵权责任既包

---

① 张鹏：《精神损害赔偿疑难问题研究》，载《现代司法治度探索》，2009年第11期。
② 参见《中华人民共和国合同法》第一百一十三条第二款规定："经营者对消费者提供商品或者服务有欺诈行为的，依照《中华人民共和国消费者权益保护法》的规定承担损害赔偿责任。"

括财产责任,如赔偿损失,又包括非财产责任,如精神损害赔偿。承担违约责任的赔偿内容一般遵合同约定,如合同无约定,依照我国合同法的规定赔偿相当于因违约造成的损失,含能够合理预见到①的可期待利益等物质损失;侵权责任中的精神损害赔偿及其他非物质救济方式属于非物质损失。

因违法行为侵害导致违约和侵权两个责任竞合时责任承担的分解图示:

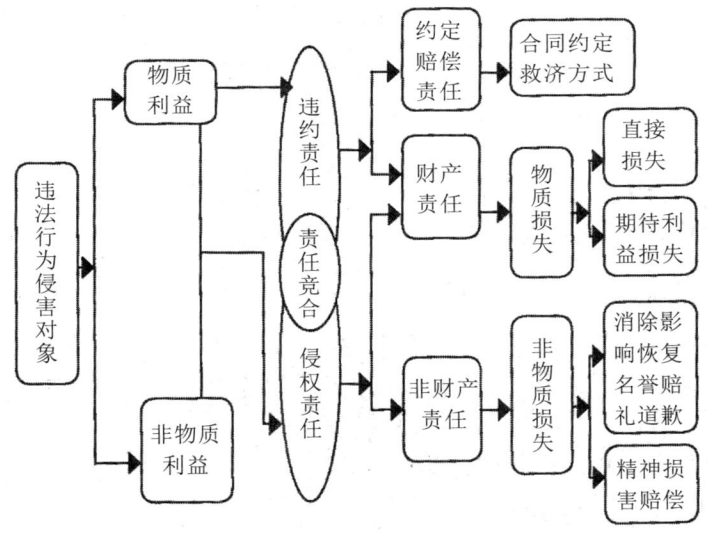

竞合情形下的债是一种因债务不履行或不当履行而产生的债,与原合同之债不同,合同之债基于合同定,而竞合情形下的损害赔偿之债因违约而生②。图示中的物质利益与非物质利益

---

① 参见江平等:《中华人民共和国合同法精解》,第94页,中国政法大学出版社,1999年版。
② 参见江平等:《中华人民共和国合同法精解》,第101页,中国政法大学出版社,1999年版。

是可被兼容在同一判断中互不排斥的两个概念，引发二者的基础原因可以是导致违约责任与侵权责任竞合的同一违法侵害行为，而救济途径依据图示可以推出同时选择追究侵权责任与追究违约责任的竞合兼选。根据图示显示，同一违法行为引发两种责任的同时追究，是基于侵害的不同种类的客体所决定的，在选择时，如果违约行为侵害的仅为物质利益，则受害人可以单纯地选择追究违约责任；如果侵害的是兼有物质利益和非物质利益的多种权利，则受害人就应当而且也能够同时行使两种请求权。因此，侵害行为人最终承担责任的方式包括了合同约定救济方式、物质损失救济方式和非物质损失救济方式等，归结了违约责任与侵权责任的兼容性。以常见的患者与医院的医疗服务合同赔偿纠纷为例，如果因医院在履行医疗服务合同中采用错误的治疗方法，违反了医疗服务合同义务，对患者造成了严重损害的，采用请求权析取的程序，医院除退赔医疗费外，还应赔偿患者继续医疗、鉴定、交通、护理、误工与残疾赔偿金，同时应赔偿患者精神损失。其中，既有直接损失，又有间接损失，同时还有非物质损失；从属性上讲，既有违约责任，如退赔医疗费，又有侵权责任，如精神损害赔偿等其他损失。

违约责任和侵权责任的竞合不可避免，但请求权竞合析取时并不能抹杀两类责任之间的区别。在允许被告人对侵权违约请求权析取的情况下，应根据违约与侵权的不同权属所对应的实体法规定，以区别处理二者之间的归责原则、举证责任、责任范围、免责条件、时效、诉讼管辖等法律问题。例如，就责任范围而言，违约损害赔偿责任主要是财产损失的赔偿，不包括对人身伤害的赔偿和精神损害赔偿责任，且法律常采取"可预见性"标准来限定赔偿范围；而对于侵权责任而言，损害赔偿不仅包括财产损失赔偿，而且包括人身伤害和精神损害的赔偿，其赔偿范围不仅包括直接损失，还包括间接损失。再如，因侵权行为致人身体伤害的损害赔偿请求权的诉讼时效为一年，因违约产生的请求权时效为二年。某种意义上，请求权竞合即是消灭时效竞合的问题[①]。所以，从程序上而言，在侵权与违约请求权析取的情况下，具体权属的法律特性以及冲突规范应当注意遵照具体法的规定。

综上所述，笔者认为，违约与侵权责任竞合规则将侵权行为纳入了合同责任的适用范围，对同一违法侵害行为而引发的多种权属权利的损害的，授权受害人可以通过行使责任竞合情形下析取的请求权，追究对方违约责任和侵权责任，来实现其全部受害权利的救济。

（此文系作者与刘志杰同志合著，发表于《公民与法》2012年第12期第42-43页）

---

① 参见王泽鉴：《民法总则》，第94页，中国政法大学出版社，2001年版。

后　　记

在本书交付出版之际，总觉得还有一些话要说。

由于工作需要和个人兴趣的原因，除了思考和研究司法业务之外，还涉猎了政务、党务、市场经济、传统文化等知识领域。通过学习，或多或少、或深或浅地激发了自己独特的观察思考，而且有一些观点和研究成果已经对工作实践产生了积极影响，这也更加激励我沿着这条思考与实践的道路坚定地走下去。

以知识为阶，以思想为梯，鞭策自己，启发他人，向更高更远处去探索，这就是本书取名《阶梯——司法工作若干问题研究》的原因。

需要说明的是，由于本书的文章完成时间跨度较长，尤其是个别文章写成并发表于十年前，其内容和观点在当时是正确的或者是能够被认可的，且对司法实践产生过积极影响。然而，时至今日，个别内容和观点可能会与现行的相关规定或观点不完全一致，但这仅是学术探索的需要，敬请甄别与斧正。

生活发展的无限性、多面性与个人认识的有限性、片面性的矛盾是永远也无法克服的。本书中也必然会存在一些片面或不足之处，希望读者能够及时给予指出，让我们共同成长、共同进步。

在此，非常感谢我的老师清华大学教授张建伟先生的鼓励和肯定，感谢爱人吕临坡先生的关心和支持，并向协助本书出版的编辑薛建立先生致以深深的谢意。

宋赟

2020 年 12 月